本书获西南财经大学学术专著出版基金资助

本书获西南财经大学"211 工程"资助

本书获国家自然科学基金项目（70673033）资助

Renminbi Huilü Zhidu
Xuanze Yu Zhuanxing

人民币汇率制度
选择与转型：
基于社会福利视角的分析

刘晓辉 著

人民出版社

责任编辑:陈 登

图书在版编目(CIP)数据

人民币汇率制度选择与转型:基于社会福利视角的分析/刘晓辉 著.
-北京:人民出版社,2008.10
ISBN 978－7－01－007321－7

Ⅰ.人… Ⅱ.刘… Ⅲ.人民币(元)-汇率-货币制度-研究
Ⅳ.F822.1

中国版本图书馆 CIP 数据核字(2008)第 144045 号

人民币汇率制度选择与转型:
基于社会福利视角的分析
RENMINBI HUILÜ ZHIDU XUANZE YU ZHUANXING:
JIYU SHEHUI FULI SHIJIAO DE FENXI

刘晓辉 著

人 民 出 版 社 出版发行
(100706 北京朝阳门内大街 166 号)

北京瑞古冠中印刷厂印刷 新华书店经销

2008 年 10 月第 1 版 2008 年 10 月北京第 1 次印刷
开本:710 毫米×1000 毫米 1/16 印张:17.25
字数:266 千字

ISBN 978－7－01－007321－7 定价:38.00 元

邮购地址 100706 北京朝阳门内大街 166 号
人民东方图书销售中心 电话 (010)65250042 65289539

序

　　这是令人沮丧的时代，这是令人欢欣鼓舞的时代；这是毁灭的时代，这是创造的时代。这所有的一切，在20世纪的最后十年中，似乎都发生了。前所未有的金融危机席卷了昔日曾经创造"奇迹"的国度；由 Obstfeld 和 Rogoff（1995；1996）缔造的新开放经济宏观经济学（New Open Economy Macroeconomics，NOEM）向传统的开放经济宏观经济学发起了挑战。现实的"创造性破坏"与理论的创新使传统的"固定与浮动"之争枯木逢春，在这最后十年间竟又重新占据了国际宏观经济学研究中的显著地位。不仅如此，席卷东南亚的金融危机也为经济学研究提供了新的素材，使经济学家得以重新审视汇率制度与宏观经济绩效、汇率制度与货币危机之间的关系了。在资本高度流动的一体化背景下，围绕新兴市场经济体汇率制度选择方面的争论和理论假说也大量涌现，共同构成了国际金融学或开放经济宏观经济学研究的热潮。

　　这股重新涌动的热潮一直可以追本溯源至20世纪初。1900年后国际货币体系争论的主要议题是坚持金本位制度还是发行不可兑换的货币，这也许构成了最早的"固定与浮动之争"。金本位制究其实质来说就是一种固定汇率制度安排，而发行不可兑换货币则趋向实行浮动汇率制度。Keynes（1923）在《货币政策的可选目标》一文中指出（并区分了），一国的货币稳定或币值稳定包括"内部稳定"（即价格稳定）和"外部稳定"（即汇率稳定和国际收支平衡）。他进一步指出，内部稳定对一国来说往往更为重要，因而他对过时的金本位已经失去了信

1

心。两次世界大战之间的浮动汇率制度安排（1918—1926；1931—1939）使人们饱尝了汇率波动所带来的痛苦，因此当时的经济学家大多赞成实行固定汇率制度而不支持实行浮动汇率制度。20世纪40年代，根据对1922—1926年间法国法郎的浮动经历的分析，Nurkse（1944）认为，浮动汇率制度下的投机总体上来说是不稳定的，因此，不应实行浮动汇率制度，而应实行固定汇率制度安排。这种观点似乎在争论中占了上风，1944年的布雷顿森林协定建构了二战后近30年的国际货币体系格局，正式奠定了美元—黄金本位下固定的、但可调整的汇率制度安排（fixed but adjustable exchange rates；Moosa，2005），直至1971年它寿终正寝为止。

布雷顿森林体系的确立似乎预示着汇率制度选择的争论也走到了尽头。然而，存在的未必即是合理的。洞见深邃的弗里德曼（1953）还是对现实提出了异议和挑战。在那篇业已成为固定与浮动汇率制度争论以及汇率制度选择领域的里程碑式的文献中，他在批驳Nurkse（1944）观点的同时，指出，在价格粘性条件下，浮动汇率制度下一国能够在一定程度上与国外需求冲击隔离开来，从而保持国内经济的稳定。因此，"没有任何严重的经济困难会阻止各个国家单独地或共同地迅速建立这样一种汇率制度"。后来的国际货币体系的发展无疑也证明了他的远见卓识。继弗里德曼之后，Mundell开辟了最优货币区的研究，在一定程度上延续了固定与浮动汇率制度的争论。

20世纪50—70年代是沉闷的年代，固定与浮动汇率制度的争论或许迫于现实的强大压力而暂时地偃旗息鼓了，但它正在积蓄力量以图卷土重来。如果说前两次美元危机让它看到了曙光的话，那么第三次和第四次美元危机则无疑正式宣告了它的东山再起和布雷顿森林体系的彻底终结。在Fleming（1962）、Mundell（1963；1964）以及Dornbusch（1976）开创性贡献的基础上，经济学家延续了传统的固定与浮动的两极争论。不同之处在于，他们在借鉴Poole（1970）思想的基础上，利用Mundell、Fleming和Dornbusch的理论模型，创造性地将汇率制度选择问题转变成了带有约束条件的最优化问题，从而在吸收Nurkse

（1944）和弗里德曼（1953）争论中所隐含的政策评价标准的思想的基础上，再现了传统的经济政策分析和制定的规范方法的强大力量。

但布雷顿森林体系的崩溃却并没有带来汇率制度选择研究的全面复兴。牙买加体系下的浮动汇率的经验使得对汇率决定问题的研究以前所未有的速度发展起来，更使得对汇率形成机制和汇率制度选择方面的研究黯然失色。20 世纪 80 年代到 90 年代初期，这个方面的研究在分析方法上继承了经常账户跨期均衡分析方法的思想，但在对经济现实的抽象和假设方面，却又钻回了弹性价格假设的死胡同中去了。

在紧随其后的"令人沮丧"而又"令人欢欣鼓舞"的年代，由于理论上的重大进展和现实的不断催动，汇率制度选择研究迎来了真正的全面复兴。一方面，利用新开放经济宏观经济学的研究框架，经济学家得以重新审视传统的"固定与浮动之争"；另一方面，频繁爆发的货币危机和金融危机为汇率制度研究提供了新的素材，针对新兴市场经济体的汇率制度与货币危机、汇率制度与经济绩效之间关系的研究蓬勃发展起来。"两极论"或"中间制度消失论"、"原罪论"、"害怕浮动论"等新的理论观点和假设成为国际宏观经济学研究的又一个重要领域。

正是这个"毁灭"一切而又"创造"一切的新的时代赋予了中国同样的挑战。1997 年危机过后，对人民币币值问题的争论就出现了。进入新的世纪以来，对这个问题的争论和讨论使学界和决策者逐渐认识到，问题的根本不是人民币汇率水平的决定，也不是人民币汇率水平的高估或低估问题，而是如何改革和进一步完善人民币汇率形成机制，如何增加人民币汇率形成机制的弹性。在新的理论和现实背景下，研究并解决这个问题成为我国当前及未来一段时期内所面临的一个重要的现实课题和理论课题。在这个背景下，我指导的博士生刘晓辉同学选择了以人民币汇率制度选择和转型问题作为自己博士论文的主题，作者试图从传统的"固定与浮动之争"以及新近的"两极论"或"中间制度消失论"吸收合理的思想，结合中国的基本国情来研究人民币汇率制度的选择和转型问题，这无疑是具有一定的理论和现实意义的。

刘晓辉博士的这本学术专著以他的博士论文为蓝本，作者在吸收凯

恩斯主义经济学和新古典经济理论思想的基础上，紧密结合进入新的世纪以来围绕人民币汇率及汇率机制问题所出现的争论和宏观经济现实，运用大量的学术资料和统计数据，对汇率制度、汇率制度选择等基本概念进行严格界定的基础上，系统地回顾了传统经济政策分析视角下的汇率制度的传统争论和汇率制度选择研究，对人民币汇率制度安排和制度转型做了比较深入的分析。该书试图在以下三个方面有所突破，有所贡献：

第一，该书根据我国开放经济运行现实，修正了 *BP* 曲线，建立了比较贴近我国实际的经济模型来考察在 FDI 资金流动条件下的人民币汇率政策和汇率制度选择以及政策效应问题。

第二，该书在不同汇率制度选择的福利标准基础上，吸收凯恩斯主义和新凯恩斯学派的开放经济思想，同时也吸收理性预期学派的思想，建立了比较切合我国经济运行现实的模型，分析了在资本与金融账户严格管制的现实情况下，人民币汇率制度的选择与进一步完善的问题。在此基础上，该书指出了我国货币政策目标的内在冲突特征，提出了我国货币政策和汇率政策应该转向以价格稳定作为主要标准的观点。同时，该书还系统地估计了我国开放经济运行的基本经济参数和冲击大小，实证地估计了人民币汇率制度的最优弹性，指出人民币汇率制度应该朝更具弹性的方向转变的观点。

第三，该书在详细论证和考察的基础上，提出了人民币汇率制度渐进平稳转型策略的观点，并对人民币汇率制度的转型风险给予了特别的关注。这在我国强调金融开放条件下金融风险管理的大背景下，无疑是值得重视和提倡的。

总之，该书选题意义重大，观点鲜明，论证严谨，逻辑清晰。同时，作者理论与实证并行，能够比较合理地运用规范分析与实证分析相统一的方法，对人民币汇率制度选择和转型问题做出自己的研究，这是值得鼓励和提倡的。有鉴于此，我非常乐意为该书作序。

范从来

2007 年 12 月

内 容 提 要

　　新的千年开始，人民币汇率及其制度安排或制度选择成为国内外关注的热点问题，当前及未来一段时期内，人民币汇率制度如何选择、如何完善成为我国亟待解决的一个基本问题。

　　首先，作为一种动态的制度选择和制度变迁过程，汇率制度选择并不是一劳永逸的，也不存在适合所有国家或一国所有时期的汇率制度安排，因此一国在任何特定的历史时期都面临汇率制度的选择问题。

　　其次，当前的汇率形成机制既没有说明"更富有弹性"究竟意味着什么，也没有说明人民币汇率制度弹性究竟应该多大或者达到什么程度才是"更富有弹性"的。更为重要的是，新的汇率形成机制仍然没有明确我国货币政策和汇率政策之间的逻辑关系，没有说明究竟应该以什么标准来指导人民币汇率制度选择和进一步完善的工作。

　　再次，我国目前的汇率制度下，中央银行必须把握好汇率的稳定性和灵活性，既不能忽视汇率稳定给宏观经济带来的积极作用，也不能过分强调汇率的稳定而导致目前的制度安排又再次回到事实上的、钉住美元的固定汇率制度安排。因此，当前人民币汇率制度改革面临着内在的稳定性要求与灵活性要求之间的冲突，或"左"或"右"非常难以抉择。这就需要进一步论证究竟什么样的汇率制度类型或制度安排能够比较好地协调这种矛盾。

　　最后，我国在增加人民币汇率制度弹性时还将面临人民币汇率制度如何转型问题：即，究竟是采取自愿的或平稳的转型方式，还是为危机所驱动被动地进行人民币汇率制度转型？如果选择自愿转型或平稳转

1

型，那么，我国究竟是激进地推进这一进程还是应渐进地推进这一进程呢？在进行人民币汇率制度转型之时，我国又将面临哪些风险因素呢？这些重要问题都是应该进一步深入研究的。

以上述基本问题为导向，本书在回顾已有汇率制度选择研究文献的基础上指出，对汇率制度选择的研究应该围绕一个明确且合理的制度选择标准（目标函数），利用恰当的、能基本反映或抽象出一国开放经济基本现实的分析框架（约束条件），将汇率制度选择问题转化为一个带有约束条件的最优化问题来展开讨论。在这个逻辑切入点下，本书首先根据已有文献考察了汇率制度选择的分析框架和制度选择标准的内涵及其发展演变，然后根据不同分析框架本身的特征和我国转型经济时期的基本经济现实和发展战略，分析论证人民币汇率制度选择的基本分析框架和制度选择标准问题。本书认为，人民币汇率制度选择研究应根据当前一段时期内中国开放经济的基本现实或主要的特征事实，以我国的社会福利最大化作为制度的选择标准，在 M-F-D 分析框架下来展开论证和研究。

在这个理论框架和基本思路指导下，本书抽象了 1994 年汇率并轨改革以来我国开放经济运行的基本特征事实，然后，根据我国开放经济中 FDI 形式的资本流动在目前国际资本流动中占主导地位的特征事实和资本与金融账户严格管制的基本现实，分别构建了一个确定性的静态模型和一个随机模型，考察了人民币的汇率政策导向和最优汇率制度弹性，并进行了实证检验，研究发现：

第一，在 FDI 形式的资本流动占主导地位的情况下，人民币不应采取大幅度升值的策略，否则会导致我国产出水平和价格水平的急剧衰退和收缩，从而带来巨大的社会福利损失。

第二，在 FDI 资金成为我国国际资本流动主导形式的条件下，如果实行固定汇率制度，那么我国的货币政策在短期内是无效的；而如果实行浮动汇率制度，那么我国的货币政策对产出、价格、利率和汇率的影响方向与资本自由流动下的经典情形是基本相同的。因此，如果我国要获得货币政策的独立性，并以此实现价格的稳定目标，从而为经济的持

续稳定发展创造条件，那么更具弹性的或浮动的汇率制度安排就是必须要考虑的制度安排形式了。

第三，由于长期以来币值稳定这一货币政策最终目标实际上为我国货币政策同时指定了两个名义锚，即（隐含的）汇率锚和货币总量锚，币值稳定这个最终目标本身就是内在冲突的。本书进一步的分析表明，我国应该对1994—2005年期间所实行的"实际目标法"进行适时的反思，依靠外需的经济发展战略应逐渐淡化了。并且，我国货币政策和人民币汇率制度选择应该以价格稳定作为基本标准或目标，适时进行政策目标的重新定位。

第四，本书构建的理论模型还指出，在我国外汇市场缺乏深度和弹性的情况下，某一形式的中间汇率制度安排是存在的，它不仅取决于我国的经济系统参数，也取决于我国所面临的经济冲击和资本管制程度。并且，人民币最优的汇率制度选择也不是一劳永逸的，而是一个动态的变迁过程。

第五，根据理论模型，本书利用我国宏观经济数据对人民币的最优汇率制度弹性进行了经验估计。结果表明，这一最优的制度弹性约为40.02%，这意味着我国应该实行更加具有弹性的汇率制度安排。

理论模型和经验证据表明，我国应增加人民币汇率制度弹性。但是，一方面，在FDI形式的资金流动占主导地位的条件下，大幅度的升值策略可能导致我国产出和价格的急剧收缩，从而带来社会福利损失；另一方面，国际上汇率制度转型的经验也表明，渐进平稳的汇率制度转型能够保证一国宏观经济的基本稳定，实现一国社会福利的最大化。并且，由于目前我国还不具备迅速增加汇率形成机制弹性和人民币急剧升值的基本前提条件，因此，本书认为，人民币在未来一段时期内应该采取渐进平稳的转型策略，然后再逐渐放宽汇率的波动幅度或波动区间（如每年3%—5%），不断增加汇率制度弹性。

最后，本书简要讨论了在人民币汇率制度转型过程中我国可能面临的转型时机选择、微观经济激励、银行体系不稳定性、货币错配和新的货币政策名义锚选择等因素所带来的转型风险。

目　　录

图 表 索 引

图形索引

表格索引

第一章 导 论

第一节 问题的提出

新的千年开始，人民币是否应该升值成为国际社会关注的热点问题（图 1 - 1 - 1），并且从单纯的经济问题上升到了政治问题，日本和美国成为推动人民币升值舆论的主要力量。"排华风潮"在新的世纪取代了"排日风潮"（麦金农，2007）[①]，以美国为首的西方国家和我国的贸易争端与摩擦不断加剧。要求人民币升值较早的言论首先是 2001 年 8 月 7 日英国 *Financial Times* 上刊载的文章 "China's Cheap Money"，然后是同年 9 月 6 日《日本经济新闻》上的文章《对人民币升值的期望——中国威胁论的升级》。后来日本官员在不同场合力促人民币升值。其代表人物日本财务大臣盐川正十郎在 2003 年 2 月的 7 国财长会议上提出了类似 1985 年针对日元的"广场协议"（Plaza Accord）[②] 的文件，要求人民币升值。

继日本之后，2003 年 6 月和 7 月，美国财政部长斯诺（Snow）和

---

① 20 世纪 70 年代起持续至 1995 年的美日贸易摩擦引发了"排日风潮"，也引发了"日元过度升值综合症"，使日本在 20 世纪 90 年代陷入了"失去的十年"。在新的千年，这样的情况以及后果很可能会在中国重演（罗纳德·麦金农：《为什么中国的汇率要钉住美元：基于日元的历史分析》，载《财贸经济》2007 年第 1 期，第 34—42 页）。

② 1985 年 9 月 22 日，美、日、前联邦德国、法、英五国财长及五国中央银行行长在纽约广场饭店（Plaza Hotel）举行会议，达成五国政府联合干预外汇市场的协议，使美元兑主要货币有秩序地下调，以解决美国巨额的贸易赤字。协议签订后，五国联合干预外汇市场，各国开始抛售美元，继而形成市场投资者的抛售狂潮，导致美元兑主要货币持续的大幅度贬值。很多学者认为这个协议是导致日本长达 10 年之久的经济萧条的直接原因，由于担心中国重蹈日本的覆辙，因此他们并不主张人民币升值。

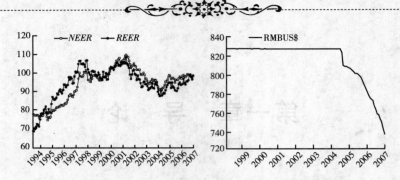

图 1 - 1 - 1　人民币名义汇率与有效汇率月度走势

资料来源：BIS；《中国经济景气月报》（2001—2007）各期。

注：1. BIS 公布的有效汇率是以人民币间接标价法表示的，汇率上升表示人民币升值，反之表示人民币贬值。图中 *REER* 和 *NEER* 分别表示实际有效汇率和名义有效汇率。

2. BIS 公布的人民币有效汇率是以 CPI 为基准计算的，以 2000 年作为基期，样本期为1994 年 1 月—2008 年 1 月；人民币兑美元汇率样本期为 1999 年 1 月—2007 年 12 月。

前美联储主席格林斯潘（Greenspan）也先后发表公开讲话，希望中国在人民币汇率形成机制中增加弹性。美国一些民间团体也加入要求人民币升值的行列。"健全美元联盟"（Coalition for a Sound Dollar）提出要通过"301 条款"① 促使人民币升值。这样，要求人民币升值压力的舆论就从日本转移到了美国。美国认为人民币升值的主要理由是中国的货币操纵导致了美国严重的失业和贸易逆差。美国一些经济学家纷纷撰文要求人民币升值。Goldstein（2003）与 Goldstein 和 Lardy（2003）指出，人民币首先应该升值 15%—25%，扩大浮动范围，然后再从单一的钉住美元转向钉住一篮子货币；Eichengreen 甚至认为，人民币应该放弃钉住美元，采用浮动汇率制度。另外一些经济学家，如 Mundell（蒙代尔，2004；2005）和斯蒂格利茨以及麦金农等人，则不支持人民币升值，认为人民币应该保持币值稳定。国际货币基金组织（International Monetary Fund，IMF）的首席经济学家 Kenneth Rogoff 也不支持人民币

---

① "301 条款"是美国 1974 年贸易法中的一个条款。该款授予美国总统对外国影响美国商业的"不合理"和"不公平"的进口加以限制和采用广泛报复措施的权力。其中"不公平"指不符合国际法或与国际法规定的义务不一致；"不合理"则不一定是非法行为，只要严重损害了美国商业利益，都是"不合理"。

升值的观点。但他认为,从长期来看,中国应该朝着更具弹性的汇率政策方面努力。

这些探讨和争论使对人民币升值问题的讨论转移到了对人民币汇率制度选择和汇率制度弹性问题的研究上(李婧,2003)。这一点从国内外学术界和决策层关于人民币升值的舆论和争论以及后来的政策导向中也是显而易见的。冯用富(2005)、何蓉(2005)、张静、汪寿阳(2003)和张琦(2003)等都认为,在人民币升值问题的推动下,我国面临的已经不仅仅是单纯的汇率升值问题,而是人民币汇率制度的重新选择问题。与此相关的讨论和争论尽管在具体的政策建议上不尽相同,但是,基本的共识是人民币应该朝着更具弹性的制度安排或浮动汇率制度方向努力(本书第二章第三节对此做了详细的综述,参见表2-3-1)。

2005年7月21日,中国人民银行的正式公告一方面作为对国际舆论的回应①,另一方面也部分地印证了上述基本共识,从而使对人民币汇率和汇率制度的争论暂时平息了。是日,中国人民银行正式公告,"我国开始实行以市场供求为基础、参考一篮子货币进行调节、有管理的浮动汇率制度。人民币不再钉住单一美元,形成更富有弹性的人民币汇率机制②。"

然而,这次改革并不意味着人民币汇率制度安排最终任务的完结,而恰恰是进一步完善人民币汇率形成机制的重大开始。人民币汇率改革要改的并不是人民币汇率水平,而是旨在完善其汇率形成机制和制度安排。"在根据科学发展观的发展战略、宏观调控构架和经济结构调整的大背景下,中国的汇率制度还需要进一步改革、完善,人民币汇率还将进一步调整以保证中国经济的平稳、可持续增长。"③ 因此,这次改革

---

① 中国放弃人民币钉住美元的初始动机可能是破解——或者说是搞乱——被误导的美国要求人民币对美元汇率升值的政治压力(罗纳德·麦金农:《为什么中国的汇率要钉住美元:基于日元的历史分析》,载《财贸经济》2007年第1期,第34—42页)。

② 中国人民银行办公厅:《人民币汇率政策宣传手册》,中国金融出版社2005年版。

③ 余永定:《人民币汇率制度改革的历史性一步》,载《世界经济与政治》2005年第10期,第7—13页。

也意味着人民币汇率制度选择研究的一个新的开始①。正如 Frankel（1999）所言，"没有任何一种汇率制度安排适合于所有的国家，也没有任何一种汇率制度适合于一个国家的所有时期"。② 汇率制度的选择并不是一个静态问题，而更应该是一个动态问题（沈国兵，2002；2003b）。不同的国家汇率制度选择的决定因素本身也会随着政治、经济、文化以及外部环境的变化而不断地变动，作为这些因素"合成"的结果，汇率制度必然不断发生表现为退出和重新选择的动态调整与变迁。因此，各国在进行汇率制度选择时应根据本国所处的特定时期的具体情况进行抉择，并且，这种选择并非一劳永逸（Masson，2000；侯杰，2005）。

除了这种"非一次性"的考虑之外，新的汇率形成机制还存在一些重大问题。第一，新的汇率形成机制并没有说明"更富有弹性"究竟意味着什么，人民币汇率制度弹性究竟应该多大或者达到什么样的程度才是"更富有弹性"的。第二，在目前的汇率制度下，中央银行必须把握好汇率的稳定性和灵活性之间的权衡，既不能忽视汇率的稳定给宏观经济带来的正面作用，也不能过分强调汇率的稳定性而导致目前的参考一篮子货币的汇率制度又重新回到事实上的钉住美元制（de facto pegging，李婧，2006；余

---

① 实际上，新的汇率形成机制改革以来，人民币仍然是紧紧钉住美元的。这实际上意味着新的汇率形成机制和以前的制度安排并没有本质的不同。安迪·慕克吉 2005 年 12 月 4 日在墨西哥《改革报》撰文指出：

"2005 年 7 月 21 日发生的事情只不过是人民币从一种联系汇率变成另一种联系汇率。尽管中国不再实行 1 美元比 8.3 人民币的汇率，但是它像以前一样，继续紧紧地钉住美元。经济学家阿贾伊·沙阿和伊拉·帕特奈克说，证据显示中国人民币新的兑换制度是同美元联系在一起的。"

徐剑刚等（2007）的经验研究也表明，2005 年 7 月 25 日—2006 年 2 月 3 日期间，人民币一篮子货币汇率中隐含的美元权重为 1（在 1% 的显著性水平下显著大于 0）。他们同时指出，2006 年 2 月 6 日之后（样本期间截至 2006 年 5 月 23 日），人民币汇率制度已发生结构性变化，人民币汇率制度已由钉住美元有序地过渡到了参考一篮子货币（徐剑刚、邵华、唐国兴：《人民币参考一篮子货币机制的实证分析》，载《上海财经大学学报》2007 年第 2 期，第 66—72 页）。但是，在这个子样本期间，美元所占权重仍然高达 0.954。这让人很难相信人民币汇率制度已发生了显著的结构性变化。

② 参见 Frankel, Jeffrey A., 1999, "No single currency regime is right for all countries or at all times", *NBER*, *Working Paper*, No. 7338。Ghosh 等（1996；2002）也提出过类似的观点。他们指出，"没有任何一种汇率制度适合于所国家的所有时期"。（Ghosh, Atish. R., Gulde, Anne-Marie, Ostry, Jonathan. D., and Wolf, Holger, C., 1996, "Does the exchange rate regime matter for inflation and growth?", IMF, *Economic Issue* 2）

永定，2005）。并且，这种担心并非没有可能，因为对一个资本账户没有开放的国家，无论政府名义上宣布采取何种汇率制度，事实上它都将收敛于固定汇率制（刘兴华，2003；易纲，2000）。因此，新的汇率形成机制或当下的人民币汇率制度改革存在一种内在的稳定性要求与灵活性要求之间的冲突，或"左"或"右"非常难以抉择。这就需要进一步研究究竟什么样的汇率制度类型或制度安排能够比较好地协调这种矛盾。更为重要的是，第三，新的汇率形成机制仍然没有明确我国的货币政策和人民币汇率政策之间的关系，没有说明究竟应该以什么标准来指导人民币汇率制度选择和进一步完善的工作。第四，我国在增加人民币汇率制度弹性时还将面临人民币汇率制度如何转型问题。即，究竟是采取自愿的或平稳的转型方式，还是为危机所驱动被动地进行人民币汇率制度转型？如果选择自愿转型或平稳转型，那么，我国究竟是激进地推进这一进程还是应渐进地推进这一进程呢？在进行人民币汇率制度转型之时，我国又将面临哪些风险呢？这些新的问题是我们目前还需要进一步研究的。

从相关的理论研究文献来看（参见表 2-3-1、表 2-3-2；第二章第三节），已有研究对人民币汇率制度选择做出了重要贡献，也起到了非常重要的理论参考作用。这些研究也为本书的研究提供了基本的分析思路，本书在此基础上进一步明确了人民币汇率制度选择的基本标准，对我国货币政策和人民币汇率政策之间的逻辑关系和理论联系进行了深入的剖析和考察。并且，在已有研究所采用的分析框架基础上，本书考虑到我国资本与金融账户的基本现实和开放经济所面临的主要冲击，引入动态因素和不确定性因素，在比较严谨的分析框架下对人民币汇率制度选择问题做了深入的考察。从理论上来看，恰当的汇率制度选择标准的选择和设定关系到人民币汇率制度选择和进一步完善的方向正确与否，而恰当的分析框架则关系到研究能否贴近中国开放经济的现实，从而能否得到比较客观的研究结论，二者共同构成了一个标准的带有约束条件的最优化问题。

上述现实所提出的问题和理论上存在的空间，构成了本书研究的逻辑起点和研究主旨。本书在一定的分析框架下，根据我国开放经济运行的基本现实，选择恰当的人民币汇率制度选择标准，对上述现实问题进行了考察。从理论和实践来看，人民币汇率制度改革远未完成、远未完善。随着我国经济转型的逐步深入和对外开放的进一步发展，人民币汇率制度选择问题将日趋重要。

第二节　内容与结构

在回顾主流汇率制度选择和人民币汇率制度选择文献的基础上，本书从汇率制度选择的标准选择和分析框架的选择两个方面入手，首先考察人民币汇率制度选择的基本标准和比较合适的分析框架。其次，对我国1994年汇率并轨改革以来的开放经济运行现实进行描述和抽象，从中发现我国的资本流动特征和所面临的主要经济冲击。以此为基础，建立理论模型，考察在当前FDI资金流动占主要地位的前提下，人民币汇率政策的基本导向。再次，本书结合中国资本管制和短期资本流动日趋庞大的现实，考察了最优的人民币汇率制度弹性，并利用宏观经济数据对最优弹性做了经验估计。最后，本书从理论上探讨了人民币汇率制度逐渐增加弹性时，我国所应选择的人民币汇率制度转型策略，并简单分析了未来我国人民币汇率制度转型可能面临的风险问题。

一、基本结构和内容

包括本章导论在内，本书共分6章，基本结构安排如下：

第二章　汇率制度选择的文献回顾：本章首先对汇率制度和汇率制度分类等概念做了界定，并对全书的分析做了总体的假设。其次，根据对主流汇率制度选择理论的回顾，并结合对人民币汇率制度选择的研究，本章提出了全书的研究思路：即，对人民币汇率制度选择的研究应该在一个恰当的汇率制度选择标准和能够反映或抽象我国开放经济运行基本现实的分析框架下进行，然后在此基础上建立人民币汇率制度选择的最优化模型。通过求解约束条件下的目标函数最优化问题，得到最优的汇率制度弹性及影响人民币最优汇率制度弹性的基本因素。

第三章 人民币汇率制度选择的分析框架与标准选择：本章的主要目的是根据不同类型的汇率制度选择的分析框架以及不同的汇率制度选择标准，结合我国开放经济的运行现实，考察人民币汇率制度选择的基本分析框架和恰当的制度选择标准问题。通过本章的分析，笔者认为，人民币汇率制度选择可以借鉴和运用 M-F-D 模型范式，融入中国的经济现实，以我国一般价格水平稳定作为基本的制度选择标准，以此作为研究人民币汇率制度选择的理论起点是可行的、合理的。

第四章 基于福利标准的人民币汇率制度选择的理论模型：本章首先抽象了人民币汇率并轨改革以来我国开放经济的几个典型事实。指出，在研究人民币汇率制度选择时，应充分注意我国国际资本流动的特殊性，即以 FDI 资金流动为主，而短期性国际资本流动虽存在严格管制但却又日趋凸显的现实。同时，对目前及未来一段时期所面临的货币冲击和供给冲击等因素的影响也要给予足够的重视。

其次，在上述分析基础上，本章根据 FDI 资金流动占我国国际资本流动主要地位的现实，修正了经典意义上的 *BP* 曲线，建立一个静态模型考察了人民币汇率政策和货币政策的效应问题。研究发现，在上述条件下，我国在当前及未来一段时期内，采取大幅度的人民币升值措施以缓解贸易顺差的做法是极不可取的，它会导致我国产出的大幅度下降和通货紧缩的巨大压力，也会沉重打击我国的就业目标，带来社会福利的巨大损失。并且，随着我国货币政策体系逐渐成熟，我国应该重新考虑人民币汇率政策和货币政策的基本作用。人民币汇率制度应该适时地增加弹性，向浮动汇率制度转型。

最后，本章根据我国资本与金融账户管制的现实，建立了一个融入理性预期（rational expectation）的、基于修正的无抛补利率平价的动态经济系统，考察了人民币的最优汇率制度弹性。研究发现，我国 1994年至 2005 年 7 月间以"实际目标法"为导向的汇率政策与货币政策的最终目标是存在冲突的，并且正是这种冲突导致了不同的宏观经济后果。研究还发现，在人民币汇率制度选择问题上，政府确定单一目标是非常必要的。在我国外汇市场缺乏一定的深度和弹性时，某种形式的中间汇率制度安排是存在的。但最优的制度安排不仅受政策目标的影响，而且还受到我国经济结构、资本管制程度和经济冲击的影响，因此，随着经济的发展，经济结构、经济冲击以及政策偏好的变化都会导致人民币汇率制度安排出现相应的变迁。因此，没有什么汇率制度可以使一国一劳永逸（Masson，2000），也没有什么汇率制度安排可以同时适用于所有国家或地区（Frankel，1999；穆萨等，2003）。人民币汇率制度选择和完善应该是一个动态的变迁过程。这就逻辑地要求人民币汇率制度改革和完善应该是一个动态变迁的转型过程。

第五章　人民币汇率制度改革目标与最优弹性的经验估计：本章的目的有两个：第一，根据1994—2005年的经济运行现实，对第四章第三节理论模型所提出的目标冲突问题做进一步的考察。研究指出，实际目标法在为我国经济发展做出贡献的同时却已经与当前的经济发展格局格格不入了，因此我国应适时进行人民币汇率制度选择的目标转变与目标的重新定位；第二，利用1994—2006年的宏观经济数据，本章估计了第四章第三节理论模型中的经济参数和经济冲击大小，得到目前我国最优的人民币汇率制度弹性大约是40.02%，这说明我国应该实行更具有弹性的汇率制度安排。本章还指出，在FDI资金流动占主导地位的条件下，这个汇率制度弹性不宜一步到位地实现。并且，我国基本制度安排和经济基础设施方面的滞后，也使人民币汇率制度改革应该以渐进的方式推进，而不能一步到位地实行更具弹性的汇率制度安排。

第六章　人民币汇率制度转型：本章根据第2—5章的研究结论，讨论了未来人民币汇率制度改革所应采取的转型策略和可能面临的转型风险。首先，在人民币汇率制度逐渐增加弹性的过程中，人民币汇率制度该如何转型？是采取自愿转型方式还是被动的或危机驱动型转型方式？如果采取自愿转型策略，那么我国还将面临由此而来的一个逻辑的权衡或选择，即，是采取一步到位的激进转型还是采取渐进转型方式？其次，在人民币汇率制度转型过程中，我国将会面临哪些不确定性因素？本章结合汇率制度转型的国际经验和我国的开放经济运行现实，指出人民币汇率制度动态变迁过程应该具体化为自愿平稳的渐进转型过程。在此过程中，我国应注意到由于货币错配等因素所可能引致的转型风险。最后，本章根据全书的研究结论，提出了政策建议和对以后研究的展望与设想。

二、技术路线图

本书的技术路线图如图 1 - 2 - 1 所示。

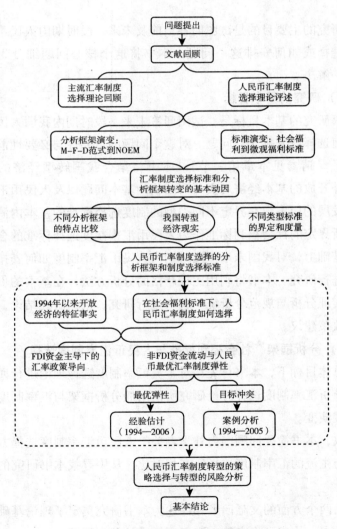

图 1 - 2 - 1 技术路线与思路

第三节　研究目标、思路及研究方法

一、研究目标与思路

本研究的主要目的是试图回答当前及未来一段时期内人民币汇率制度如何选择或如何安排这一问题。本书将这个核心问题细分为以下问题，逐一解决。

（一）研究的基本目标

本书研究的基本目标是，试图回答未来一段时期内我国人民币汇率制度如何选择或安排这一问题。对这个问题的重要性与必要性前面已经说明过了（请参见本章第一节）。本书将结合我国转型经济的基本特征、对外开放的基本经济现实与所面临的基本问题以及人民币汇率制度演变、发展的历史，在界定不同类型的制度选择标准的基本内涵和阐述以本书所界定的社会福利标准作为人民币汇率制度选择标准的合理性及必要性基础上，对我国未来一段时期内人民币汇率制度如何安排这一重大问题进行研究。本书将利用比较严格的分析方法，在基本的价值判断下，将实证分析与规范分析统一起来进行研究。根据研究结论，提出了具体的政策建议。

（二）分析框架、社会福利标准与人民币汇率制度选择

在总体目标下，本书首先在对主流汇率制度选择理论进行回顾的基础上，分析汇率制度选择理论研究所使用的分析框架与汇率制度选择标准的发展演变。

其次，本书简要回顾国内外学者关于人民币汇率制度选择方面的研究，并与主流的汇率制度选择研究相对比，从中寻找本书研究的逻辑切入点。

上面两个方面的文献回顾和评述为本书研究奠定了理论基础和理论上的切入点，构成了本书第二章所要解决的基本问题。

再次，在从理论回顾中得出汇率制度选择标准出现了从社会福利最大化标准（或宏观经济稳定性标准）向不同汇率制度的微观福利标准（代表性经济人微观福利最大化标准）发展和演变的事实后，本书结合经济学理论的发展历史和"二战"后经济运行的基本实践，简要分析了主流汇率制度选择理论分析框架与制度选择标准发展演变的原因（第三章第一节和第二节）。

然后，本书根据人民币汇率制度研究的已有成果和我国转型经济的基本特征以及现阶段的经济发展实践和货币政策发展实践，结合主流汇率制度选择研究所采用的标准，对人民币汇率制度选择所应采用的分析框架（第三章第一节）和所应采取的社会福利标准及其基本内涵进行分析，并根据我国经济发展现实和逻辑对社会福利标准进行界定。

在进行了适当界定的基础上，本书进一步论证人民币汇率制度选择的标准是不是应该转变及如何转变这一问题。如果要转向以本书所界定的社会福利标准为基本选择依据，那么是否有其客观必然性或合理性？本书第三章第三节将对这个问题进行初步的分析和论证。

最后，在选择我国整体的社会福利最大化作为人民币汇率制度选择的标准后，应该如何根据我国的开放经济运行现实来研究人民币汇率制度的选择和制度安排问题构成本书第四章和第五章所主要考察的基本问题。

（三）在社会福利标准下如何进行人民币汇率制度选择

1. 考虑资本与金融账户资本流动的特殊性质

通过对我国 1994 年以来开放经济运行的描述和抽象，首先，本书发现，20 世纪 90 年代以来，我国资本与金融账户下 FDI 形式的资金流动占据了主导地位。并且，由于我国的资本管制和对 FDI 的优惠措施而使我国的资本流动呈现出比较独特的特征，对我国开放经济运行和人民币汇率政策产生了比较特殊的影响（第四章第一节）。因此，本书将结合这个基本现实，修正经典意义上的国际收支（BP）曲线，建立一个确定性的静态模型，考察 FDI 资金流动对我国开放经济运行和汇率政策

的影响（第四章第二节）。

其次，尽管我国对资本与金融账户实施了比较严格的、不对称的资本管制（姜波克等，1999），但是，近年来非 FDI 形式的资本流动在我国越来越重要，也构成了我国开放经济运行的一个重要影响因素（第四章第一节）。这对我国人民币汇率制度选择无疑会产生重要影响。

2. 考虑中国面临的货币性冲击与供给性冲击等重大冲击的影响

在研究人民币汇率制度选择问题时，还要考虑到我国改革开放过程的二重性，它既是向市场经济转型的过程，也是对外开放的过程。因此，必须研究经济对外开放给中国所造成的特殊影响。而"随着中国日益成为全球经济的一部分，中国受到外部冲击的风险也日益增加"。[①]尤其是 1994 年人民币汇率并轨改革之后，持续的经常账户顺差与持续的大规模的资本流入对中国造成的货币性冲击与供给性冲击越来越严重（第四章第一节），因此，本书的模型将考虑货币性冲击与供给性冲击所带来的影响。

在货币冲击方面，1994 年汇率并轨改革之后，经常账户和资本与金融账户出现了持续多年的"双顺差"局面，经由国际收支渠道而导致的外汇占款的不断增长给我国带来了严重的货币性冲击，甚至由于其增长率的下降而成为我国通货紧缩的一个重要影响因素（范从来等，2003）。同时，由资本与金融账户项目下的资本流入而导致的货币性冲击对我国的经济冲击更为巨大（范从来等，2003；孙立坚，2005），这种货币性冲击与中国汇率制度选择密不可分。

在供给冲击方面，目前，中国所遭受的供给冲击典型的表现为石油价格、原材料价格和初级产品价格的波动对我国经济所造成的巨大冲击。尤其是近年来，国际石油价格这一外生的供给冲击给我国经济增长和物价稳定造成了巨大影响。经验研究表明，石油价格提高 10%，推动我国居民消费价格上升 0.25%，生产资料价格上升 0.9%。并且，20

---

① Prasad, Eswar、Rumbaugh, Thomas、王庆：《中国的资本账户开放与灵活汇率制度，会不会本末倒置？》，载《国际经济评论》2005 年第 7—8 期，第 29—35 页。

世纪 90 年代以来，我国对石油消费的依赖日益增长，原油对外依存度持续上升①，由 1993 年的 7.10% 逐年上升至 2006 年的 47.66%。这种外生的供给冲击给开放下的我国经济运行和物价稳定带来了巨大的影响（黄运成等，2005）。另外，供给冲击也会导致价格稳定的货币政策目标的失效（汉达，2000，第 280 页、第 312—313 页②）。

因此，融入资本管制，同时又考虑非 FDI 形式的资本流动和我国所面临的货币性冲击与供给冲击等主要经济冲击来分析人民币汇率制度选择是具有重要理论和现实意义的。本书把资本管制因素融入了无抛补利率平价，建立了一个带有随机冲击（主要包括货币冲击、供给冲击、国外利率冲击和产品市场冲击等）的动态经济系统，从理论上考察了人民币最优的汇率制度弹性。这是本书第四章第三节的基本内容。

（四） 实证检验和估计

根据第四章第三节的理论模型和研究结论，本书对 1994 年至 2005 年 7 月 21 日期间人民币的汇率制度安排和相应的宏观经济绩效做了深入分析，指出，未来的人民币汇率制度选择应该逐渐转向价格稳定目标这一标准了。最后，本书利用我国 1994 年以来的宏观经济数据估计了最优的人民币汇率制度弹性③。这些内容构成了本书第五章的全部内容。

（五） 人民币汇率制度转型与转型风险

根据第四章和第五章的研究结论，人民币汇率制度安排应该逐渐增加弹性，逐渐向浮动汇率制度转变。但这并不是（也不应该）一蹴而就的，这涉及人民币汇率制度退出和制度转型问题。一旦人民币汇率制度安排朝更具弹性的方向转型，那么随之而来的问题就是，我国可能面临转型不成功的风险。这是非常具有挑战性的工作。本书第六章对这些问题做了初步的分析。

---

① 年度的原油依存度 = 石油净进口量／（石油净进口量 + 当年的石油生产量）×100%。

② 对于外文著作的中文译本，本书在引用时所给出的时间是该著作外文原本的出版发行时间，而不是中文译本的出版时间。而在参考文献中只列出了外文著作中文译本的出版时间，而没有列出其外文原本的出版发行时间。

③ 总供给曲线的估计采用了 1978—2006 年间的年度数据。

二、研究方法

（一）实证分析与规范分析的逻辑统一

经济学是关于如何进行稀缺资源选择以使资源配置效率更高的学科（迪克西特，1990，第1页），是实证分析与规范分析的逻辑统一。尽管经济学数学化倾向越来越严重，实证分析几乎主宰了整个经济学的研究，但是离开了规范分析，对经济问题的研究也将是不深入的，经济学研究也就是不完整的（杜金沛，刑祖礼，2006）。这种实证与规范分析相统一的特点在涉及经济政策研究和制定的问题中尤其突出。因此，本书对人民币汇率制度选择问题的考察和分析就不能忽视制度选择中规范分析的一面。没有一个合理的汇率制度选择标准会影响到人民币汇率制度选择和进一步完善的目标的合理性。因此，本书试图将规范分析与实证分析纳入到人民币汇率制度选择的研究中，在规范分析的基础上，考察人民币汇率汇率制度选择的影响因素。具体来讲，本书将首先通过回顾已有的理论研究文献，然后结合我国基本的经济发展现实，确立一个合乎实际的人民币汇率制度选择标准，在这一基本的价值判断基础上，讨论我国人民币汇率制度选择的影响因素以及最优的人民币汇率制度弹性和相应的制度安排问题。

除此之外，本书不但建立了基本的理论模型来分析人民币最优汇率制度弹性，而且还利用中国的宏观经济数据对这一问题做了实证的或经验的估计，基本上使理论分析和实证分析相统一，使研究更加充实，结论更为可信。

（二）吸收多种学术流派的合理思想

在规范分析层面，本书将不同汇率制度安排的社会福利属性作为我国人民币汇率制度选择的基本标准。而对福利问题的研究应该主要归功于新古典学派（neoclassical），这就决定了本书应该吸收新古典学派关于福利经济学的合理思想内涵，同时又要注意到福利经济学的基本缺陷，以中国的具体经济现实为导向，从而能够根据中国实际的经济特点确立合理的福利标准。在具体分析中，本书还吸收了新政治经济学

（New Political Economy）的思想方法，并吸收和利用新凯恩斯主义（New Keynesnian）和其他宏观经济学理论流派的思想方法来研究人民币汇率制度选择问题。

第四节　研究的贡献与不足

一、本研究的主要贡献

本书主要在以下四个方面有所贡献：

1. 本书从分析框架和价值判断标准两个角度系统地回顾了主流汇率制度选择理论和国内外关于人民币汇率制度选择的理论研究。

2. 本书还根据我国开放经济运行现实，分别修正了 BP 曲线和无抛补利率平价，建立了比较贴近我国实际的经济模型来考察人民币汇率政策和汇率制度选择问题。这也具有一定的理论意义。

3. 本书在不同汇率制度选择的福利标准基础上，吸收凯恩斯主义和新凯恩斯学派的开放经济思想，同时也吸收理性预期学派的思想，建立更切合我国经济运行现实的模型来分析在资本与金融账户严格管制的现实情况下，人民币汇率制度选择与进一步完善的问题。在此基础上，本书指出了我国货币政策目标的内在冲突特征，提出了我国货币政策和汇率政策应该转向以价格稳定作为主要标准的观点。同时，本书还系统地估计了我国开放经济运行的基本经济参数和冲击大小，实证地估计了人民币汇率制度的最优弹性，指出人民币汇率制度应该朝更具弹性的方向转变的观点。

4. 本书在详细论证和考察的基础上，提出了人民币汇率制度应该实行渐进平稳转型策略的观点，并对人民币汇率制度的转型风险给予了一定的关注。

二、本研究的不足

尽管本书做了各方面的尝试，但是由于作者自身的能力和学识有限，本书仍然存在很多不足。首先，为了更好地分析人民币汇率制度选择问题，本书在具体研究过程中，做了很多理论假设（第二章第一节和第四章第二、三节）。这些假设有的比较贴近我国经济现实，有的则相去甚远。因此，本书的研究仅仅是从某一个侧面、在这些假设前提下集中考察了人民币汇率制度的选择问题，从而本书所得到的结论和观点自然就存在值得商榷之处。这些不足都有待于以后的研究做进一步的补充和修正。

其次，本书所采用的研究框架和分析方法只是汇率制度选择研究中的一个主要的理论流派，本书也主要是在该理论框架下，结合我国的具体国情，从传统的经济政策制定视角考察了人民币汇率最优的制度选择和转型问题。实际上，除了本书所采用的 M-F 和 M-F-D 分析范式外[1]，汇率制度选择研究的理论范式还包括最适货币区理论（optimal currency area，Mundell，1961）、公信力（credibility）和政策声誉理论（Kydland 和 Prescott，1977；Barro 和 Gordon，1983）以及 20 世纪 90 年代以后发展起来的两极论和中空论（bipolar，Obsefeld 和 Rogoff，1995；Fischer，2001；Frankel，1999）等研究范式（Bordo，2003；Ghosh 等，2002，第3 章；Setzer，2006，第 2 章）。显然，利用不同的分析框架或范式来考察人民币汇率制度选择问题可能会得到不同的结论，这肯定会在一定程度上影响了本书结论的稳健性。因此，本书的研究也就存在一定的不足，这也有待于后续进一步研究的完善。

最后，本书在理论研究和经验研究中，没有考虑到中国转型经济的更多事实，如区域经济不平衡所可能导致的冲击的非对称性对人民币汇率制度选择的影响；也没有考虑到二元的经济结构特征、我国的金融体制结构特征以及汇率政策与货币政策协调问题对人民币汇率制度选择的影响；本书也没有完全充分地考虑到金融市场的分割（segmentation）

---

① 该范式的全称是 Mundell-Fleming-Dornbusch 模型（下文简称 M-F 或 M-F-D 范式）。这个传统还包括在经常账户跨期均衡分析法（intertemporal approach to the current account）以及新开放经济宏观经济学框架下（new open economy macroeconomics，NOEM，下文简称 NOEM 范式）的研究，这三个分析框架在开放经济宏观经济学的研究中是一脉相承的（参见本书第二章第二节和第三章第一节），因此可以统一归入 M-F 和 M-F-D 范式下的研究中。

问题以及由此而带来的货币错配（money mismatch）等问题对人民币汇率制度选择的影响[1]，没有考虑到我国严重的失业问题等基本因素，从而使分析存在很大的不足。

所有上述不足和本书没有虑及的其他方面而带来的不足和局限，有待于专家、学者的批评指正和以后进一步研究的完善。

---

[1] Aizenman 和 Hausmann（2001）考察了资本市场分割对新兴市场国家汇率制度选择的影响。李扬、余维彬（2005；2006）考察了货币错配对人民币汇率制度选择的影响问题。

根据戈登斯坦和特纳（2004）的定义："货币错配是指经济实体（大到主权国家，小到企业和家庭）的资产净值（资产负债表）或净收入（损益表）对汇率变动的敏感性，净值/净收入对汇率变动越敏感，货币错配程度就越严重。"（莫里斯·戈登斯坦、菲利浦·特纳：《货币错配——新兴市场国家的困境与对策》，社会科学文献出版社2005年版，第1页）

第二章 汇率制度选择的
文献回顾

　　汇率制度选择的研究是在恰当的分析框架下根据具体的汇率制度选择标准进行的，是实证分析和规范分析的逻辑统一。因此，从分析框架和汇率制度选择所采用的标准两个方面回顾已有的理论研究可以帮助我们形成对人民币汇率制度选择研究的有益思路。本章在对汇率制度选择等概念进行界定的基础上，从方法论角度回顾主流汇率制度选择的理论研究和国内外学者对人民币汇率制度选择的研究，并将这两个方面的研究进行简单的比较，从中寻找人民币汇率制度选择研究的逻辑起点，为后文的研究奠定理论基础。

第一节　概念界定

一、汇率制度

　　传统意义上，汇率制度被定义为有关汇率决定及其调节和变动方式的一系列制度性安排。作为制度安排的一种，尽管有其特殊性，但汇率制度仍然具有一切制度的共性。而所有制度的本质内涵不外乎两项，即习惯和规则（沈国兵，2003a）。因此，这个传统的定义过于强调外生的正式规则，而没有考虑到市场经济主体对汇率制度存在的内生的习惯或者偏好（沈国兵，2003a）。为了强调汇率制度不仅是由外生的正式规则组成的，而且也离不开经济主体内生的习惯或偏好。从这个角度出发，本书认为，汇率制度是指一国货币当局对本国汇率水平的确定、维持、调整和管理，以及对汇率波动基本方式等问题所作的一整套的规则或规定和习惯。这个定义说明，汇率制度本身是内生于经济系统的，并且会随着经济的发展而不断变化，它既会受经济中各种类型冲击的影响，也会受到经济主体偏好等实际冲击的影响，从而出现动态的变迁过程，这就使一国在经济发展的不同时期都会面临汇率制度的选择和安排问题。

在这个定义中，本书首先强调，汇率制度是由一国货币当局所制定的制度安排，即汇率制度选择的主体是一国的货币当局。这实际上隐含地假设一国货币当局和政府部门之间以及货币当局与其他利益主体在进行汇率制度选择时的基本目标是一致的①。具体来说，在对人民币汇率制度选择的研究中，本书假设我国中央银行与其他政府部门以及整个社会中的各种利益主体在汇率制度选择这个基本问题上，它们的基本目标是一致的②。在目前的经济转型时期，我国货币当局以及政府的利益和政策目标与社会整体的利益与目标是基本一致的（张纯威，2005）。其次，这个定义还指出，汇率制度选择具有很强的政府主导性特征（张纯威，2005）。我国货币当局根据我国所面临的具体经济现实，在具体选择目标基础上，选择或制定适合我国一定时期内经济发展的汇率制度。

二、汇率制度选择

（一）汇率制度选择的内涵及特征

本书认为，汇率制度选择是指一国货币当局根据既定的政策目标或制度选择标准，在本国特定时期所面临的经济环境约束下，寻找并选择

---

① 但是，现实中一国货币当局与其他政府部门之间的政策目标常常是不一致的，甚至会存在很大的冲突（汉达，2000）。因此，从不同利益主体在面临汇率制度选择时的目标差异这个角度出发，利用博弈理论来分析不同主体的目标差异对汇率制度选择的影响是很有意义的，这也构成了未来人民币汇率制度选择研究的一个重要方向。

② 在本书第三章第二节对目标的基本一致性做了简单的说明。

某一汇率制度安排以最优化其政策目标或制度选择标准的过程。这个定义有以下四个层次的含义：

第一，汇率制度选择是一国政府的主权行为①。尽管汇率制度选择除了主要受到本国经济环境的影响外，还会受到本国政治环境（如政治稳定性）的影响，也会受到国际环境和周边政治经济环境的影响，但是，它基本上是一国政府的自主决策行为。这也是符合国际货币基金组织（IMF）的基本规则的。另外，为了不牵涉过广，本书基本没有考虑经济环境之外的其他影响因素，尤其是政治因素的影响，尽管这会影响本书结论的准确性。

第二，汇率制度选择是一个动态的变迁过程（邓立立，2006；沈国兵，2002，2003a，2003b）。"没有任何一种汇率制度安排适合于所有的国家，也没有任何一种汇率制度适合于一个国家的所有时期。"② 因为，汇率制度选择是一国根据它在某一时期的政策目标，在当时的具体经济环境等因素的约束下所做出的决策过程③。而随着时间的消逝和经济的发展，一国经济环境的变迁和政府政策目标的变化都会使已有的制度安排不再适合新的时期。但是，这并不意味着一国不存在汇率制度选择的必要，而是说，一国应该根据自身所面临的经济环境等因素选择适合某

---

① 邓立立（2006）指出，汇率制度选择的主体有三个层次：一是一国作为主体对汇率制度的选择，这是最基本的；二是区域范围的汇率制度选择，这个层次并不是必需的；三是国际范围的汇率制度安排（邓立立：《汇率制度的选择与发展趋势研究》，东北财经大学出版社2006年版，第9—10页）。由于本书主要研究人民币汇率制度选择问题，并且不考虑区域货币合作因素，因此，本书所讨论的人民币汇率制度选择的主体是第一个层次的。

② Frankel, Jeffrey A. , 1999, "No single currency regime is right for all countries or at all times", *NBER*, *Working Paper*, No. 7338.

③ 本国的经济结构、经济系统的参数、不同类型的经济冲击、政府的声誉、政策偏好以及国外的政治、经济因素等都会对汇率制度选择产生重要影响。M-F-D 范式和 NOEM 范式以及其他分析框架的基本作用就是为研究者提供了把这些影响因素抽象出来的分析工具，而这一分析框架就构成了汇率制度选择问题研究的约束条件。关于汇率制度选择的具体影响因素及其对汇率制度选择的影响，可参阅 Flood（1979）、IMF（1997）、Moosa（2005）第三章和第八章、Obsetfeld 和 Rogoff（1996）第十章、Turnovsky（1976）、Walsh（2003）第六章、Weber（1981）、Zhang（2000）、邓立立（2006）、甘道尔夫（2002）、吉野直行（2003）、姜波克、杨长江（2004）、穆萨等（2003）、沈国兵（2002；2003a；2003b）、瓦什（1998）第六章、张静、汪寿阳（2003）及本章第二节的文献回顾等。

一时期自身经济发展的汇率制度安排，这种制度选择和随后的制度调整是随着本国经济发展和政策目标变化而变化的一个连续不断的过程，是由汇率制度退出（exit）和汇率制度转型（transition）所构成的动态调整过程。

第三，对任何国家而言，汇率制度选择是一国货币当局为了实现其政策目标而做出的制度选择或制度创新行为。这里有三层意思：一是，政府选择不同的汇率制度是有其具体标准的，并且政府的目标不同也会影响到最优的汇率制度选择（Crockett，2003；Edwards，1996；Turnovsky，1976；范恒森、李连三，2001；甘道尔夫，2002；姜波克、杨长江，2004；李连三，2001；吉野直行，2003）。二是，政府在汇率制度选择方面能够代表一国的绝大多数经济个体的目标和利益，他们的基本目标和利益是一致的、共同的①。或者说，一国货币当局在制定汇率政策时主要考虑的是总体的国民经济利益，而不是个别的利益集团的利益（杨涤，2004）。这是基本符合发展中国家的基本经济现实的（张纯威，2005）。三是，一国货币当局可以根据本国的经济环境以及政策目标选择符合本国国情的汇率制度类型。但被选择的制度安排可以和已有的任何制度安排都不同，即，一国在汇率制度选择上可以进行制度的创新活动②。

第四，这个定义隐含地假设，如果在某一特定时期，一国选择了某种类型的汇率制度安排，那么，该国在这一时期内的实际汇率行为与其事先所选择的制度安排是动态一致的（time consistency），不会出现言行不一的现象。同样，在研究人民币汇率制度选择问题时，本书也同样假定，一旦选择了既定的汇率制度安排，那么政府就会言行一致（详见

---

①　考虑到不同经济主体在汇率制度选择这个问题上的目标的不一致性，以及政府政策目标实施过程中各利益主体之间的冲突，就可以利用政治学或新政治经济学的框架来研究汇率制度的选择问题，Frieden（1994）和 Setzer（2006）对此做了介绍。

②　我国 2005 年 7 月 21 日宣布的新的人民币汇率形成机制就是一种在吸收已有制度安排合理性基础上的汇率制度创新。

本节"三、汇率制度分类与汇率制度选择")①。

（二）人民币汇率制度选择

根据以上分析，本书认为，人民币汇率制度选择主要应该是在考察分析当前及未来一段时期内我国所面临的现实经济约束条件下，根据我国货币当局的政策目标或选择标准（即目标函数，第三章第二节分析了我国中央银行进行汇率制度选择时的基本标准问题）进行的，在得到最优解以后，再根据不同类型汇率制度的性质、特征和效果，从这些"菜单"中选择适合本国的制度安排或进行制度的创新。为了集中研究人民币汇率制度选择问题，根据前面对汇率制度与汇率制度选择以及下文对汇率制度分类的基本界定，本书对人民币汇率制度选择研究做出以下基本假设：

1. 人民币汇率制度选择和进一步完善的主体是我国货币当局，它在人民币汇率制度选择问题上的基本目标与我国其他政府部门以及整个社会的绝大多数利益主体的目标是基本一致的。

2. 我国货币当局一旦选择了某种类型的人民币汇率制度安排，那么就不会出现言行不一致的现象，在汇率制度选择与实施方面，政策是动态一致的。

3. 人民币汇率制度选择是我国的主权问题，是我国货币当局的自主决策行为。当然，在适当的时候，适当的条件下，我国进行人民币汇率制度选择时，可以酌情考虑周边的政治经济环境和国际环境对人民币汇率制度选择的影响。

三、汇率制度分类与汇率制度选择

科学的汇率制度分类是研究一国汇率制度选择的基础，如何进行汇率制度分类对研究汇率制度选择以及汇率制度与宏观经济绩效之间的关

---

① 实际上，1994年人民币汇率制度并轨改革以后，人民币实际上的制度安排就跟我国政府事先宣称的制度安排出现了偏离，成为事实上的钉住美元的固定汇率制度（Roberts 和 Tyers，2001；Tyers，2000；黄薇，2005；姜凌、韩璐，2003；姜凌、马先仙，2005；李婧，2002a；刘兴华，2003；穆萨等，2003；齐琦部，2004；余永定，2000）。

系等问题有着重要影响（Bastourre 和 Carrera，2004；Bordo，2003；Genberg 和 Swoboda，2005；Levy-Yeyati 和 Sturzenegger，2005；范恒森、李连三，2001）。但是，到目前为止，经济学家对什么是汇率制度分类的恰当标准还存在很大的争议。目前对汇率制度的分类方法主要有两种①，即名义分类法（de jure, or legal classification）② 和实际分类法（de facto classification）③。采用名义分类方法的主要是国际货币基金组织（IMF）历年来的分类方法和 1999 年的新分类法；实际分类法主要包括 Bailliu 等（2002）、Bastourre 和 Carrera（2004）、Bénassy-Quéré 和 Cœuré（2002）、Bubula 和 Ötker-Robe（2002）、Carrera 和 Vuletin（2003）、Calvo 和 Reinhart（2002）、Dubas 等（2005）、Ghosh 等（1997；2002）；Hausmann 等（2000）；Levy-Yeyati 和 Sturznegger（2003；2005）、Nitithanprapas 和 Willet（2002）、Poirson（2001）、Reinhart（2000）、Reinhart 和 Rogoff（2004）④、Rogoff 等（2003）以及 Schuler（2005）所采用的分类方法。这些研究认为，由于多种原因，如害怕浮动（fear of floating，Calvo 和 Reinhart，2002）和缺乏公信力（credibility）等，一国并不会按照它们所宣称的制度安排行事，即，一国在汇率制度安排上很可能是言行不一的。因此，他们利用观察到的汇率、国际储备和其他宏观经济变量的实际表现来对汇率制度安排进行实

---

① Moosa（2005）专门区分并论述了汇率制度的理论分类和实践分类（theoretical and practical classifications），并将名义分类和实际分类法都置于实践分类法之下（Moosa, Imad A., 2005, *Exchange Rate Regimes：Fixed, Flexible or Something in Between*？Palgrave Macmillan, New York，90－142）。

② 名义分类法又称为官方分类（official classifications，Moosa，2005，第五章），实际分类法又称为行为分类法（behavior classification，Nitithanprapas 和 Willet，2002）。国内一般将"de jure classification"译为"名义分类法"。实际上，de jure 和 de facto 都是拉丁语，前者是"法理上的、法律上的"意思，后者是"事实上的"意思。为了和国内已经形成的习惯保持一致，本文也把"de jure classification"翻译成"名义分类法"。

③ Reinhart 和 Rogoff（2004）在研究中指出，汇率制度有两种分类方法，即人为分类法和自然分类法（artificial and natural classifications）。但根据他们的陈述，这两种分类方法基本上是跟名义分类法和实际分类法相对应的，而自然分类法实际上是一种实际分类法，概念范畴要小于实际分类法（Alesina 和 Wagner，2003；Genberg 和 Swoboda，2005）。

④ Bastourre 和 Carrera（2004）和 Carrera 和 Guillermo（2003）的分类既考虑了汇率制度的实际行为（"行"，deeds），又考虑了政府所公开宣称的政策目标（"言"，words）。

23

际分类，试图纠正一国言行不一致的问题（Bordo，2003）。

（一）IMF 的名义分类法

名义分类法是以一国政府公开宣称的汇率政策和汇率制度为依据而进行的一种汇率制度划分方法。20 世纪 90 年代以前，如何对汇率制度进行分类并没有引起什么争议（陈三毛，2007）。国际货币基金组织（IMF）关于汇率制度分类的标准和方法一直为各成员国所沿用和遵守。IMF 根据其成员国宣布的汇率制度和政策进行记录，并定期编制 *Annual Report on Exchange Rate Arrangement and Exchange Restrictions* 以汇总其成员国所宣称的汇率制度安排。自 20 世纪 50 年代开始，IMF 汇集的汇率制度种类不断细化，由最初的四类扩展到了八类①。

但国际货币基金组织（IMF）的传统分类方法存在很大的缺陷。一方面，该方法没有区分主要的汇率制度安排之间的差异（Nitithanprapas 和 Willett，2002），把硬钉住（hard pegs）和软钉住（soft pegs）② 汇率制度安排放在一起，从而难以区分不同汇率制度下货币政策的自主性（Bubula 和 Ötker-Robe，2002），而这对学术研究来说却是十分重要的；另一方面，IMF 传统的分类方法无法真正反映一国实际的汇率行为，因为一国政府有可能言行不一（Bubula 和 Ötker-Robe，2002；Dubas 等，2005；Levy-Yeyati 和 Sturzenegger，2003；Nitithanprapas 和 Willett，2002；Poirson，2001；Rogoff 等，2003）。针对这种缺陷，有两种处理方法：一是 1999 年 IMF 抛弃了近 20 年来的固定、浮动"两分法"（dichotomy），对汇率制度进行了新的更为详细的分类；二是由经济学家所开发的基于实际的汇率行为和/或官方干预（由国际储备的变化来表示）的行为的实际分类方法（Nitithanprapas 和 Willett，2002）。

IMF（1999）新的分类方法不仅注重各国政府公开宣称的汇率制

---

① 关于 1999 年以前 IMF 传统分类方法下各种具体的汇率制度安排，请参阅陈三毛（2007）、Moosa（2005）第 5 章第 121—122 页、Reinhart 和 Rogoff（2004）以及 Schuler（2005）。

② 在 IMF（1999）新分类法中，软钉住汇率制度包括传统的固定钉住制度、水平带内的钉住汇率制度、爬行钉住和爬行带内钉住；硬钉住汇率制度包括无独立法偿货币的汇率安排、货币联盟和货币局制度（Bubula 和 Ötker-Robe，2002，见表 2 - 1 - 1）。

度，而且注重考评各国政府真实的政策意图，并且还突出了汇率形成机制和政策目标的差异①。新的分类方法将汇率制度安排分为八类：1. 无独立法偿货币的汇率制度安排（exchange arrangements with no separate legal tender）；2. 货币局制度（currency board arrangements）；3. 传统的固定钉住制度（conventional fixed peg arrangements）②；4. 水平带内的钉住汇率制度（pegged exchange rates within horizontal bands）；5. 爬行钉住（crawling pegs）；6. 爬行带内钉住（exchange rates within crawling bands）；7. 不事先公布干预方式的管理浮动（managed floating with no preannounced path for exchange rate）；8. 独立浮动汇率制度（independent floating）。各种制度安排的具体含义见表2－1－1。

为了方便研究的开展，上面8种汇率制度安排又被粗略地划分为三大类型。其中，第1—2种被归入固定汇率制度，第3—7种属于中间汇率制度（intermediate exchange-rate regimes），第8种被归入浮动汇率制度。从IMF（1999）的新分类法可以看出，从第1到第8种汇率制度安排，实际上表现出了汇率制度安排灵活性和货币政策独立性不断增加，而汇率稳定性逐渐削弱的特征。

（二）实际分类法

IMF（1999）的新分类法主要是根据各国政府所宣称或宣布的汇率制度为基础进行分类的，它没有考虑到很多情况下政府所宣布的政策和政府实际采取的政策之间存在的动态不一致问题（time inconsistency，Levy-Yeyati 和 Sturzenegger，2005），这会导致实际分类法和名义分类法之间可能存在巨大的差异（Reinhart 和 Rogoff，2004），对理论研究和经验研究都会产生重大影响（Alesina 和 Wagner，2003；Genberg 和 Swoboda，2005）。一些经济学家认为，建立在这些名义分类基础上的研究会产生误差和曲解，也可能是经验研究得不到比较一致结论的一个主

---

① 由于这个原因，大部分研究者也将IMF（1999）的新分类法视为实际分类法。但是，由于新分类方法仍然严重地依赖于其成员国官方所宣称的制度安排（Setzer，2006，第39页），因此很多学者（包括本书）仍将该方法视为名义分类法的典型代表。
② 国内学者把peg翻译为"盯住"或"钉住"，本书统一译为"钉住"。

表2-1-1 IMF（1999）新分类法下的汇率制度安排

基本类型	IMF（1999）新分类法下的制度安排	注　解	国家数目				
			1999.1.1	2000.12.31	2001.12.31	2003.1	2006.7.31
固定汇率制度	无独立法偿货币的汇率安排	包括美元化（dollarization①）和货币联盟（monetary union）。指一国或地区采用自己的法定货币，完全丧失货币发行权，或者采用另一个国家流通的货币作为本国唯一的法定货币工具（如美元化和欧元化；或者从属于一个货币联盟，在联盟内各国都使用同一种货币	37	38	40	41	41
	货币局制度	一国货币当局持有100%的外汇储备作为货币发行的基础，货币供给随国际收支状况而自动地扩张或收缩，中央银行丧失了作为最后贷款人的传统职能和实施相机抉择的货币政策的功能（Bordo, 2003; Bubula 和 Öiker-Robe, 2002; Duttagupta 等 2005）	8	8	8	7	7
中间汇率制度	传统的固定钉住制	属于可调整的钉住汇率制度（adjustable pegging），主要包括按照固定汇率钉住单一货币、货币篮子或特别提款权（SDRs）等的制度安排。在此制度下，一国货币正式地或事实上与一种主要货币或一篮子货币保持固定的汇率，汇率只能围绕中心汇率在很狭窄的范围内（±1%）波动②。货币当局通过直接干预或间接干预随时准备干预市场，以使汇率水平稳定在限定的波动幅度内	39	44	40	42	52
	水平带内的钉住汇率制度	仍属可调整的钉住制，与上一类的区别是其波动幅度大于±1%	12	7	5	5	6
	爬行钉住制度	货币当局按照预先宣布的固定幅度或根据某些选定的数量指标的变化对汇率进行小幅度调整。调整可以根据过去一段时期内的通货膨胀来进行（后顾性的,back-looking），也可以根据预期的通货膨胀进行（前瞻性的,forward-looking）	6	5	4	5	5

续表 2−1−1

基本类型	IMF（1999）新分类下的制度安排	注　解	国家数目				
			1999.1.1	2000.12.31	2001.12.31	2003.1	2006.7.31
	爬行带内钉住制度	一国货币汇率保持在围绕中心汇率至少±1%的区间内波动或汇率保持的极大值（极大值与极小值之差）大于2%。中心汇率或汇率宣布的、事先宣布的，事先宣布定期进行调整，或根据其他指标定期进行调整，又称汇率目标区制度（target zones）	10	6	6	5	n. a.
中间汇率制度	不事先宣布汇率路径的管理浮动制度	货币当局可随时干预来影响汇率走势，但对汇率变化的路径没有特定的或预先确定的目标（肮脏浮动）。货币当局的干预可以基于其认为的重要宏观经济变量，如国际收支状况、国际储备状况等，也可以仅仅是对汇率变动进行逆向操作（leaning against the wind）。由于没有承诺明确的义务，因此，该制度下的货币政策有相当大的灵活性	26	32	43	46	51
浮动汇率制度	独立浮动汇率制度	汇率水平由市场决定，但货币当局也会进行一定的干预以减缓汇率波动程度	47	46	40	36	25

注：①实行美元化的国家并没有固定汇率，它们其实就没有汇率。这些国家应该被视为加入了一个货币区，因此，它们是不能通过货币区创造而获得铸币税收入的（seigniorage，Obstfeld，Maurice，and Rogoff，Kenneth，1995b，"The mirage of fixed exchange rates"，*The Journal of Economic Perspectives*，Vol. 9，No. 4，73−96）。

②或者汇率极差（极大值与极小值之差）保持在2%的幅度内（Bubula，Andrea，and Ökter-Robe，İnci，2002，"The evolution of exchange rate regimes since 1990：evidence from De Facto policies"，*IMF，Working Paper*，No. 02/155）。

资料来源：IMF，1999，"Exchange Rate Arrangements and Currency Convertibility：Development and Issues"，*World Economic and Financial Surveys*；Bubula，Andrea，and Ökter-Robe，İnci，2002，"The evolution of exchange rate regimes since 1990：evidence from De Facto policies"，*IMF，Working Paper*，No. 02/155；Bubula，Andrea，and Ökter-Robe，İnci，2002，"De facto classification of exchange rate regimes and monetary policy framework"，www. imf. org；Fernandez，Gilda，and Karacadag，Cem，2005，"Moving to a flexible exchange rate：How，when，and how fast"? *IMF，Economic Issue*，38；邓立立：《汇率制度的选择与发展趋势研究》，东北财经大学出版社2006年版；侯杰：《汇率制度理论综述》，中国人民大学内部研究文稿，2005年；张纯威：《人民币名义汇率避险稳定研究》，经济管理出版社2005年版。

要原因。为此，Bailliu 等（2002）、Bastourre 和 Carrera（2004）、Bénassy-Quéré 和 Cœiré（2002）、Bubula 和 Ötker-Robe（2002）、Calvo 和 Reinhart（2002）、Carrera 和 Vuletin（2003）、Dubas 等（2005）、Ghosh 等（1997）；Hausmann 等（2000）、Levy-Yeyati 和 Sturznegger（2003；2005）、Nitithanprapas 和 Willet（2002）、Poirson（2001）、Reinhart（2000）、Reinhart 和 Rogoff（2004）、Rogoff 等（2003）以及 Schuler（2005）等进行了汇率制度实际分类方法的基础性工作。尽管这些研究由于研究的目的不同而使用了不同的分类方法和分类技术（Nitithanprapas 和 Willet，2002），但他们都是从经济变量（如汇率、利率和国际储备等）的事后实际表现来进行实际分类的①。

（三）本书研究中的分类方法选择

本书仍采用名义分类方法来展开人民币汇率制度选择的研究，原因在于：

第一，实际分类法是从事后的角度（backward-looking）来考察一国实际上所体现出来的汇率制度安排的，而不是一国事先所选择的汇率制度安排。因此，实际分类方法基本上是为经验研究服务的。而任何汇率制度选择的理论研究都是从事前的角度来展开的一种前瞻性（forward-looking）研究，本书对人民币汇率制度选择问题的研究也不例外。

第二，尽管实际分类方法克服了名义分类方法的许多缺陷，并利用数量指标来进行汇率制度的实际分类，但是数量指标往往也不能客观、准确地反映实际的汇率制度和政策（陈三毛，2007）。例如，如果一国名义汇率比较稳定，那么实际分类法倾向于将这种制度安排归为缺乏弹性的或固定的汇率制度安排。但是，汇率的稳定可能是由于该国宏观经济基本面稳定而带来的，而不是由于货币当局干预的结果（Genberg 和 Swoboda，2005）。因此，实际分类法并不是完美无缺的，也并不优于名义分类法，二者各有利弊（Carrera 和 Vuletin，2003；Genberg 和 Swoboda，2005；Ghosh 等，1996、1997；Schuler，2005；陈三毛，2007）。

---

① 陈三毛（2007）介绍了不同的实际分类法下的各种汇率制度安排以及实际分类方法的三个基本途径。陈三毛（2007）、Genberg 和 Swoboda（2005）与 Ghosh 等（1997）对名义分类法和实际分类法及各自的优缺点做了梳理和分析。

第三，由于各个研究者的目的不同，因此不同研究中所使用的实际分类方法和分类技术基本是不同的，目前也没有达成比较一致的分类标准。表2-1-2表明，三种实际分类法与IMF分类法趋于一致的情形大概在41%—55%，但是不同的实际分类法之间趋于一致的情形却只有35%—45%。因此，不同的实际分类法与名义分类法相关程度高，但是，不同的实际分类法之间趋于一致的频率却低得多[1]。而IMF所公布的名义分类方法下的汇率制度类型和具体内涵已经基本形成了比较一致的看法，因此，相比之下，名义分类法更适宜用于指导一国的汇率制度选择。

表2-1-2 不同汇率制度分类方法之间的相关性

	IMF	Ghosh 等	Levy-Yeyati 和 Sturzenegger	Reinhart 和 Rogoff
IMF	1.00(100.0)			
Ghosh 等	0.60(55.1)	1.00(100.0)		
Levy-Yeyati 和 Sturzenegger	0.28(41.0)	0.13(35.3)	1.00(100.0)	
Reinhart 和 Rogoff	0.33(55.1)	0.34(35.2)	0.41(45.3)	1.00(100.0)

注：括号内的数字是以百分比表示的完全耦合的频率（frequency of outright coincidence）。
资料来源：Frankel, Jeffrey A., 2003, "Experiences of and lessons from exchange rate regimes in emerging economies", *NBER*, *Working Paper*, No. 10032.

第四，即使现实中一国出现了言行不一致而导致该国事先所公开宣称的汇率制度安排和实际上所表现出来的汇率制度安排产生了不一致，但只要货币当局并不违背其事先的公开承诺（commitment），那么由此而导致的问题就并不严重[2]。

---

[1] Bleaney 和 Francisco (2007) 的研究也得到了同样的结论。他们比较了 IMF (1999)、Shambaugh (2004)、LYS (2005) 以及 Reinhart 和 Rogoff (2004) 分类法之间的一致性问题（Bleaney, Michael, and Francisco, Manuela, 2007, "Classifying exchange rate regimes: a statistical analysis of alternative methods", University of Nottingham, *CREDIT Research Paper*, No. 07/05, Table II）。
[2] 很多经验研究利用汇率制度的实际分类法修正了原有的基于名义分类法所得到的研究结论（Genberg 和 Swoboda, 2005）。这些修正主要包括两个方面：第一，汇率制度安排中空论或两极化假说；第二，不同的汇率制度安排与宏观经济绩效（主要是经济增长或产出增长与通货膨胀率）之间的关系如何？

由于一国的言行不一致，一国事先所公开宣称的汇率制度安排和实际上所表现出来的汇率制度安排也就产生了不一致，由此可能出现以下两种基本情况①。一是一国名义上宣称实行固定汇率制度，而实际上的汇率制度安排则表现为浮动汇率制度，即表2－1－3中B所对应的情形（Bastourre 和 Carrera（2004）与 Carrera 和 Vuletin（2003）称之为难以钉住（inability of pegging））；二是一国名义上宣称实行浮动汇率制度，但是在实践中却频繁地干预外汇市场，从而使其汇率制度安排实际上呈现为固定汇率制度，即对应于表2－1－3中C的情形，Calvo 和 Reinhart（2002）称之为害怕浮动（Alesina 和 Wagner（2003）、Bubula 和 Ötker-Robe（2002）、Calvo 和 Reinhart（2002）、Hausmann 等（2000）、Levy-Yeyati 和 Sturzenegger（2005）以及 Setzer（2006）讨论了导致这些现象的基本原因）②③。

从表面上看，表2－1－3中的情形B（难以钉住）和情形C（害怕浮动或害怕钉住）这两种制度安排都是言行不一致的结果，但是，在情形B下，一国政府实际上违反了其最初的公开承诺（commitment，Genberg 和 Swoboda，2005，第134页）。在名义上宣称实行钉住（固定）汇率

---

① 如果把汇率制度划分为更多的类型，出现不一致的情形也就更多，但文献对这些情形关注不多。Bastourre 和 Carrera（2004）与 Carrera 和 Vuletin（2003）在这个方面做了尝试。

② 实际上，表2－1－3中C所对应的情形还说明，一国实际的汇率制度安排表现为事实上的钉住汇率制度（de facto pegging），但是该国名义上并未做出任何的公开承诺，汇率制度在名义上来说不是钉住制度（not de jure pegging）。从这个角度出发，Generg 和 Swoboda（2005）与 Levy-Yeyati 和 Sturzenegger（2005）将这种现象称为害怕钉住（fear of pegging）。这实际上是指这些国家害怕宣称实行钉住汇率制度，因此，更准确地说，应该称之为害怕（宣称）钉住（Alesina 和 Wagner，2003）。Levy-Yeyati 和 Sturzenegger（2005）的研究发现，这种现象在20世纪90年代以后显著地增加了，但亚洲金融危机之后，这种现象又大幅度减少了（Levy-Yeyati, Eduardo, and Sturzenegger, Federico, 2005, "Classifying Exchange Rate Regimes: deeds vs. words", *European Economic Review*, Vol. 49, 1603－1635, Figure 8）。对害怕浮动和害怕（宣称）钉住之间的细微差异，Alesina 和 Wagner（2003）做了详细深入的剖析。

③ 当然，如果由于一国宏观经济运行良好，没有外部冲击等因素而导致其汇率的基本稳定，这就说明情形C既不是由于害怕浮动引起的，也不是由于害怕钉住而导致的。这种情况的出现恰恰是一国开放经济健康运行的结果（Bailliu, Jeannine, Lafrance, Robert, and Perrault, Jean-François, 2002, "Does exchange rate policy matter for growth?", *Bank of Canada*, *Working Paper*, No. 2002－17; Bubula, Andrea, and Ötker-Robe, İnci, 2002, "The evolution of exchange rate regimes since 1990: evidence from De Facto policies", *IMF*, *Working Paper*, No. 02/155）。

表 2 – 1 – 3　害怕浮动（害怕钉住）与难以钉住（违背承诺）

名义分类法＼实际分类法	固定汇率制度	浮动汇率制度	名义分类法＼实际分类法	固定汇率制度	浮动汇率制度
固定汇率制度	A	B	浮动汇率制度	C	D

资料来源：Genberg, Hans, and Swoboda, Alexander, K. 2005, "Exchange rate regimes: does what countries say matter"? *IMF Staff Papers*, Vol. 52, Special Issue.

制度安排时，一国政府有义务保持本国货币兑所钉住的外国货币的平价的基本稳定。但是，由于政府没有实现其诺言，因此，钉住（固定）的汇率制度安排被打破，政府也因此而违背了其最初的公开承诺。一旦政府失信于公众，那么就会对经济产生不利的影响。但在害怕浮动的情形下，则并不存在违背承诺的问题。这是由于政府最初宣布实行浮动汇率制度，允许汇率自由浮动，但允许汇率自由浮动并不意味着政府要做出承诺以保持汇率不停地波动（Dubas 等，2005；Genberg 和 Swoboda，2005，第 134 页）。在浮动汇率制度下，汇率是由市场力量决定的。如果政府要保持汇率不停地波动，那么政府除了通过直接的或间接的手段干预汇率形成之外，别无其他方法，但是这种干预显然是和浮动汇率制度的基本内涵相矛盾的，并不符合浮动汇率制度的内在要求。因此，这两种情形的关键在于是否存在违背承诺问题，由此也导致了不同的宏观经济绩效和不同的实际汇率行为。

经验证据表明，一国政府如果违背其最初的公开承诺的话，那么这不仅会导致一国通货膨胀率的上升，也会带来比较低的产出增长率和实际汇率的大幅度波动，即违背承诺会导致一国出现较大的社会福利损失（Carrera 和 Vuletin，2003；Dubas 等，2005；Genberg 和 Swoboda，2005；Ghosh 等，1996、1997、2002）。而害怕浮动的经济体的实际经济表现很可能比名义上实行浮动汇率制度且汇率制度实际上也表现为浮动汇率制度的经济体更好（Dubas 等，2005）。这一方面说明了为什么布雷顿森林体系之后害怕浮动（或害怕钉住）的现象会日益增多的这个事实，另一方面也说明，只要一国政府不违背其公开的承诺，那么在汇率制度安排上，言行不一致就并不一定会带来比较严重的负面影响。

第二节　主流汇率制度选择的
理论与标准述评

　　"在亚洲、俄罗斯、巴西及阿根廷金融危机后，对不同汇率制度属性（properties）的研究重新兴盛。完全固定与完全浮动汇率制度之间的传统争论又重新占据了在国际宏观经济学研究中的显著地位。[①]"这场持续了半个多世纪的争论至今仍然没有停止。争论双方所采用的分析框架以及赞成和反对不同汇率制度选择的标准及标准本身的发展演变，对人民币汇率制度选择和进一步完善有着非常重大的借鉴意义和理论指导价值。

　　国内在汇率制度选择方面的综述性文献主要关注的是 20 世纪 90 年代以来在汇率制度选择方面的争论。部分文献综述了针对新兴市场经济体汇率制度选择理论方面的一些争论，如原罪论（original sin）[②]和害怕浮动论等（沈国兵，2002、2003；张志超，2002b）；部分文献则回顾了 20 世纪 90 年代以来出现的"两极论"（Fischer，2001）和"中间汇率制度消失论"（hollowing out of intermediate regimes，Eichengreen，1994（转引自 Masson，2000）；Obstfeld 和 Rogoff，1995）等假说[③]、观

---

　　①　Bastourre, Diego, and Carrera, Jorge, 2004, "Could the exchange rate regime reduce macroeconomic volatility?" *Econometric Society*, 2004 *Latin American Meetings*.

　　②　Hausmann（1999）认为，一国或地区由于本国金融市场不完全，企业难以用本币筹集到所需的长期资金，或者以本币借入短期资金作为长期资金使用，或者被迫在国际市场上以外币筹集资金以满足其长期的资金需求。这就使企业面临一种魔鬼选择（devil's choice），即企业要么借外币而导致货币错配，要么借短期贷款用作长期用途从而出现期限错配（maturity mismatch）。这就是新兴市场经济体在汇率制度选择问题上的原罪假说（Hausmann, Ricardo, 1999, "Should there be five Currencies or one hundred and five?" *Foreign Policy*, Vol. 116, 65 - 79）。戈登斯坦和特纳（2004）对原罪论及其发展做了比较全面的回顾和评论。

　　③　Eichengreen（1994）写道："利用相机抉择的政策规则以实现明确的汇率目标，这种做法在 21 世纪将不再可行了……一国……将被迫在浮动汇率制度和货币联盟之间进行抉择。"（转引自 Masson, Paul, 2000, "Exchange rate regime transition", *IMF*, *Working Paper*, No. 00/134）Obstfeld 和 Rogoff（1995）也指出："在浮动汇率制度和共同货币之间基本不存在比较舒适的中间地带了。"（Obstfeld, Maurice, and Rogoff, Kenneth, 1995b, "The mirage of fixed exchange rates", *The Journal of Economic Perspectives*, Vol. 9, No. 4, 73 - 96）这种思想成为中间制度消失论的肇端。

点及对这些观点进行反驳的理论分析和经验研究（侯杰，2005；张志超，2002a)[①]。还有部分文献回顾了汇率制度与经济绩效方面的经验研究以及汇率制度退出战略方面的研究等（侯杰，2005；张志超，2002b）。

　　但是，对汇率制度选择研究中所使用的分析框架和不同汇率制度选择的标准及标准本身的发展演变，上述研究关注很少。经济学是关于选择的科学，是实证分析与规范分析的统一。在汇率制度选择研究方面更是如此。汇率制度选择研究至少应该包括两个方面的内容，一是哪些因素影响了一国的汇率制度选择？这属于实证经济分析范畴；二是什么样的汇率制度对一国来讲才是最优的？这涉及基本的选择标准和价值判断，属于规范经济分析。没有恰当的选择标准会影响汇率制度选择的目标合理与否。但是，仅有合理的标准也是不够的。在合理标准的基础上，用什么分析框架来研究问题又关系到研究能否贴近经济现实从而具有现实意义。因此，只有标准而没有分析框架，或只有分析框架而没有合理的制度选择标准，都会使对汇率制度选择的研究产生很大的偏差和不必要的误解，也会降低研究的理论和现实意义[②]。

---

　　① 两极论又称"中间制度消失论"、"中空论"（hollowing-out hypothesis）、"消失的中间制度"（the vanishing or the missing middle），或"角点解"（corner solutions，Bailliu 等，2002；Bubula 和 Ötker-Robe，2002；Frankel，2003）。这种观点认为，在资本高度流动的条件下，中间汇率制度安排（包括传统的钉住制度）是很脆弱的。因此，在资本市场日趋一体化的世界中，中间汇率制度将会消失。但是，很多利用实际分类法的研究却并不支持这种观点（Bailliu 等，2002；Bénassy-Quéré 和 Cœuré，2002；Calvo 和 Reinhart，2002；Frankel，1999；Levy-Yeyati 和 Sturzenegger，2005；Masson，2000；Reinhart 和 Rogoff，2004；Rogoff 等，2003），尤其是对资本市场没有完全开放的国家或新兴市场经济体来说，很可能会存在不同类型的中间汇率制度安排（Bleaney 和 Francisco，2005；Bubula 和 Ötker-Robe，2002；Levy-Yeyati 和 Sturzenegger，2005；Rogoff 等，2003）。对两极论的基本观点，Fischer（2001）、Frankel（1999；2003）、Obstfeld 和 Rogoff（1995b）、侯杰（2005）和张志超（2002a；2002b）等做了分析和综述。

　　② 这种处理汇率制度选择问题的思想，其本质是将汇率制度选择视为一种政策制定过程，从而遵循了政策分析的规范方法的传统。对于这种传统，迪克西特（1996）深刻地指出："大多数经济政策分析和几乎所有的经济政策实践都将政策的制定和实施视为一个技术问题，甚至一个工程控制问题。人们首先建立一个经济运行模型或一些政策干预工具，然后假定一个评价标准，最后计算出最大化该标准的工具的价值，或根据该标准指出绩效改进的方向。"（阿维纳什·K. 迪克西特：《经济政策的制定：交易成本政治学的视角》，中国人民大学出版社 2004 年版，第 3 页）在汇率制度选择研究中，通过 M-F-D 等分析框架对（转下页注）

一、汇率制度选择的分析框架

主流汇率制度选择研究主要是在 M-F-D 范式和新开放经济宏观经济学（NOEM）两个基本分析框架下展开的（参见表 2 – 2 – 1）。前者是 20 世纪 60 年代初由 Mundell（1963；1964）和 Fleming（1962）创立、经 Dornbusch（1976）等人发展完善起来的封闭经济下 *IS-LM* 模型在开放经济下的拓展，基本上主导了 20 世纪 60—90 年代中期开放经济宏观经济学的研究。这个模型最重要的一个应用就是汇率制度选择的研究[①]，可以说在这个范式主导的三四十年中，汇率制度选择主要是在这个框架下引入不同假设的延伸（参见表 2 – 2 – 1）。第二种分析框架主要是由 Obstfeld 和 Rogoff（1995a；1996）在吸收 M-F-D 模型合理内核基础上开创的一种融入价格粘性（price stickiness）、商品市场垄断竞争（monopolistic competition）和经济人跨期贸易（intertemporal trade）假设的，具有明确微观基础的开放经济宏观经济学模型。这个流派发展十分迅速，正取代 M-F-D 范式而成为开放经济宏观经济学研究的新的主导方向（Fendel，2002；陈雨露、侯杰，2006；邓立立，2006；刘红忠、张卫东，2001）。

（一）M-F-D 范式下的最优汇率制度选择

在早期凯恩斯主义研究的基础上，Mundell（1963；1964）将封闭条件下的 *IS-LM* 模型引入到开放经济中，从流量角度考察了资本流动在汇率制度选择中的作用，形成了经典的 M-F 模型，这为后续的研究描述和分析开放经济提供了基本的分析工具。但 M-F 模型中固定价格、静

（接上页注）一国开放经济的抽象构成了该问题的约束条件，而评价标准一般涉及一个社会福利函数（参见本书第三章第二、三节），构成了最优化问题的目标函数，最终二者共同构成了一个完整的最优化问题。

然而，也正是这种完全的技术性，使研究者和政策制定者忽视了政策制定中所存在的利益冲突（本书也不例外），忽视了政策制定以及政策实施过程中的"政治性"（迪克西特，1996），从而引发了研究汇率制度选择问题的另一个视角——新政治经济学方法。

① 莫瑞斯·奥博斯特弗尔德、肯尼斯·若戈夫：《高级国际金融学教程》，中国金融出版社 2002 年版，第 582 页。

表2-2-1　主流汇率制度选择理论的基本假设与选择标准

代表性文献	价格确定方式	价格粘性/弹性	预期类型	资本流动性	选择标准
Nurkse(1944)①					隐含的国内价格稳定性标准
弗里德曼(1953)	PCP	价格粘性		几乎完全不流动	隐含的稳定性标准,具体表现为汇率制度能否隔离外国货币性冲击
Mundell(1961)	PCP	价格粘性		区域内完全流动;区域外几乎不流动	隐含的宏观稳定性标准(价格水平和就业水平)
Mundell(1963;1964)	PCP	价格固定	静态预期	完全流动	隐含的宏观经济稳定性标准(就业和产出稳定)
Turnovsky(1976)	PCP	价格粘性		不完全流动	国内实际产出的稳定性
Boyer(1978)	PCP	价格固定		完全不流动	国内实际产出的稳定性
Flood(1979)	PCP	价格粘性	理性预期	完全流动	国内价格预期误差最小化
Roper 和 Turnovsky(1980)	PCP	价格固定	理性预期	完全流动	国内实际产出的稳定性
Weber(1981)	PCP	价格粘性	理性预期	完全流动	国内产出波动最小化
Flood 和 Marion(1982)	PCP	价格粘性	理性预期		国内产出波动最小化
Helpman 和 Razin(1979)		价格弹性	完全预期		以消费衡量的福利最大化标准
Helpman(1981)		价格弹性	完全预期		以消费量衡量的福利最大化标准
Helpman 和 Razin(1982)	PCP	价格弹性			以消费量衡量的福利最大化标准
Aizenman(1994)		价格弹性			以消费劳动衡量的福利最大化标准
Chin 和 Miller(1998)		价格弹性			以消费量衡量的福利标准
Devereux 和 Engel(1998;1999)	PCP 和 LCP	价格粘性	理性预期	完全流动	福利最大化标准(消费波动和预期消费水平以及预期就业水平大小)
Devereux(2000)	PCP 和 LCP	价格粘性	理性预期	完全流动	福利最大化标准(消费、投资和就业的波动)
秦苑顺等(2003)	PCP 和 LCP	价格粘性	理性预期	资本管制	福利最大化标准(消费波动和预期消费水平大小)

注:①Nurkse(1944)的选择标准是根据弗里德曼(1953)和多恩布什和吉奥瓦尼尼(1986)的有关记载整理的。
资料来源:笔者根据相关文献整理。

态预期以及流量分析的假设与实际经济运行相差太远了，因此，后来的理论发展逐渐放宽了这些假设。这首先要归功于 Dornbusch（1976）的贡献。他把价格粘性和理性预期假设引入了 M-F 模型中，最终形成了开放经济宏观经济学的主导性分析框架，即粘性价格下的 M-F-D 范式①。

这个主导性分析范式的最为重要的一个应用就是汇率制度的选择。它为汇率制度选择的研究提供了描述和抽象一国开放经济运行的基本分析工具。利用这个工具描述并抽象出一国开放经济的运行，使我们能够在给定的汇率制度选择标准下，最优化制度选择的目标函数，从而找到合理的制度安排。因此，范式本身既是描述开放经济的基本工具，也为求解汇率制度选择这一最优化问题提供了约束条件。这主要表现在两个方面。一是由此框架衍生而来的"三元悖论"（Krugman，1999）。这已为大多数学者所采用，在此不再赘述；二是吸收 Dornbusch（1976）的思想，在模型中引入价格粘性和理性预期，在随机的动态环境下抽象一国开放经济的运行特征，以此作为约束条件，首先求解由约束条件所决定的内生变量（如价格、产出等），然后再求解由这些内生变量所决定的目标函数的最优值，进而比较不同的汇率制度在稳定宏观经济方面的作用，从而得到一国最优的汇率制度安排（Boyer，1978；Flood，1979；Flood 和 Marion，1982；Roper 和 Turnovsky，1980；Turnovsky，1976；Weber，1981；吉野直行，2003）。

但是，这些研究都隐含地假设模型所反映的现实经济中的结构参数是稳定的。而 Flood 和 Marion（1982）却认为，在评价不同汇率制度的影响时，不能假设经济结构是稳定的。例如，资产市场上预期的形成对政府不同汇率制度的选择可能反应剧烈，因此，经济结构可能并不是稳

---

① M-F 模型是一个价格固定、资本完全流动、本国和外国债券完全可替代的、静态预期（static expectations）的小国开放经济模型（Obstfeld（2001）回顾了二战后以来开放经济宏观经济学研究的发展）。Dornbusch（1976）的主要贡献就是对价格固定假设和静态预期假设的放松以及由此而导致的汇率超调（overshooting）。后来，资产组合理论又放松了 M-F 模型中本、外国债券完全可替代的假设，认为投资者并非风险中性，从而国内外的利率差异应等于预期的汇率贬值率与风险溢价（premium）之和（请参阅本书第三章第一节及相关文献）。

定的。另外，考虑到不同汇率制度最大化社会福利方面的能力时，那种能使本国不受外国干扰影响的汇率制度或许是劣于其他制度安排的①。他们实际上指出了未来研究的两个方向：第一，政府在选择汇率制度时应该考虑到微观经济主体的反应，换句话说，模型要有微观基础，要经得起卢卡斯（1973）批判；第二，一直以来汇率制度选择的研究主要关注不同汇率制度能否隔离外国干扰的影响，这种观点可能有欠妥当，研究还应考虑不同汇率制度的福利属性。这些观点在后来过渡时期和NOEM 范式下的研究中得到了进一步的发展（参见表2－2－1）。

（二）M-F-D 范式向 NOEM 范式过渡时期的研究

20 世纪 80 年代起，尽管 M-F-D 范式在开放经济宏观经济学的研究中仍然占据着主导地位，尽管这个框架下所得出的结论仍然具有强大的解释能力，仍足以指导政府政策的制定（Obstfeld 和 Rogoff，1995a；Walsh，2003；瓦什，1998），但是，这个框架缺乏微观基础的弱点也逐渐暴露出来。从此，开放经济宏观经济学研究经历了 10 多年的徘徊和彷徨。受此影响，对汇率制度选择的研究也处于一种阵痛和转型时期，这个方面的研究缺少一个比较不同汇率制度优劣的合适的分析框架。Helpman 和 Razin（1979）认为，构成这种分析框架的必要组成部分至少包括以下两个要素：第一，经济中实际的总资源约束应该独立于汇率制度；第二，所有需求函数应该从跨期效用最大化中推导得到，而这些效用函数本身应该可以用来进行福利的比较②。因此，与 Flood 和 Marion（1982）的思想一样，他们指出了汇率制度选择研究的一个主要方向，就是在现实的经济资源约束条件下，建立代表性经济人（representative agent）的跨期效用函数，利用动态最优化来分析汇率制度的福利属性。

但是，由于这个时期解决无限期界（infinite horizon）的动态最优化

---

① Flood, Robert P., and Marion, Nancy Peregrim, 1982, "The transmission of disturbances under alternative exchange rate regimes with optimal indexing", *Quarterly Journal of Economics*, Vol. 97, No. 1, 43 – 66.

② Helpman, Elhanan, and Razin, Assaf, 1979, "Towards a consistent comparison of alternative exchange rate regime", *The Canadian Journal of Economics*, Vol. 12, No. 3, 394 – 409.

方法还没有成熟地运用到开放经济宏观经济学领域，因此，这10多年间的研究主要是采用3期或2期的模型来简化问题的。同时，在价格假设上，由于20世纪70年代出现的"滞胀"使凯恩斯主义面临严峻的挑战，自由主义思想从古典和新古典的躯壳里复活了。因此，很多学者抛弃了更贴近现实的粘性假设，又钻回到了弹性价格假设的死胡同中去了①。

这个时期的主要贡献包括 Helpman 和 Razin（1979），Helpman（1981），Helpman 和 Razin（1982），Aizenman（1994）以及 Chin 和 Miller（1998）② 等（参见表2-2-1）。这样一个转型期在汇率制度选择的研究中所占的地位似乎并不突出。但从思想渊源和方法论看，1995年以后在 NOEM 框架下所进行的汇率制度选择的研究却吸收、继承了这个时期的合理的思想内核，如代表性经济人（预期）效用最大化思想，以不同汇率制度的微观福利属性作为评价制度优劣的标准等。并且，后来的研究所采用的方法也承继于这个时期，只不过方法更为成熟、标准和严谨了。因此，本书将这个时期称之为过渡时期，它在思想上和方法论上都有承上启下的贡献。

（三）NOEM 框架下的最优汇率制度选择

经过早期 M-F-D 传统的发展和过渡时期的准备，开放经济宏观经济学有了理论上的重大突破，即1995年由 Obstfeld 和 Rogoff 开创的 NOEM 的研究。其开创性主要表现在它在克服了 M-F-D 范式基本缺陷的同时又保留和吸收了该传统的合理思想。M-F-D 模型都是 ad hoc 模型③，缺乏坚实的微观基础，这使传统的分析框架难以对汇率制度进行规范的福利分析。因此，使模型具有明确的微观基础、同时又保留价格粘性和理性预期假设，实际上就是综合了 M-F-D 范式和20世纪80年代

---

① 几乎所有的学者都认为，在一个弹性价格的世界里，一国采取何种汇率制度并不会对经济产生大的影响，只有在粘性价格的世界里，不同汇率制度的选择才具有重要影响和意义（多恩布什和吉奥瓦尼尼，1986；弗里德曼，1953；Obstfeld 和 Rogoff，1996）。

② Chin 和 Miller（1998）采用的是交迭世代模型（over-lapping generation，OLG）。

③ 本书中的 ad hoc 是指行为方程和汇率制度选择标准是研究者人为规定的，不是从经济行为主体最优化行为中推导出来的，因此是没有微观基础的。宏观经济学中的 ad hoc 一词一般是指模型中的行为关系是研究者直接规定的（如 IS 曲线等），而不是从经济个体最优化行为导出的。由于目前这个词在国内还没有统一的译法，因此，本书直接用了原文。

经常项目跨期均衡分析方法（intertemporal approach to the current account）的优点[1]，而同时又避免了二者的主要缺陷（Obstfeld，2001）。另外，越来越多的经验证据表明，国际产品市场并不是完全竞争的，而是一种垄断竞争市场，因此，考虑经济中供给层面的定价能力也就成了后来理论发展的重点。这三个方面的有机结合就产生了NOEM，它已成为目前开放经济宏观经济学研究的主导方向。

1. 基准模型

Obstfeld 和 Rogoff（1995a；1996）开创的 NOEM 分析范式主要是利用效用函数中的货币分析方法（money-in-the-utility approach）将实际货币余额引入代表性经济人的效用函数中的。确定性条件下的基准模型如下[2]：

$$Max\ U_t = Max\Big\{ \sum_{s=t}^{\infty} \beta^{s-t} \big| [\sigma/(1-\sigma)] C_s^{(\sigma-1)/\sigma} + [\chi/(1-\varepsilon)]$$

$$(M_s/P_s)^{1-\varepsilon} - (k/\mu) ys(z)^{\mu} \big| \Big\}$$

$$s.t.\quad P_t C_t + M_t + P_t T_t + P_t B_t = p_t(z) y_t(z) + R_{t-1} P_t B_{t-1} + M_{t-1}$$ [3]

其中，β 表示主观折现因子；C 表示复合消费品（composite consumption）；M 和 B 分别表示名义货币存量和实物债券（real bond）存量；$y(z)$ 表示垄断厂商的产出；P 是价格水平；T 为税收；R_{t-1} 表

---

① 经常项目跨期均衡分析的基本优点在于：第一，为分析外部余额（external balance）、外部可持续性（external sustainability）和均衡实际汇率等重要的且具有内在联系的政策问题提供了一个概念性的分析框架；第二，使我们能够对开放经济中的政策措施进行系统的福利分析（Obstfeld，Maurice，2001，"International macroeconomics：beyond the Mundell-Fleming model"，*IMF Staff Papers*，Vol. 47，Special Issue）。

② 关于该模型的基本内涵，请参考 Obstfeld，Maurice，and Rogoff，Kenneth，1995a，"Exchange rate dynamics redux"，*Journal of Political Economy*，Vol. 103，No. 3，624 – 660；莫瑞斯·奥博斯特弗尔德、肯尼斯·若戈夫：《高级国际金融学教程》，中国金融出版社 2002 年版，第 10 章；Walsh，Carl E，2003，*Monetary Theory and Policy*（2nd Edition），MIT Press，Cambridge，Massachusetts，第 6 章；卡尔 E. 瓦什：《货币理论与政策》，中国人民大学出版社 2001 年版，第 6 章。

③ 这种预算约束将财政政策和货币政策有机地联系在一起（Obstfeld，Maurice，and Rogoff，Kenneth，1995a，"Exchange rate dynamics redux"，*Journal of Political Economy*，Vol. 103，No. 3，624 – 660）。

示实际毛利率（gross real interest rate）。

代表性经济人在跨期预算约束下最大化一生效用的现值之和。解这个约束条件下的动态最优化问题就能得到消费的欧拉条件（Euler condition）、最优实际货币余额条件和最优的内生产出（当然还包括一个横截条件）。这些一阶条件和预算约束及模型的其他设定（视不同模型而定，可能包括购买力平价、Fischer 效应及非抵补利率平价等）就构成了描述一国开放经济运行的非线性系统。由于这些条件是由代表性经济人最优化行为导出的，因此具有坚实的微观基础，从而更贴近现实。在这个非线性系统约束下，就可以求解并比较不同类型的经济冲击和价格确定方式下不同汇率制度的福利大小，从而得到合意的汇率制度安排。

2. 价格确定、资本管制与汇率制度选择

Obstfeld 和 Rogoff（1995a；1996）的基准模型采用了生产者货币定价（producer's currency pricing，PCP）的假设，尽管他们注意到价格确定因素对汇率制度选择的影响，但是他们并没有做进一步的深入研究①。Devereux（2000）与 Devereux 和 Engel（1998；1999）在他们的

---

① 生产者货币定价指本国出口商用本币为出口产品定价，而消费者货币定价（consumer's currency pricing）或当地货币定价（local currency pricing，LCP）指本国出口商用出口目的地消费者所使用的货币为出口产品定价。比如，假设中国和美国都采用浮动汇率制度，如果中国出口商向美国出口商品时采用人民币计价结算，那么我国出口商不会受汇率波动的影响，而美国出口商显然面临汇率风险；如果中国出口商向美国出口时用美元为出口商品定价，那么就是当地货币定价。在这种情况下，本国出口商的收入要受到汇率波动的影响，而美国进口商显然不会受到汇率波动的影响。当然，如果我国实行固定汇率制度，那么理论上来讲，本国出口商采用人民币或是美元定价是没有实质区别的，因为人民币兑美元的名义汇率是固定不变的。

无论是弗里德曼（1953）还是 M-F-D 范式下的研究或 Obstfeld 和 Rogoff（1995a；1996）的开创性贡献都隐含地采用了 PCP 假设（参见表 2-2-1），这意味着一价定律永远成立，汇率的变动会引起换算成本币的进出口价格的同等幅度的变动，即汇率可以完全传递（complete pass-through）到消费者价格，从而改变相对价格水平，产生支出转换效应（expenditure switching effect）。但 20 世纪 70 年代中期以来的经验研究表明，现实中的各种因素（如不同的价格确定方式）使一价定律难以成立，从而使汇率的支出转换效应难以完全发挥作用。因此，不同的定价方式会直接影响相对价格的变化和货币政策的效果，从而对汇率制度选择产生重要影响（邓立立，2006；向东，2004）。

实际上，Helpman 和 Razin（1982）早就注意到了出口商品定价问题对汇率制度选择的重要性。他极富洞见地指出：（转下页注）

基础上，引入了这个因素，在不确定环境下考察了不同的价格确定方式对汇率制度选择的影响①。研究表明，在代表性经济人福利最大化标准下，最优的汇率制度选择受到价格确定方式和国际化生产（international production）的影响。在采用生产者货币定价时，浮动汇率制度与固定汇率制度孰优孰劣没有定论；而采用当地货币定价时，浮动汇率制度永远要优于固定汇率制度（参见表2-2-2）。

表2-2-2 价格确定方式、资本管制与最优汇率制度安排

结论标准 \ 假设	资本自由流动		资本管制	
	PCP	LCP	PCP	LCP
预期消费波动	浮动汇率制度	浮动汇率制度	固定汇率制度	浮动汇率制度
预期消费水平	浮动汇率制度*	浮动汇率制度*	浮动汇率制度*	浮动汇率制度*
预期效用	浮动汇率制度**	浮动汇率制度	浮动汇率制度**	浮动汇率制度

注：1. *表示一国经济规模比较大的时候结论成立；否则固定汇率制度优于浮动制度；
2. **表示一国足够大或风险厌恶程度较低时，浮动汇率制度优于固定制度；反之则反是。
资料来源：Devereux, Michael B., and Engel, Charles, 1998, "Fixed vs. floating exchange rates：how price setting affects the optimal choice of exchange-rate regime", *NBER*, *Working Paper*, No. 6867；Devereux, Michael B., and Engel, Charles, 1999, "The optimal choice of exchange-rate regimes：price-setting rules and internationalized production", *NBER*, *Working Paper*, No. 6992；秦宛顺、靳云汇、卜永祥：《资本流动、定价行为与汇率制度的福利分析》，载《金融研究》2003年第1期，第1—17页。

（接上页注）"最后，注意我们使用了一种特定的支付安排，即产品是用卖者货币支付的。而一种可能的替代方式是使用购买者货币支付。由于金融市场的不完全性，这种支付安排很可能产生在完全市场条件下所没有发生的实际效应。""由于两种类型的支付方式似乎都存在，因此，考虑到不同汇率制度下的不同支付方式来比较福利水平也是很有意义的。"（Helpman, Elhanan, and Razin, Assaf, 1982, "A comparison of exchange rate regimes", *International Economic Review*, Vol. 23, No. 2, 365－388.）
邓立立（2006）和向东（2004）扼要回顾了不同定价条件下，在NOEM框架下的汇率制度选择方面的研究，即PCP-PTM和LCP-PTM两类模型（因市定价（PTM, pricing to market）一词是由克鲁格曼（1989）最早提出来的，指的是出口商根据进口商所在地区或国家的不同而实行的三级价格歧视（Obstfeld, 2001，第19页）。根据定价原则的不同，NOEM的研究可以分为两类，即PCP-PTM和LCP-PTM模型（向东，2004））。Lane（2001）、Obstfeld（2001）以及Obstfeld和Rogoff（2000）也有涉及。
① Devereux和Engel（1998；1999）假设随机因素完全由货币冲击引起；Devereux（2000）假定随机因素是由货币冲击、技术冲击和政府支出冲击引起的。

但是，这些研究都假设了资本自由流动而没有考虑现实中存在的资本管制因素，尤其是中国这样的发展中国家，资本项目管制还是比较多的。秦宛顺等（2003）在 Devereux 和 Engel（1998；1999）基础上引入了这个因素。研究表明，最优的汇率制度选择不仅要取决于价格确定方式，而且还取决于资本管制等因素。但总体说来，他们的定性分析结论跟 Devereux 和 Engel（1998；1999）没什么不同（参见表 2 - 2 - 2）。只是资本管制下的预期消费和预期效用都低于资本自由流动时的预期水平。管制越强，预期消费水平和预期效用水平就越低。因此，资本管制是不利于居民福利的增加的。

NOEM 范式下汇率制度选择研究所做出的贡献是开创性的，但也存在三个基本缺陷：一是这个方面的研究还缺乏大量的经验证据的支持；二是尽管价格确定方式会影响汇率制度的选择，但它在多大程度上能影响汇率制度选择也让人怀疑；三是模型依赖于特定的效用函数，参数的不同将会影响到模型的最终结果。并且，由于模型比较复杂，一般难以得到解析解，需要借助数值模拟（numerical simulation）的方法获得近似解。这就需要对模型进行线性化处理，这种处理会把对均衡的扰动限制在均衡附近非常小的邻域内。而现实中，尤其是发展中国家的经济常常是远离均衡的，因此这在很大程度上降低了模型的适用性（Bénassy-Quéré 和 Cœiré，2002；邓立立，2006；第三章第一节）。

二、汇率制度选择的标准及其演变

恰当的分析框架可以描述并抽象出一国的实际经济运行，为汇率制度选择提供现实的经济约束条件，而合理的汇率制度选择标准则给出了约束条件下制度选择的目标函数。这样，在由分析框架所描述的约束条件下，最优化目标函数就可以得到最优的汇率制度安排和影响最优制度选择的因素。与汇率制度选择研究所采用的两种基本分析框架相对应，汇率制度选择所采用的标准也先后经历了 M-F-D 传统（包括早期固定与浮动争论中所隐含采用的标准）下的宏观经济稳定性标准（又称为社会福利标准，第三章第二节）和过渡时期及 NOEM 范式下的微观福利最大化标准。

(一) 宏观经济稳定性标准与最优汇率制度选择

1. 标准的引入和明晰化

早期的汇率制度选择研究都隐含地、而不是明确地采用价格稳定或产出稳定等标准（弗里德曼，1953；Mundell，1961、1963、1964；Nurkse，1944）。M-F模型出现后，研究者在此框架下陆续将早期研究中所隐含的制度选择标准具体化、明确化（参见表2-2-1）。这也要归功于 Poole（1970）。Poole（1970）最早利用给定的产出稳定标准对最优货币政策工具进行了分析。他采用一个二次型损失函数，$L = E[(y - y_f)^2]$（y = 实际产出；y_f = 充分就业产出），即以产出波动最小化作为标准，考察了究竟是以利率还是以货币存量作为最优货币政策工具的选择问题。

于是，M-F-D 范式为汇率制度选择研究提供了抽象一国宏观经济运行的基本工具，Poole（1970）则为将制度选择标准明确化和数理化提供了思想。从而把汇率制度选择研究转化为考察一个带有约束的最优化问题。于是，20世纪七八十年代的大部分文献通过引入预期，在保留价格粘性假设的同时扩展了 Mundell 等人的研究（Flood，1979；Flood 和 Marion，1982；Turnovsky，1976；Weber，1981）。这些研究的一个显著特征就是明确地引入了汇率制度选择的具体评判标准（ad hoc criteria），然后在此基础上评价不同汇率制度的优劣，这些标准一般涉及产出或通货膨胀的变动（参见表2-2-1；第三章第二节）。

2. 产出稳定性标准和价格稳定标准[①]

利用产出稳定标准的研究有 Boyer（1978）、Roper 和 Turnovsky（1980）、Turnovsky（1976）、Weber（1981）、Flood 和 Marion（1982）等。Boyer（1978）与 Roper 和 Turnovsky（1980）都假设短期内价格水

---

① 采用通货膨胀率与失业率之和最小化标准进行汇率制度选择研究的有 Edwards（1996）、Aizenman 和 Hausmann（2001）。前者在政治经济学的分析框架下考察和检验了汇率制度的选择问题，后者用这个标准考察了资本市场不完全条件下新兴市场经济体的汇率制度选择问题。

平是固定的。前者同时考虑了货币当局在产品市场和货币市场对汇率的干预问题，建立了货币当局通过产品市场和通过货币市场干预汇率的反应函数，在由简单的产品市场和货币市场所构成的静态经济系统中，Boyer（1978）以实际产出的稳定为基本标准考察了货币当局最优的政策干预问题。研究表明，最优的汇率政策既不是完全固定的汇率制度，也不是完全浮动的汇率制度，而是具有一定汇率弹性程度的制度安排（实际上就是某种中间汇率制度安排）①。Roper 和 Turnovsky（1980）与 Boyer（1978）研究的不同之处在于，他们只考虑了货币当局通过货币市场干预汇率的情形。在借鉴 Poole（1970）分析的基础上，他们首先利用 M-F 模型建立了产品市场和货币市场模型，然后在设定货币当局反应函数的基础上，以实际产出稳定为标准讨论了一国最优的外汇市场干预问题②。他们和 Boyer（1978）得到了基本相同的结论：最优的汇率制度安排既不是固定汇率制度，也不是浮动汇率制度，而是某种中间形式的汇率制度安排。这种中间制度安排不仅取决于一国的经济结构参数，也取决于一国所面临的经济冲击的性质、大小和来源等。

与 Boyer（1978）、Roper 和 Turnovsky（1980）的价格固定假设不同，Turnovsky（1976）、Weber（1981）、Flood 和 Marion（1982）等学者在价格粘性假设基础上，利用类似的产出稳定标准考察了固定汇率制度和浮动汇率制度孰优孰劣的问题。但是，他们只考虑了角点解所代表的两极制度安排，而没有考虑到内解（inner solution）所代表的中间制度安排，这是他们与 Boyer（1978）、Roper 和 Turnovsky（1980）的另一个不同之处。

Turnovsky（1976）建立了一个包括产品市场、货币市场、外汇市场和总供给在内的非线性系统来描述一国经济，在设定收入预期值相等的前提下，考察了不同汇率制度下实际产出在面临不同类型经济冲击时

---

① Boyer, Russell S., 1978, "Optimal foreign exchange market intervention", *Journal of Political Economy*, Vol. 86, No. 6, 1045 – 1055.

② Roper, Don E., and Turnovsky, Stephen J. 1980, "Optimal exchange market intervention in a simple stochastic macro model", *The Canadian Journal of Economics*, Vol. 13, No. 2, 296 – 309.

的波动。通过求解得到内生实际产出 y 的隐函数解，然后利用一阶
Taylor 展开得到实际产出的线性近似解，即 $y - \bar{y} = (\partial y / \partial \varepsilon_i)|_y = \bar{y}(\varepsilon_i - \bar{\varepsilon}_i)$（$\varepsilon_i$ 表示第 i 种类型的随机冲击）。于是得到，$\mathrm{Var}(y) = (\partial y / \partial \varepsilon_i)^2|_y = \bar{y}\mathrm{Var}(\varepsilon_i)$（$\mathrm{Var}(\cdot)$ 表示方差），从而以实际产出的波动作为不同汇率制度选择的标准。研究表明，固定与浮动汇率制度下产出的相对稳定性主要取决于经济系统所面临的随机冲击的来源[1]。

Weber（1981）在一个随机的 *IS-LM* 模型框架下研究了随机冲击对汇率制度选择的影响。他采用的是资本完全流动的小国模型，也以国内产出波动最小化为标准。研究发现，如果货币需求冲击的方差大于其他冲击的方差，那么固定汇率制度下一国的产出波动比较低，固定汇率制度优于浮动汇率制度；相反，如果冲击来源于产品市场，那么浮动汇率制度相对于固定汇率制度来讲就是更好的平滑机制（smoothing mechanism）。浮动汇率制度下的产出波动小于固定汇率制度下的产出波动，浮动汇率制度是优于固定汇率制度的。因此，究竟哪一种制度安排更为可取也是受经济冲击的来源影响的[2]。

Flood 和 Marion（1982）利用实际产出 y 偏离合意的实际产出（desired real output）y^* 的平方最小化，即 $L = E[(y_t - y_t^*)^2]$，作为不同汇率制度选择的具体标准。与 Turnovsky（1976）和 Weber（1981）不同的是，他们将合意的实际产出定义为正常的实际产出水平与一个随机干扰项的和[3]。但是，他们的研究结论和 Turnovsky（1976）及 Weber（1981）的结论并没有本质的不同，最优的制度选择要受到经济冲击的来源和经济系统的参数值的影响。

采用价格稳定性标准的主要是 Flood（1979）。Flood（1979）在引

① Turnovsky, Stephen J. , 1976, "The relative stability of alternative exchange rate systems in the presence of random disturbances", *Journal of Money*, *Credit and Banking*, Vol. 8, No. 1, 29 – 50.

② Weber, Warren, E. , 1981, "Output variability under monetary policy and exchange rate rules", *Journal of Political Economy*, Vol. 89, No. 4, 733 – 751.

③ Flood, Robert P. , and Marion, Nancy Peregrim, 1982, "The transmission of disturbances under alternative exchange rate regimes with optimal indexing", *Quarterly Journal of Economics*, Vol. 97, No. 1, 43 – 66.

入了理性预期的基础上，采用了附加预期的总供给函数。他认为，"选择一个能够最小化国内价格预期误差（domestic price prediction errors）的汇率制度是合意的"。他所采用的函数是 $L = {}_{t-1}E\left[(p_{t-t-1}Ep_t)^2\right]$（$p$ 表示价格水平的对数）。在这一 ad hoc 标准下[①]，最优汇率制度选择取决于经济体系中特定的参数值和经济冲击的性质[②]。

3. 存在最优的汇率制度安排吗

这个时期的研究主要是在 M-F-D 范式下，利用人为规定的制度选择标准展开的。从分析范式看，研究主要是在各种拓展的或变形的 M-F-D 模型下展开的。受理性预期革命的影响，很多研究引入了理性预期，考察预期是如何改变以前的研究结论的；从使用的标准看，研究都没有用一般化形式的标准，而是考察经济系统在经历一个时期变化后的稳定性情况，从而将无限期界的动态优化问题简化为单期的优化问题。并且，大多数研究没有说明采用产出或价格稳定性等标准的原因。后来的研究也都没有说明，这一点是值得思考的；从研究结论看，最优的汇率制度安排是不存在的。对一国宏观经济运行进行抽象的各种模型中的经济冲击的来源和经济系统的参数值都会影响最优汇率制度的选择，不同的制度选择标准或政策目标也会影响最优的制度选择（Weymark，1997；甘道尔夫，2002，第 332 页；吉野直行，2003）。显然，各国的经济结构、经济冲击和政策目标并不相同，因此，并不存在一种对所有国家都适用的最优汇率制度安排；并且，随着经济的发展，一国的经济结构、面临的经济冲击以及政策目标都会发生变化，从而使汇率制度选择呈现出一种动态的变迁过程（邓立立，2006；沈国兵，2002；2003a；2003b）。因此，没有任何一种汇率制度是适合所有国家或适合一个国家的所有时期的（Frankel，1999；2003）。

（二）微观福利标准

用福利水平对汇率制度进行评价和比较方面的研究再怎么强调也不

---

① Flood（1979）也曾附带指出，ad hoc 是指这种损失函数不是从经济人效用最大化行为中推导得到的，因此，是缺乏微观基础的，经不住卢卡斯（1973）的批判。

② Flood, Robert P., 1979, "Capital mobility and the choice of exchange rate regime", *International Economic Review*, Vol. 20, No. 2, 405 – 416.

过分，但令人惊奇的是，仅到最近才有一些文献进行这方面的尝试（Helpman，1981）[①]。

1. 过渡时期的福利标准：市场不完全和标准的多维性

受卢卡斯（1973）批判和新古典经济思想的影响，汇率制度选择的标准在 20 世纪 80 年代出现了转变。后来的研究者在吸收宏观经济稳定性标准思想的基础上，进一步发展了这个标准（Aizenman，1994；Chin 和 Miller，1998；Helpman，1981；Helpman 和 Razin，1979、1982），使汇率制度选择的标准开始向不同汇率制度下的微观福利标准发展和演变。

Helpman 和 Razin（1979）对汇率制度的福利评判是建立在以消费衡量的均衡效用水平基础上的。在比较汇率制度时，他们强调了跨期预算约束的重要性，因为，跨期预算约束使一个经济体的实际资源约束免受汇率制度的影响[②]。在 Helpman 和 Razin（1979）的基础上，Helpman（1981）[③] 用效率和福利水平评价并比较了三种不同的汇率制度安排。在他的研究中，经济人的福利水平仅取决于消费水平，模型中的效用函数完全取决于经济人对国内外产品的消费。在完全预期（perfect foresight）条件下，所有的均衡配置都是帕累托有效的。

但上述研究没有考虑金融市场的不完全性（imperfections），而这种不完全性很可能会影响到汇率制度的福利属性。Helpman 和 Razin（1982）、Aizenman 和 Hausmann（2001）引入了这个因素，在不确定的环境中分别用微观福利标准和社会福利标准评价了不同汇率制度的优劣，研究表明，市场的不完全性确实会影响汇率制度的福利属性和最优

---

① Helpman, Elhanan, 1981, "An exploration in the theory of exchange rate regimes", *Journal of Political Economy*, Vol. 89, No. 5, 865 – 890.

② Helpman, Elhanan, and Razin, Assaf, 1979, "Towards a consistent comparison of alternative exchange rate regime", *The Canadian Journal of Economics*, Vol. 12, No. 3, 394 – 409.

③ Helpman（1981）指出了一个非常重要的事实，对货币功能的界定在汇率制度选择的研究中起了主要的作用。因为说到底，汇率是两种货币的相对价格。尽管这过分强调了货币因素，而忽视了实体经济的作用，但是在短期资本流动日益显著、金融运行日益脱离实体经济的现代经济下，这种观点无疑是值得重视的（Helpman, Elhanan, 1981, "An exploration in the theory of exchange rate regimes", *Journal of Political Economy*, Vol. 89, No. 5, 865 – 890）。

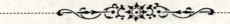

的汇率制度安排①。

到当时为止，绝大部分汇率制度选择方面的研究（包括 M-F-D 范式下的研究）都忽视了标准的多维性（multi-dimensional）问题，即，他们在既定标准下都只采用一种指标作为衡量标准，如产出偏离充分就业产出的波动最小化，或消费的预期效用最大化标准等。Aizenman（1994）注意到了这个问题。他同时考虑了消费给经济主体带来的正的效用水平，也考虑了劳动所带来的负效用。他指出，生产能力（productive capacity）和就业方面的考虑会降低浮动汇率制度的相对优势，这在经济存在实际冲击和货币冲击的情况下也是成立的②。

2. NOEM 框架下的微观福利标准

过渡时期研究的共同特征在于，这些研究都利用从个体最优化行为中推导出来的（预期）效用水平来评价不同汇率制度的优劣，得到的共同结论是存在自实现预期和不存在不完全性时，所有的汇率制度都是同样有效的。在完全市场（complete markets）的不确定环境下，这些结论也是成立的。然而，这些研究大多以价格弹性和完全竞争的商品市场为假设前提（参见表 2 - 2 - 1），这两种假设都是不符合现实的，很难解释现实的汇率制度选择问题，因此，结论也不是完全确定的。

首先，价格弹性假设在短期来讲不符合经济现实，短期内价格水平会由于菜单成本等因素而呈现粘性特征，调整缓慢（曼昆，2003）；其次，完全竞争的商品市场假设也与现实不吻合。国际商品市场更多的是呈现出一种垄断竞争的特征，而非完全竞争市场。"在完全竞争的商品市场和资产市场条件下，不同汇率制度对福利的影响没有什么不同。"③

---

① Aizenman, Joshua, and Hausmann, Ricardo, 2001, "Exchange rate regimes and financial-market imperfections", *UCSC Dept. of Economics*, *Working Paper*, No. 493; Helpman, Elhanan, and Razin, Assaf, 1982, "A comparison of exchange rate regimes", *International Economic Review*, Vol. 23, No. 2, 365 - 388.

② Aizenman, Joshua, 1994, "Monetary and real shocks, productive capacity and exchange rate regimes", *Economica*, *New Series*, Vol. 61, No. 244, 407 - 434.

③ 鲁迪格·多恩布什、阿尔贝尔·吉奥瓦尼尼（1986）：《开放经济中的货币政策》，载《货币经济学手册》（第 2 卷，本杰明·M·弗里德曼、弗兰克·H. 哈恩主编），经济科学出版社 2002 年版，第 1256 页。

因此，引入价格粘性和产品市场垄断竞争假设，并在不同汇率制度微观福利属性的基础上考察汇率制度优劣就成为后续研究的重点。Obstfeld 和 Rogoff（1995a；1996）开创了这方面的研究。NOEM 范式的一个主要优点就是能够在价格粘性和不确定性条件下对不同汇率制度的福利进行全面的分析（Obstfeld，2001）。因此，20 世纪 90 年代后，尽管"中间与两极之争"的研究十分兴盛，但传统的固定与浮动之争并没有因此而停止。许多经济学家在 NOEM 范式下，从经济冲击和价格确定等角度扩展了汇率制度选择的研究，使传统的汇率制度争论又得到进一步的充实和拓展（Devereux，2000；Devereux 和 Engel，1998、1999；秦宛顺等，2003）。他们在随机环境中，以不同汇率制度下代表性经济人的预期消费水平或就业水平以及实际消费的波动及就业水平的波动等为标准，讨论了汇率制度的选择问题（参见表 2 - 2 - 1、表 2 - 2 - 2）。

这样，NOEM 框架下的研究就将汇率制度选择的标准由早先的社会福利最大化引向了微观福利最大化的方向（王健、吴振球，2005），突出的表现就是在模型中采取代表性经济人（预期）效用最大化的方法来处理问题。同时，Devereux 和 Engel（1998；1999）及秦宛顺等（2003）还注意到，不同的汇率制度不仅会带来预期消费的波动，不同汇率制度下的预期消费水平也是不同的，因此，在比较不同汇率制度时，不能仅考察预期消费的波动或仅考虑预期的消费水平大小，而应将目标变量（如消费或就业）的波动和预期水平大小结合起来分析。这种同时考虑变量的波动和变量预期值的思想实际上就是均值—方差（mean-variance）思想的具体运用，从而创造性地将金融学的分析方法和开放经济宏观经济学的分析方法结合起来考察汇率制度选择问题了[①]。

---

① 在处理证券选择和投资组合以及资本市场一般均衡问题时，金融学还是主要依赖均值—方差分析思想的（埃尔顿，2003；汉达，2000）。Poole（1970）分析和在 M-F-D 范式下所采用的社会福利标准其实也是这种思想的杰出运用。

三、结论和启示

"很多理论模型研究了实际波动性①与汇率制度之间的关系，这些模型一部分可以归入到 M-F-D 范式；另一部分则归入到'新开放经济宏观经济学'文献之中。但是，对于什么样的汇率制度在降低实际波动性方面比较合适这一问题，这两方面的文献都没有能够得到一个统一的结果。"② 首先，从分析框架的发展演变看，模型对微观基础日益重视。同时，研究还不断放松已有理论的不合理假设（如引入资本管制和金融市场不完全假设等），逐步发展和完善了汇率制度选择研究的分析框架；其次，从制度选择标准看，研究经历了从社会福利标准向微观福利标准的发展和演变；最后，在研究结论上，几乎所有的研究都表明，最优的汇率制度选择是不存在的。在既定的社会福利标准下，它主要取决于经济冲击的性质和经济系统的参数；在微观福利标准下，最优的制度选择除了受经济冲击的影响外，还会受价格确定方式和国际化生产等因素的影响。此外，政府或货币当局的汇率制度选择目标和目标函数的选择本身就会对一国汇率制度的选择产生重大影响（Weymark，1997；甘道尔夫，2002，第 332 页；吉野直行，2003）。

尽管汇率制度选择研究在分析框架上已经十分成熟了，但是在汇率制度选择标准上还有一些基本问题需要解决。

第一，这些研究对所采用的标准的合理性没有做出充分说明。就是说，这些研究没有指出为什么要采用社会福利标准，或为什么要采用某一种类型的社会福利标准（如价格稳定标准）而不是采用其他的宏观稳定性标准。

第二，很多研究都只采用了单一的标准，即要么用价格稳定性标准，要么用产出稳定标准。在微观福利标准下，又只考虑了消费的（预期）效用水平及其波动性和/或（预期）就业的波动等指标。这种处理

---

① 这里的"实际波动性"就是指宏观经济变量的波动程度。

② Bastourre, Diego, and Carrera, Jorge, 2004, "Could the exchange rate regime reduce macroeconomic volatility?" *Econometric Society*, 2004 *Latin American Meetings*.

方法存在的问题就是选择的标准可能是多重的，至少目前我们还没有只采用一种具体标准的充分理由。

第三，绝大部分研究（Aizenman（1994）、Aizenman 和 Hausmann（2001）、Boyer（1978）以及 Roper 和 Turnovksy（1980）除外）延续了"固定"与"浮动"两极之争的思路，通过比较固定和浮动汇率制度安排下福利损失的大小来选择汇率制度安排。这实际上说明，在汇率制度选择中一国只能取角点解所代表的两极制度安排，任何内解所代表的中间汇率制度安排都是不可得的。但是，现实中各国并不存在完全意义上的固定汇率制度安排，也不存在完全的自由浮动汇率制度。现实中的汇率制度安排实际上是介于两极制度安排之间的[①]。这一事实启发我们，在给定的汇率制度选择标准下，通过适当的分析框架来抽象一国在特定时期内所面临的经济约束，解这个带有约束的最优化问题，有可能得到某种形式的内解。在这个内解所代表的汇率制度安排下，一国的福利损失可能既小于浮动汇率制度下的福利损失，也小于固定汇率制度下的福利损失，最优的汇率制度安排是某一种中间汇率制度安排（Poole（1970）最早提出过这种思想）[②]。

第四，虽然 Boyer（1978）、Roper 和 Turnovsky（1980）、Aizenman（1994）以及 Aizenman 和 Hausmann（2001）等在由 M-F 或 M-F-D 模型所构成的约束条件下，考察了既定的政策目标下最优的汇率制度安排问题。但是，一方面，这些研究要么采用了价格固定不变的假设，从而忽视了经济中供给层面因素的影响（Boyer，1978；Roper 和 Turnovsky，1980），要么走入了弹性价格假设的死胡同中，而难以得到比较接近经

---

①　Weymark（1997）一针见血地指出，"汇率和国际储备的变化常常是相伴而生的，这一事实说明，货币当局倾向于利用中间汇率制度"（Weymark，Dlanan，1997，"Measuring the degree of exchange market intervention in a small open economy"，*Journal of International Money and Finance*，Vol. 16，No. 1，55 – 79）。

②　Caramazza 和 Aziz（1998）指出，在对约束条件下求解目标函数最优化问题这类汇率制度选择研究范式的拓展中，经济学家把政策制定者的决策问题视为在不同程度汇率制度弹性之间的一系列选择行为，而不再是简单地在固定与浮动这两极汇率制度之间的选择行为。参见，Caramazza，Francesco，and Aziz，Jahangir，1998，"Fixed or flexible? Getting the exchange rate right in the 1990s"，*IMF*，*Economic Issues*，No. 13，第 6 页。

济运行现实的结论（Aizenman，1994）。另一方面，尽管这些研究认为最优的汇率制度是某种中间汇率制度，其具体的弹性则取决于经济系统的结构参数和经济冲击的性质、大小等因素。但是，这些研究没有对一国最优的汇率制度弹性做出经验的估计工作。这就为本书的研究留下了理论上的空间。因此，本书的理论模型综合考虑了我国的资本管制因素、在价格粘性和理性预期假设基础上建立了带有随机冲击的动态经济系统，考察了人民币的最优汇率制度弹性，并经验地估计了这个弹性大小（第四章第三节；第五章第二节）。

最后，已有理论的主要启示是，它告诉我们，"在我们研究像汇率制度选择这样难以捉摸的问题时，我们是不能得到一国最优的汇率制度选择的简单且明确的条件的。实际上，对已有不同汇率制度安排和目前制度安排多样性的关注应该使我们明白汇率制度选择是一个非常微妙的决策"。① "但我们完全可以有理由说最合适的选择应该是根据自身国情做出的最适合自己特定情况的选择。"② 因此，在分析人民币汇率制度选择这一微妙的问题时，我们应该根据我国的具体经济特征，论证并采用比较合理的制度选择标准，在一个合理的标准或一套合理的标准体系下，利用恰当的分析框架和分析方法进行研究，这样才有可能得到中肯的结论。前者，即标准的选择必然涉及人民币汇率制度选择和完善所应确立的基本目标问题，解决好这个问题能够对我国汇率制度选择和进一步完善的基本目标提供理论指导和理论参考；而后者，即分析方法的选择则关系到研究本身能否贴近我国的经济现实，能否得出有益的结论，从而指导我国汇率制度的选择和进一步完善这一重大问题。对这两个基本问题，本书第三章将做出具体的分析和论证，以回答已有研究所存在的第一个不足或缺陷。

---

① Flood, Robert P., 1979, "Capital mobility and the choice of exchange rate regime", *International Economic Review*, Vol. 20, No. 2, 405 – 416.

② 迈克尔·穆萨、保罗·马森、亚历山大·斯沃博塔、伊斯特班·扎德瑞西克、巴劳·莫洛、安得鲁·伯格：《世界经济日益一体化进程中的汇率制度》，中国金融出版社、国际货币基金组织 2003 年版，第 66 页。

第三节 人民币汇率制度选择的
理论与标准述评

进入新千年以来，人民币升值问题成为国际上关注的焦点，也使我国面临人民币汇率制度的重新选择和如何进一步完善的问题（冯用富，2005；何蓉，2005；张静、汪寿阳，2003；张琦，2003），国内外对这个问题的争论沸沸扬扬。2005年7月21日中国人民银行的正式公告使这些争论暂时平息了（第一章第一节）。这是"自1994年人民币汇率并轨以来汇率机制的又一次重大改革，它在国内外引起了广泛关注和市场反应，亚洲一些国家的汇率政策也相应跟进"[①]。它意味着人民币不再采取事实上的钉住美元的固定制度安排，而是形成更富弹性的汇率机制。但是，这次改革并不意味着人民币汇率制度改革最终任务的完成，而恰恰是进一步完善人民币汇率制度形成机制的重大开始[②]。

从新的汇率形成机制改革到现在，人民币汇率水平和汇率制度问题所引起的争议和讨论还在不断高涨，并且还会持续下去。要对这个问题进行深入的研究，系统地回顾已有的理论成果是十分必要的，它能够帮助我们形成有益的研究思路。本节与上一节的思路一致，从汇率制度选择标准和所采用的分析方法角度回顾人民币汇率制度选择方面的研究，提出应该围绕合理的选择标准来研究人民币汇率制度选择与进一步完善人民币汇率制度的观点。

一、人民币汇率制度选择：取中间还是取两极

短期内，一部分研究认为我国仍应坚持单一的钉住美元的固定汇率

---

① 王水林、黄海洲：《人民币汇率形成机制的改革及对相关政策的影响》，载《国际经济评论》第9—10期，第15—18页。

② 在2005年7月21日之后，我国频繁出台了汇率制度改革的配套措施，力度之大、频率之高都是罕见的，这也充分说明了新的汇率形成机制需要不断的完善（国家外汇管理局国际收支分析小组（2005；2006）、温彬（2006）和中国人民银行办公厅（2005））。

制度安排；另一部分学者则认为我国应实行某种中间形式的汇率制度，包括钉住一篮子的汇率制度、BBC制度①或汇率目标区制度等（参见表2-3-1）。还有很多学者建议中国在当前及未来一段比较长的时期内，应该逐渐增加人民币汇率形成机制的弹性，但不宜立即实行浮动汇率制度，因为，我国目前还不具备实行浮动汇率制度的基本条件。但是，这些研究基本没有给出非常具体的中间制度安排。从中长期来看，基本上所有的研究都认为我国应该实行有管理的浮动汇率制度或浮动汇率制度安排（参见表2-3-1）。

（一）仍钉住美元

1994年以来，人民币汇率制度实际上已经退化为单一的钉住美元的固定制度安排（Koivu，2005；黄薇，2005；姜凌、韩璐，2003；姜凌、马先仙，2005；李婧，2002a；刘兴华，2003；穆萨等，2003；齐琦部，2004；奚君羊，2002；余永定，2000）。资本管制和中央银行对外汇市场的强烈干预使我国保持了人民币汇率的稳定②（李婧，2002a；余维彬，2003）。这种稳定尽管有利于促进我国的经济增长，但也严重削弱了货币政策的效力。研究认为，这种固定钉住制度在我国资本管制有效的情况下是可以维持的，在我国出口贸易结构没有改变，国内金融市场不完全的情况下，这种制度安排可能还要走很长的路。但长期来看，在资本账户逐步开放的条件下，从固定走向浮动是人民币汇率制度的未来趋向。

（二）钉住一篮子货币制度安排

主张中间汇率制度安排的研究主要包括主张钉住一篮子货币和主张重归真正意义上的有管理的浮动汇率制度以及主张实行汇率目标区制度三种观点，各自立论的基点也不完全相同。郭建泉（2001）认为，人民币汇率制度安排应该走"两极化"发展道路，但是目前看来人民币汇率弹性化的制度安排还不现实。由于我国贸易依存度比较高，贸易伙

---

① BBC制度是一篮子钉住、带内钉住和爬行钉住制度的统称（Williamson，2005）。

② 张纯威（2005）把10多年来人民币兑美元汇率基本不变动的现象称为"超稳定"，他从制度因素和经济因素角度考察了人民币汇率"超稳定"现象。

伴国比较集中，以及我国还是开放下的小国等原因，我国应尽快从钉住美元的固定汇率制度向钉住一篮子货币的固定汇率制度转变①。许少强、朱真丽（2002）从 1949—2000 年人民币汇率制度变迁史的角度分析了各个时期人民币汇率制度的变迁。他们认为，我国未来一段时间内应该实行钉住一篮子的汇率制度，汇率制度既要保持稳定，同时又要依据我国的国际收支状况作小幅调整，使新的汇率形成机制在保持稳定的同时而又不失其灵活性②。从目前新的汇率形成机制来看，我国确实需要在汇率稳定与汇率灵活性之间进行权衡，从这一点看他们的观点确实具有一定的合理性。

　　但是，这些研究都没有明确提出货币篮子的设计和构成问题。Goldstein（2003）、Goldstein 和 Lardy（2003）与黄薇（2005）弥补了这个不足。Goldstein（2003）与 Goldstein 和 Lardy（2003）提出了"两步走改革方案"（two-step reform）。他们认为，人民币应立即升值 15%—25%，然后扩大波动幅度（从不到 1% 扩大到 5%—7%），最后将人民币从单一的钉住美元转向钉住由美元、欧元和日元构成的货币篮子（各币种在篮子货币中约占 1/3 权重）。但是，他们没有给出比较令人信服的理由③。黄薇（2005）在模拟了 1994—2004 年间钉住一篮子货币汇率制度下的人民币均衡汇率的基础上，认为 1994 年以来人民币名义汇率在大部分时期偏离模拟的均衡汇率轨迹，表现为汇率的失调（misalignment）④。因此，他主张，就近期而言，人民币采用钉住一篮子货币的汇率制度是一种现实的、合理的选择。其计量结果表明，货币篮

---

① 郭建泉：《汇率制度的演变趋势和我国的选择》，载《管理世界》2001 年第 3 期，第 121—126 页。

② 许少强、朱真丽：《1949—2000 年的人民币汇率史》，上海财经大学出版社 2002 年版。

③ Goldstein, Morris, 2003, "China's exchange rate regime", Report to Subcommittee on Domestic and International Monetary Policy, Trade, and Technology, Committee on Financial Services, and U. S. House of Representatives; Goldstein, Morris, and Lardy, Nicholas, 2003, "Two-stage currency reform for China', *The Wall Street Journal Online*, September 12.

④ 汇率波动（volatility）和汇率失调是两个不同的概念。前者指汇率围绕其均值的短期波动；后者指实际汇率对长期均衡汇率水平的偏离（Moosa, Imad A., 2005, *Exchange Rate Regimes: Fixed, Flexible or Something in Between?* Palgrave Macmillan, New York, 11–15）。

子由美元、欧元和日元构成，各自所占权重大约分别为 75.82%，24.18% 和 3.61%，这一构成能够保证人民币汇率水平的基本稳定而又不失弹性①。

与这些主张稍有不同的是余永定（2000）的研究。在考察了亚洲金融危机给我国带来的经验教训的基础上，他认为，我国未来应实行钉住一货币篮子的汇率制度，但对外不公开货币篮子的货币构成以及篮子货币中各个币种的权重，也不公开汇率浮动区间②。他的观点和建议与2005 年 7 月 21 日中国人民银行公布的新的汇率形成机制相当吻合。

从上面各种主张中可以发现，这些研究所建议的或设想的以及后来我国所采取的新的汇率制度要求中央银行在保持人民币汇率稳定的同时，又要保持一定的灵活性（余永定，2005）。如果新的汇率制度安排下汇率过分波动（excess volatility），那么会给我国宏观经济的稳定带来很大的负面影响，不利于中国经济的持续发展。但是，如果人民币汇率没有足够的灵活性，那么有可能又重新回到以前事实上的钉住美元的固定汇率制度。并且，这种情况并不是没有可能发生的（余永定，2005），对一个资本账户没有开放的国家，无论政府名义上宣布采取什么汇率制度，事实上它都将收敛于固定汇率制（刘兴华，2003；易纲，2000）③。

（三）目标区制度

已有研究倾向于把管理浮动汇率制与目标区汇率制度拿来作对比。一些学者认为目标区制度不符合中国现实而主张管理浮动；另一些则认为管理浮动制度不适合中国而主张目标区制度。冯用富（2001）在介绍了汇率目标区理论后，认为汇率目标区制度较之管理浮动制度和固定汇率制度而言都具有很大的优点。由于我国整体经济的改革与开放是一

---

① 黄薇：《人民币汇率制度：现状、近期选择与改革操作》，载《当代经济科学》2005 年第 5 期，第 9—13 页。

② 余永定：《中国应从亚洲金融危机中吸取的教训》，载《金融研究》2000 年第 12 期，第 1—13 页。

③ 赵蓓文（2004）认为，在汇率目标区制度下，一国在保持货币政策独立性的同时还可以在一定幅度内灵活地根据实际经济情况来调整其汇率，并且还可以保持汇率的稳定。

个渐进的过程，因此中国金融的改革与开放也必然是渐进的，汇率制度的变革也应该是渐进式的。并且，在中国经济转型过程中，"强政府"的格局会依然保持不变。因此，汇率目标区的可信程度就更高。这样就可以认为，目标区汇率制度设计与我国金融进一步改革与开放的渐进式路径相吻合，因此在我国金融进一步开放中，目标区汇率制度是一个现实的、较优的选择[①]。胡援成、曾超（2004）对我国实行汇率目标区的基准汇率做了实证分析[②]。

Willianmson（2005）回顾了20世纪60年代以来主要工业国与新兴市场经济体所发生的货币危机。他认为，一国应该避免捍卫已经高估的汇率，否则会有爆发危机的危险，因此一国应重归浮动汇率制度；其次，他从汇率制度与经济增长的角度分析了最优汇率制度安排。他认为，为了获得发展的机会，一国应该保持一个竞争性的汇率（competitive exchange rate）。他同时指出，这个竞争性的汇率并不是高估的汇率而应是低估的汇率。最后，他指出了一国实行固定汇率制度应满足的四个条件，并且认为中国并不符合前两个条件，即小国开放经济条件和一国贸易应集中在其货币所钉住的国家。他认为，中国应该采取目标区汇率制度或监测区汇率制度（monitoring zones）[③]。

（四）更具弹性的汇率制度安排

相对于上述多种主张来说，中长期里，主张我国向更具弹性的汇率制度方向演变或实行有管理的浮动汇率制度的观点逐渐增多。尽管部分研究没有明确地说明时间界限，但是这些研究都隐含地以中长期的汇率制度走向为分析基点。而主张仍钉住美元或钉住一篮子货币安排或实行汇率目标区制度等多种观点基本上都是针对短期内人民币汇率制度如何选择这一问题的（参见表2－3－1）。

---

① 冯用富：《汇率目标区：中国金融进一步开放中汇率制度的选择》，载《财贸经济》2001年第2期，第49—54页。

② 胡援成、曾超：《中国汇率制度的现实选择及调控》，载《金融研究》2004年第12期，第59—74页。

③ Willianmson, John, 2005, "The choice of exchange rate regime: the relevance of international experience to China's decision", *China & World Economy*, Vol. 13. No. 3, 17 - 33.

表2-3-1　人民币汇率制度选择研究结论[①]

研　究　结　论	代　表　性　文　献
固定汇率制度安排[②]	
仍钉住美元	邓立立（2006＊）；国家计委外经所课题组（2001＊）；李婧（2002a＊）；张礼卿（2004＊）；丁剑平（2003＊）
中间汇率制度	
固定与浮动之间的汇率体制	冯用富（2000）
钉住一篮子货币制度	曹凤歧（2005＊）；Goldstein（2003＊）；Goldstein 和 Lardy（2003＊）；郭建泉（2001＊）；黄薇（2005＊）；姜凌、马先仙（2005＊）；刘力臻、谢朝阳（2003）；吴念鲁（2003）；许少强、朱真丽（2002）；许文彬（2003＊）；余永定（2000）；张曙光（2005）
汇率目标区机制	冯用富（2001＊；2005＊）；姜凌、韩璐（2003）；姜凌、马先仙（2005＊＊）；何慧刚（2004＊）；胡援成、曾超（2004）；Williamson（2005＊）；吴运迪（2000＊＊）
爬行目标区（BBC）制度	张斌（2003）
有管理的低频浮动汇率制	张斌、何帆（2005＊）；何帆（2005＊）
向更具弹性的汇率制度安排过渡[③]	冯用富（2005）；何帆（2005＊＊）；李安方（2004＊）；李连三（2001＊）；刘兴华（2003）；马君潞、李泽广（2004＊＊）；Prasad 等（2005）；孙立坚[ξ]（2005）；汪茂昌（2005b＊＊）；奚君羊（2002）；徐明棋（2004）；许文彬（2003＊＊）；张琦（2003）；张志超（2003＊）；赵蓓文（2004）；曾先锋[ξ]（2006）；Roberts 和 Tyers[ξ]（2001）
有管理的浮动汇率制度	曹凤歧（2005＊＊）；陈雨露（2004）；邓立立（2006＊＊）；冯用富（2005＊＊）；Goldstein（2003＊＊）；Goldstein 和 Lardy（2003＊＊）；姜波克（2001＊＊）；胡祖六（2000）；李扬、余维彬（2005；2006）；齐琦部（2004＊）；苏平贵[ξ]（2003）；吴念鲁（2005）；吴念鲁等（2004）；杨涤（2004）；张斌（2004）；张礼卿（2004＊＊）；朱耀春（2003）
浮动汇率制度	
浮动汇率制度	冯用富（2001＊＊）；郭建泉（2001＊＊）；何慧刚（2004＊＊）；李安方（2004＊＊）；李婧（2002a＊＊）；李连三（2001＊＊）；张斌、何帆（2005＊＊）

注：1. ＊表示该作者对短期内人民币汇率制度选择所持的观点；＊＊表示对中、长期内人民币汇率制度选择所持的观点。年份后没有任何符号表示其观点没有明确的时间界限。

2. ξ表示研究采用了标准的数理分析方法或严谨的模型分析方法（不含实证文献）。

① 表中固定汇率制度、中间汇率制度和浮动汇率制度的划分见 IMF（1999）（参见表2-1-1）。

② 根据 IMF（1999），钉住单一货币的制度安排属于中间汇率制度。本书此处并没有遵从这个新分类标准，而采用了理论界的通行观点。

③ 具体的研究结论有所差别，如有人主张由1994年至2005年7月期间事实上的固定汇率制度先向钉住一篮子汇率制度过渡，然后再向浮动汇率制度转变或向更具弹性的汇率制度转变。为了便利起见，统一归入这一类。

58

在这类主张中，出现了在比较严格的分析框架和制度选择标准基础上对人民币汇率制度选择问题进行深入考察的研究（刘兴华，2003；孙立坚，2005；曾先锋，2006）。刘兴华（2003）在"三元悖论"框架下[①]，假定中央银行在汇率制度选择中存在货币政策独立性损失成本与汇率风险成本，从而得到中央银行的损失函数为 $C = \lambda(c - y^{\alpha}) + (1 - \lambda)(1 - x)^{\beta}$（其中，$\lambda$ 表示中央银行赋予货币政策独立性损失成本在总成本中的权重；c 表示完全丧失货币政策独立性的成本；y 和 x 分别表示货币政策独立性的强弱与汇率稳定性的强弱；参数 α 及 β 分别表示丧失货币政策独立性的损失指数和汇率风险成本的指数）。这样，以不同汇率制度下中央银行的损失最小化作为汇率制度选择的标准，分析了不同资本流动条件下人民币汇率制度的选择。研究指出，在我国金融深化过程中，人民币汇率制度应向更具弹性的汇率制度方向渐进变迁[②]。

与刘兴华（2003）的分析框架和选择标准不同，孙立坚（2005）在新政治经济学框架下，构建了一个政府双重目标（损失）函数 $L = \dfrac{1}{2} E[A(\tilde{y} - \bar{y})^2 + \pi^2]$（其中 E 代表中央银行的预期，A 代表中央银行放在产出上的相对权重，字母 y 上方带有波浪线和短横线分别表示随机产出和长期的平均产出水平）。他认为政府会在确保国家利益的基础上选择成本最小的汇率制度。利用 Probit 所进行的实证检验也表明，包括中国在内的四个样本国家的汇率制度选择都是基于管理成本，而不是均衡。从结果的估计值可以看出，这些国家在进行汇率制度选择时都倾向于考虑国内经济状况，其中，多数（包括中国）是为了保护本国的物价稳定[③]。

---

① 刘兴华（2003）采用了易纲、汤弦（2001）的研究框架。

② 刘兴华：《人民币汇率制度的选择：基于"三元悖论"视角的理论分析》，载《财贸经济》2003 年第 2 期，第 36—40 页。

③ 这与范从来等（2003）的观点是类似的。范从来等（2003）认为，随着经济对外开放的不断推进，货币对产出的作用将日益减弱，而对价格水平的作用将日益增强。因此，政府货币政策应该越来越倾向于物价稳定，必要的时候应该选择适当指标实行通货膨胀定标制（inflation-targeting）。

孙立坚的研究表明，中国目前经济运行中所受到的外部冲击主要来自生产性冲击和货币性冲击两个方面，它们对人民币汇率制度选择有重要影响。他认为，中国资本项目下可能蕴涵的货币性冲击相对于经常项目下的贸易摩擦这一生产性冲击而言，对经济的冲击可能更大①。根据模型结论，固定汇率制度下货币性冲击造成的政府损失要小于浮动汇率制度下的损失，因此，为了更好地隔绝外部货币性冲击对我国经济的影响，我国目前选择的汇率制度是固定汇率制，而对于生产性冲击所带来的成本，则是通过降低贸易摩擦来降低的②。

（五）向有管理的浮动汇率制度回归

主张向有管理的浮动汇率制度回归的理论依据主要是建立在对不同汇率制度的优劣比较③和中国经济运行实践的基础上的。朱耀春（2003）考察了185个国家（地区）的八类汇率制度，总结了影响汇率制度选择的主要经济因素，即国家规模、经济发展水平和经济开放度。在扼要回顾中国汇率制度变迁历史的基础上，他认为，中国目前事实上的固定汇率制度必须向更加灵活的制度转变，否则在资本大规模流动的条件下容易引发投机攻击。同时，他分析了中国经济规模、经济发展水平、开放程度与国际环境，指出，中国实行真正意义上的管理浮动汇率制度的条件是具备的。但是，人民币汇率不宜大幅波动，目前尚不具备实行独立浮动的条件④。齐琦部（2004）在比较了固定钉住、浮动汇率制度和目标区汇率制度以及有管理的浮动汇率制度安排优缺点的基础上指出，没有一种汇率制度是完美的，也没有任何一种汇率制度适合于所有国家和所有时期⑤。一种汇率制度是否适合于一个国家，主要应取决于该国特定的经济和金融环境。他进一步指出，1994年以来，尽管中

---

① 范从来等（2003）的研究也认为我国资本账户下的货币性冲击越来越严重。

② 孙立坚：《开放经济中的外部冲击效应和汇率安排》，上海人民出版社2005年版，第13章。

③ 这种对不同类型的汇率制度的特点、性质和优点的比较，实际上等于向一国提供了一个制度选择的"菜单"（邓立立（2006）称之为制度供给论）。

④ 朱耀春：《当今各国汇率制度的比较研究及对中国汇率制度改革的启示》，载《改革》2003年第4期，第112—116、127页。

⑤ 这个观点是Frankel（1999；2003）提出来的。更早可以追溯到Ghosh等（1996；2002）。

国实行固定钉住汇率安排取得了一定的成功，但是，维持固定钉住的成本十分高昂。同时，我国目前又不满足成功的浮动汇率制度运行所需要的条件，而目标区制度在实施过程中也存在两个严重的不足（均衡汇率难以计算；货币政策要求同时实现对内和对外两大目标），因此，相比之下，有管理的浮动汇率制度比较适合中国[①]。

苏平贵（2003）和李扬、余维彬（2005；2006）分别从修正的M-F模型和货币错配角度论述了我国应该实行管理浮动汇率制度的基本理由。苏平贵（2003）认为，我国目前存在的利率管制与外汇管制的客观现实是不符合 M-F 模型所隐含的前提假设的，因此，M-F 模型不能直接应用于我国，而应该在进行适当改进或修正后才能应用于我国的具体实践。在引入利率管制后对 M-F 模型进行的修正分析表明，在 1994—2005 年间人民币钉住美元的固定汇率制度下，货币政策是有效的，但是这一有效性是严格的外汇管制与利率管制的产物。随着我国利率市场化进程的加快和人民币资本项目可兑换程度的提高，我国将越来越符合 M-F 模型的假设条件。在这种情况下，如果我国继续钉住美元，那么货币政策的有效性将逐步削弱。因此，为了避免货币政策有效性与独立性的丧失，我国应该根据利率市场化改革及人民币资本项目可兑换性改革进程适时地恢复有管理的浮动汇率制度，并逐步扩大人民币汇率的浮动范围[②]。

李扬、余维彬（2005；2006）充分考虑到了我国存在的货币错配问题。并且他们还认为，在我国人民币汇率制度改革过程中，确定汇率形成机制变革和汇率水平变化的优先次序至关重要。应该推行"机制改革优先，在改革过程中始终重视汇率的稳定"的战略，而回归有管理的浮动汇率制度则是这一战略和缓解货币错配问题的适当选择[③]。

---

① 齐琦部：《论中国汇率制度的选择》，载《金融研究》2004 年第 2 期，第 30—43 页。

② 苏平贵：《汇率制度选择与货币政策效应分析——蒙代尔—弗莱明模型在我国的适用性、改进及应用》，载《国际金融研究》2003 年第 5 期，第 4—9 页。

③ 李扬、余维彬：《人民币汇率制度改革：回归有管理的浮动》，载《经济研究》2005 年第 8 期，第 24—31 页；李扬、余维彬：《稳步推进人民币汇率制度改革——结合国际经验的探讨》，载《财贸经济》2006 年第 1 期，第 10—16 页。

二、人民币汇率制度选择：分析框架及其标准

如前所说，汇率制度选择的研究包括实证分析和规范经济分析两个方面的内容，长期以来汇率制度选择的研究基本上是沿着这两个方向进行的，它们在适当的分析框架下，根据既定的制度选择标准研究了最优的汇率制度选择问题。这里，不同的制度选择标准十分重要，没有一个具体的选择标准将使讨论和分析无助于更好地解决实际问题。具体来讲，没有合理的选择标准会影响到人民币汇率制度选择和进一步完善的目标合理与否。在合理标准的基础上，用什么分析方法来研究问题关系到研究能否贴近我国的经济现实从而使研究具有现实意义。因此，只有标准而没有分析方法，或只有分析框架而没有合理的标准都会使对人民币汇率制度选择的研究产生很大的偏差和误解，也会降低研究的理论和现实意义。

人民币汇率制度选择的研究与争论中所采用的研究框架，与主流理论之间仍然存在比较大的差距。这种差距主要体现在两个方面：第一，对人民币汇率制度选择的研究基本上是在 M-F-D 及其衍生的"三元悖论"或"不可能三角"框架，以及比较方法的框架下进行的（参见表 2－3－2）①，而使用 NOEM 框架展开的研究还没有出现，这可能是由于 NOEM 框架本身还难以运用于我国这样的发展中国家的开放经济研究领域；第二，利用 M-F-D 分析框架或范式的研究基本上都采用了语言逻辑的分析，严谨的数理分析方法比较少见（Robert 和 Tyers（2001）、刘兴华（2003）、苏平贵（2003）、孙立坚（2005）以及曾先锋（2006）例外）。

从人民币汇率制度选择标准来看，到目前为止关于人民币汇率制度选择的大部分讨论与争论都是隐含地以一定的制度选择标准或取舍标准来展开讨论的。这些标准主要表现为产出稳定、价格稳定等代表社会福

---

① 应该指出的是，国内很多文献（包括归入到其他研究方法中的文献）尽管没有明确使用 M-F-D 分析框架，但是在研究中都涉及从 M-F-D 框架或三元悖论角度来分析人民币汇率制度选择问题。

表 2 − 3 − 2　人民币汇率制度研究方法分类

分析框架或研究视角	代 表 性 文 献
M-F-D 传统（包括三元悖论）	冯用富（2000；2005）；何慧刚（2004）；刘兴华[ξ]（2003）；苏平贵[ξ]（2003）；许文彬（2003）；赵蓓文（2004）；曾先锋[ξ]（2006）；Roberts 和 Tyers[ξ]（2001）
比较法（比较各国汇率制度安排，或比较不同类型汇率制度特点）	齐琦部（2004）；余永定（2000）；张斌（2004）；朱耀春（2003）
汇率制度变迁史	郭建泉（2001）；汪茂昌（2005b）；Williamson（2005）
产权经济学与制度经济学方法	江春（2004）；刘海虹（2001）
成本—收益分析法	姜凌、马先仙（2005）；李婧（2002a）；张曙光（2005）
汇率目标区理论	冯用富（2001）；姜凌、韩璐（2003）；胡援成、曾超（2004）；赵蓓文（2004）
货币错配	李扬、余维彬（2005；2006）
区域货币合作	刘力臻、谢朝阳（2003）
政治经济学与新政治经济学方法	马君潞、李泽广（2004）；孙立坚[ξ]（2005）

注：ξ 表示研究采用了标准的数理分析方法或严谨的模型分析方法（不含实证文献）。
资料来源：笔者根据文献整理。

利或宏观经济稳定性的指标。这些研究对人民币汇率制度选择的基本标准问题涉及较少，这在为本书研究奠定基础的同时，也为本书及后续的研究留下了一定的空间。

　　如前所说，经济学是研究在既定的稀缺资源约束条件下，理性的经济主体如何选择使自己效用或利益最大化的决策行为的科学。对汇率制度选择的研究更具有这一特点。既然是一种制度选择的决策，多种不同方案之间的比较与取舍，那么首要的问题就是应该选择一个或一套合理的或恰当的标准或标准体系，然后围绕这个标准或标准体系来讨论问题，这样应该会更加有的放矢。并且，标准的合理、恰当与否，不仅关系到研究本身能否得出正确的结论，而且也会关系到能否为人民币汇率制度选择和完善的目标提供理论指导和参考。这样，在选定的标准或目标函数基础上[①]，我们应该分析我国所面临的现实经济条件或者说是现

---

　　① 通常可以借助数学方法把选择标准处理为一种损失函数或收益函数，从而将汇率制度选择问题转化为在既定约束条件下求解目标函数的最优化问题（第三章第二节）。

实的经济约束条件是什么，然后在这些约束条件下，最优化人民币汇率制度的选择标准。围绕这样一个思路来分析人民币汇率制度选择问题，应该是有很大的理论意义和现实意义的。

三、结论与展望

目前看来，已有研究取得了三点基本共识，为本书的研究奠定了基础。第一，1994 年至 2005 年 7 月间人民币事实上的钉住美元的制度安排在资本大规模流动的条件下是难以应对投机性冲击的（朱耀春，2003），并且维持该制度的成本会越来越高昂（冯用富，2000；胡援成、曾超，2004；齐琦部，2004）。最突出的表现就是我国货币政策效力的削弱（范从来等，2003；冯用富，2000；姜凌、马先仙，2005；李婧，2002a；何慧刚，2004；苏平贵，2003）和货币供给内生性的不断加强（范从来等，2003；何慧刚，2004；黄薇，2005；李婧，2002a）。这使我国货币政策的实施面临很大的挑战。第二，现行的汇率制度存在改革的必要，即人民币汇率制度应该进行重新选择。但是，在短期内人民币汇率制度的具体选择方案和汇率制度弹性大小上，没有能够达成比较一致的意见。短期内人民币汇率制度选择的备选方案主要包括钉住一篮子货币制度、有管理的浮动汇率制度、汇率目标区制度和更具有弹性的制度这四种中间制度安排，这为以后的研究提供了理论参考。第三，中国目前及未来一段时期内还不具备实行浮动汇率制度的条件[①]（Goldstein，2003；冯用富，2000、2001；郭建泉，2001；黄薇，2005；齐琦部，2004；余永定，2000；张静、汪寿阳，2003；朱耀春，2003）。但长期来看，随着资本管制的逐渐放松和资本流动的自由化，人民币汇率制度安排将更具弹性，浮动汇率制度将是大势所趋（冯用富，2001；郭建泉，2001；何慧刚，2004；李连三，2001；张斌、何帆，2005）。

在肯定上述研究成果的同时，应该看到，已有研究为后续研究奠定了比较好的基础的同时，也为以后的研究留下了很大的讨论空间和研究

---

① 浮动汇率制度的实现有两个重要前提，即完善而有效的金融市场和市场化的利率。

余地。

首先，后续研究所采用的分析框架要能够对我国的开放经济现实做出比较好的描述。已有研究虽然主要是在 M-F-D 传统范式下展开的，但这并不意味着这个框架已经过时了，不能再应用于当前汇率制度选择的研究。恰恰相反，M-F-D 传统的基本结论及其政策含义是十分重大的，即使后来的理论发展也大多确认了 M-F-D 模型的基本结论，因此它对当前的政策研究仍然具有重要的指导意义（Obstfeld 和 Rogoff，1996；Walsh，2003；瓦什，1998）。问题在于，M-F-D 传统缺乏明确的微观基础，经不起卢卡斯（1973）批判，很可能会开出误导性的甚至是错误的政策处方（Obstfeld 和 Rogoff，1995a）。并且，我国的经济现实跟这个分析框架的许多基本假设并不吻合（苏平贵，2003）。但NOEM 框架也并不完全切合我国的现实。因此，根据我国的经济现实对已有的分析框架进行修正，或者是选择更符合中国经济发展特征和现实的理论框架，结合中国具体现实（如资本管制及金融市场分割等）来研究人民币汇率制度选择问题是意义重大的。

其次，后续研究应进一步明确人民币汇率制度选择的制度选择标准问题，并围绕这个标准展开研究。同时，正如本章第二节所指出的，扬弃"固定"与"浮动"两极之争的研究思路，在恰当的分析框架和制度选择标准下，将人民币汇率制度选择问题转化为一个带有约束的最优化问题，并试图求解某一内解所代表的中间汇率制度安排，沿着这个思路进行研究是值得进一步尝试的。

最后，再一次重申，最优的或最合适的汇率制度选择是根据特定国家的具体国情和特定的历史时期做出的最适合自己特定情况的选择（穆萨等，2003）。因此，在研究人民币汇率制度选择问题时，应该根据我国的具体经济特征和具体的经济发展阶段，论证并采用比较合理的制度选择标准，在一个合理的标准或一套合理的标准体系下，利用恰当的分析框架和分析方法进行研究，这样才有可能得到中肯的结论。前者，即标准的选择必然涉及人民币汇率制度选择和完善所应确立的基本目标问题，解决好这个问题能够对我国汇率制度选择和进一步完善的基本目标提供理论指导和理论参考；而后者，即分析方法的选择则关系到研究本身能否贴近我国的经济现实，能否得出有益的结论，从而指导我国汇率制度的选择和进一步完善这一重大问题。

本 章 小 结

本章对汇率制度、汇率制度选择及汇率制度分类等基本概念做了界定，从中抽象出人民币汇率制度选择研究的几个基本前提假设。然后本章从分析框架和汇率制度选择标准两个方面对主流汇率制度选择理论以及人民币汇率制度选择研究进行了回顾，得到的基本结论和启示是：对人民币汇率制度选择的研究应在深入考察我国开放经济现实的基础上，选择或建立恰当的分析框架，恰当地抽象出我国开放经济运行的主要特征。然后，在借鉴已有研究所采用的标准基础上，深入分析我国在人民币汇率制度选择问题上的目标取向。在找到合理目标和对开放经济进行合理抽象之后，构建出人民币汇率制度选择的最优化问题。最后，通过求解约束条件下的目标函数最优化问题就可以得到最优的汇率制度安排以及影响人民币最优汇率制度安排的具体因素。最终，通过实证或经验方法，可以得到人民币汇率制度安排的经验估计结果。

第三章 人民币汇率制度选择的
分析框架与标准选择

第二章的文献回顾为本书提供了基本的研究思路：对人民币汇率制度选择的研究应充分考虑到我国的开放经济现实，选择恰当的分析框架和制度选择标准来展开研究。在这个思路下，本章首先分析人民币汇率制度选择所应采用的分析框架，然后在详细分析主流汇率制度选择理论所采用的制度选择标准的基础上，结合我国转型经济时期的基本战略目标、货币政策目标以及人民币汇率制度的历史变迁来说明人民币汇率制度选择的基本标准，为第四章的理论分析奠定基础。

第一节 人民币汇率制度选择的
分析框架选择

第二章的文献回顾表明，对汇率制度选择的研究经历了从 M-F-D 范式向 NOEM 范式的发展和演变，不同的经济分析框架为抽象一国开放经济宏观经济运行提供了基本手段。那么，这两种分析框架或基准模型哪一种更适用于人民币汇率制度选择的研究呢[①]？本节通过对两种分

---

① 当然，这并不是说，在研究人民币汇率制度选择问题时，一定要局限于这两种分析范式，任何使用其他分析方法的研究都不可行。实际上对汇率制度选择的研究所采用的分析方法是很多的。但根据本书的文献回顾和研究思路，本书首先要解决的问题就是从这两种分析框架中选择一个能够用来分析人民币汇率制度选择问题的模型框架。诚然，如果能在分析框架上有所创新，当然是非常值得推崇和赞许的，这也将是研究的一个重要创新和理论贡献。但是，这远非作者的能力所及。

析框架的详细比较和论证，认为 M-F-D 范式是更适用于对人民币汇率制度选择的研究的。

一、M-F-D 范式及其在我国的适用性

M-F 和 M-F-D 模型是封闭经济条件下 *IS-LM* 模型以及 *IS-LM-AS*（或 *AD-AS*）分析框架在开放经济条件下的拓展，又称为 *IS-LM-BP* 或 *IS-LM-EE* 模型（Visser，2004）[①]。在 20 世纪 60—80 年代经过众多学者的补充和发展，逐渐从最初的静态的确定性模型（即 M-F 模型）发展到动态的确定性模型，最终发展为一种更为成熟、更贴近现实的带有随机冲击的随机动态模型。尽管动态模型和随机动态模型分别是对以前模型的重大发展，但是这三个模型的基本结论却是一致的（宋海，2003，第74 页）。M-F-D 模型在开放经济宏观经济学中处于一个中心地位或成为20 世纪 60—90 年代开放经济宏观经济学的主导分析范式，其基本原因就在于这个模型及其一系列的后续发展具有明确而丰富的政策含义，是理解各种国际经济关系和国际经济制度演变的一个重要基础[②]。

（一）基准模型

1. 静态模型

静态条件下确定性的 M-F 模型为：

$$y = H(A,i,y) + T(y,y^*,sp^*/p) \qquad (3-1-1)$$

$$M_d = M_s = pL(y,i) \qquad (3-1-2)$$

$$i = i^* \qquad (3-1-3)$$

其中，A 为自发性支出；i 为利率；s 为汇率，是单位外币的本币价

[①] 称呼的不同是因为不同的研究者对该模型的第三个构成要素，即国际收支均衡关系的命名不同，目前还没有一个统一的名称。有的学者用 BP 曲线表示国际收支均衡，有的则用 FE 表示，也有学者用 EE 表示（Visser, Hans. 2004, *A Guide to International Monetary Economics*: *Exchange Rate Theories*, *Systems and Policies*, Edward Elgar Publishing, Inc. Northampton, Massachusetts；贾恩卡洛·甘道尔夫：《国际金融与开放经济的宏观经济学》，上海财经大学出版社 2006 年版，第 155 页）。

[②] 宋海：《金融全球化下的汇率制度选择》，中国金融出版社 2003 年版，第74 页。

格；M_d 和 M_s 为名义货币需求和名义货币供给。带上标 * 的为相应的国外变量。（3－1－1）式表示融入经常账户差额的产品市场均衡时本国产出、利率及汇率之间的关系；（3－1－2）式表示货币市场的均衡关系；（3－1－3）式表示资本完全流动下的国际收支平衡曲线。在资本完全流动、静态预期以及投资者风险中性假设下，本国的利率与国外利率相等。

这是 Mundell（1963、1964）和 Fleming（1962）最初的模型[①]。模型由 y、M_s、i 和 s 四个内生变量以及 A、y^*、i^*、p 以及 p^* 等外生变量构成。在模型为线性条件下，内生变量的数目超过了方程组数量，因此需要额外的条件才能求解。在固定汇率制度条件下，$s=0$；而在浮动汇率制度条件下，M_s 又变成外生变量。因此，模型正好可以用来讨论固定和浮动汇率制度安排下，货币政策（M_s）和财政政策（A）的效力。从研究汇率制度选择角度看，正好说明，以不同的政策效果作为汇率制度选择标准时，固定与浮动汇率制度哪一个更好。

这个最初的模型的基本缺陷在于：第一，价格水平刚性假定；第二，资本完全流动假定；第三，静态预期和投资者风险中性假设。这些基本不足逐渐为动态模型和不确定条件下的动态随机模型所弥补，后来的理论发展也基本上是围绕这三个方面展开的。

2. 动态随机模型

最初的 M-F 模型假定价格水平固定不变，经济行为人是静态预期的。Dornbusch（1976）在该模型中引入了理性预期，并考虑到价格渐进调整的特征，最终形成了 M-F-D 分析框架，由此发现了汇率超调（overshooting）这个非常重要的经济现象，并开创了汇率经济学研究的另一个领域——汇率动态学（exchange rate dynamics）。20 世纪 70 年代以后，由于理性预期革命彻底改变了宏观经济学的研究，同时，现实经济中，随机因素对经济系统的冲击也日趋重要。而最初的 M-F 模型以及由 Dornbusch（1976）等人所拓展的动态模型都没有考虑到经济系统

---

① 对这个静态确定性模型的详细分析及其政策含义，请参阅邓立立（2006）第 2 章、汉达（2000）第 18 章、姜波克、杨长江（2004）以及蒙代尔（2003）等，或 Fleming（1962）、Mundell（1963、1964）以及 Visser（2004）第 2 章。

所面临的随机冲击因素的影响。因此，为了使 M-F 模型或 M-F-D 模型更贴近现实，Obstfeld 和 Stockman（1985）发展了融入随机因素和理性预期因素的 M-F 模型。

动态的带有随机冲击的 M-F-D 模型的基本构成如下：

$$y_t = a_1(s_t + p_t^* - p_t) - a_2 r_t + u_t \qquad (3-1-4)$$

$$m_t - p_t = h y_t - k i_t + \varepsilon_t \qquad (3-1-5)$$

$$y_t = -b_1(s_t + p_t^* - p_t) + b_2(p_t - E_{t-1} p_t) + e_t \qquad (3-1-6)$$

$$r_t = i_{t\text{-}} E_t p_{t+1} + p_t \qquad (3-1-7)$$

$$i_t = E_t s_{t+1} - s_t + i_t^* \qquad (3-1-8)$$

（3-1-4）式—（3-1-8）式分别给出了本国产品市场、货币市场、总供给、表示实际利率和名义利率以及预期通货膨胀之间关系的 Fischer 方程及无抛补利率平价（uncovered interest-rate parity，UIP）的方程（Walsh，2003，第 6 章；麦克勒姆，1996；瓦什，1998）。其中，r 是本国实际利率；u、ε、e 为各种随机冲击；t 为时间。这种融入理性预期和价格粘性的动态随机的 M-F-D 分析框架使得对一国开放经济的描述更符合现实，为 20 世纪 60—90 年代的汇率制度选择研究提供了描述一国开放经济运行的基本的分析工具（第二章第二节）①。

单从这个方面看，M-F-D 范式已经基本弥补了最初的 M-F 模型的重大缺陷，尤其是弥补了后者所没有考虑到的现实中的价格粘性和经济行为人的理性预期对一国宏观经济的深远影响。但无论是最初的静态模型，还是最终形成的动态随机模型，这个分析范式中各行为方程都是研究者人为规定的，而不是从经济行为人最优化行为中导出的，因此是 ad hoc 模型，并不具备坚实的微观基础，因而难以用于严格的福利分析。

（二）M-F-D 框架的缺陷和基本应用

通过对 M-F-D 分析范式或分析框架的简单分析不难看出，尽管该

---

① 对这一基准的动态随机模型的求解及分析，请参阅麦克勒姆（1996）、宋海（2003）、瓦什（1998）和 Walsh（2003）第 6 章。

模型存在很多不足，但是，它最主要的缺陷就是该模型是 ad hoc 模型，缺乏微观基础，因此难以用于严格的福利评价。然而，目前理论上已经证明了，在效用函数中的货币分析框架下，从代表性经济人效用最大化模型中是能够导出 *IS-LM-AS* 模型的行为关系式的（McCallum 和 Nelson，1999；Walsh，2003，第 2 章；林黎、任若恩，2007；刘斌，2003；瓦什，1998，第 2 章)[①]，而开放经济宏观经济学的理论研究也已发现，从代表性经济人效用最大化行为中也能导出 M-F-D 模型中的基本行为方程（Walsh，2003，第 6 章；林黎、任若恩，2007；瓦什，1998，第 6 章）。NOEM 分析框架的主要目的之一就是在一个随机一般均衡框架下（a dynamic general equilibrium setup）建立融入名义刚性的模型，并试图得到模型的解析解，无论是闭式解（closed – from solution），还是近似解（in approximate terms）。从这个意义来看，新的模型或分析框架可以被理解为是 M-F 模型的带有微观基础的版本（Fendel，2002）。因此，可以把 M-F-D 模型看做是从经济行为人最优化行为导出的基本模型，其主要缺陷——缺乏坚实的微观基础，就显得并不那么重要了[②]。

---

① 和 M-F 模型一样，M-F 模型在封闭经济条件下的对应模型 *IS-LM* 模型也缺乏坚实的微观基础（McCallum 和 Nelson（1999）总结了 *IS-LM* 模型的 6 个基本缺陷），但 McCallum 和 Nelson（1999）在效用函数中的货币分析框架中为 *IS-LM* 模型找到了微观基础。在开放经济条件下，NOEM 分析框架和 M-F-D 分析框架的类似关系也能得到的理论上的支持（参见瓦什（1998）、Walsh（2003）第 5 章和第 6 章）。林黎、任若恩（2007）和刘斌（2003）扼要介绍了这个方面的研究进展，并构建了中国的基于代表性经济人最优化行为的动态 *IS-LM* 模型和 *IS-LM-AS* 模型。

这种基于优化的 *IS-LM* 模型或 *IS-LM-AS* 分析框架能够有力地回击以往对于传统的 *IS-LM* 或 *IS-LM-AS* 框架的批评。这种基于代表性经济人最优化模型而得到的 *IS-LM* 或 *IS-LM-AS* 模型，又称为"最优化 *IS-LM* 模型"（optimizing *IS-LM* model），"因为它在传统的 *IS-LM* 行为方程式中加入了由微观基础导出的预期项并且分析的基本方法是理性预期"（林黎、任若恩：《中国最优化动态 *IS-LM* 模型构建与应用》，载《数量经济技术经济研究》2007 年第 2 期，第 27—36 页）。新框架下联合 Lucas 供给曲线的宏观经济结构一般表示如下（由于研究的侧重点不同，具体的表现形式会有差异（刘斌，2003））：

IS 曲线：$y_t = a_0 + a_2 (i_t - E_t p_{t+1} + p_t) + E_t y_{t+1} + u_t$；

LM 曲线：$m_t - p_t = h y_t - k i_t + \varepsilon_t$；

AS 曲线：$y_t = b_2 (p_t - E_{i-1} p_t) + b_3 y_{t-1} + e_t$

注意，由于是封闭经济模型，所以实际汇率这一项没有出现在 *IS* 曲线和 *AS* 曲线中。在 *AS* 曲线中，还考虑了经济周期性波动所导致的滞后效应。

② 理论研究还表明，M-F-D 分析框架得到的基本结论和 NOEM 模型得到的基本结论也是比较一致的。

20 世纪 60—90 年代的实践证明，这个模型在政策分析领域的预测能力和适用性是毋庸置疑的（Fendel，2002）。并且，由于这个模型简单和易于处理等特点，到目前为止仍然是国际经济领域分析政策效果的基本手段。尽管如此，这也并不等于说它适用于人民币汇率制度选择的研究，对此，还应做进一步的分析。

（三）对人民币汇率制度选择研究的适用性

本书认为，除了 M-F-D 模型简明、易于处理以及具有明确的政策含义等方面的优点之外，M-F-D 范式能够适用于人民币汇率制度选择的研究还有以下四个基本原因：

第一，之所以选择 M-F-D 分析框架来研究人民币汇率制度选择问题也是由本书所选择的社会福利标准所决定的。对我国来说，稳定（主要包括经济稳定和政治稳定，但是本书主要关注的是经济的稳定发展）是压倒一切的。利用一定的社会福利函数（如本章第二节所指出的，这个福利函数主要涵盖了一国的宏观经济稳定情况）作为人民币汇率制度选择的标准是由我国的基本国情和基本经济发展战略以及货币政策目标所决定了的（本章第三节）。M-F-D 分析框架的一个基本特征就在于能够比较好地与社会福利标准衔接起来，从而用来研究汇率制度选择问题（第二章第二节）。而 NOEM 分析框架则基本上是以代表性经济人的效用函数作为汇率制度评价标准的，这个标准在我国目前来说，并不适合。

第二，"对某一理论，实际运用形式的不同并不表明该理论的适用性存在问题，而正反映了理论的适用性逐渐被发现并推广。从这一角度来看，M-F 模型作为一种理论框架，一种思路，仍然存在很强的适用性。"[①] 在经济全球化背景下，M-F-D 模型的理论方法及其结论已逐渐成为各国制定宏观经济政策的实践基础。我国由于经济体制和实际情况的原因而导致与该基准模型的前提假设不完全符合，因此，运用 M-F-D 模型的理论结论作为制定宏观经济政策的决策依据需要经过实践的检验。而已有的经验研究证据也表明，M-F 模型在中国是基本适用的（王

---

① 陈红：《蒙代尔—弗莱明模型的中国适用性》，载《财经科学》1998 年第 5 期，第 36—38 页。

志强等，2004）。

第三，由于基准的 M-F-D 模型是由总供给曲线（*AS* 曲线）、融入经常账户的 *IS* 曲线和表示本国货币市场均衡的 *LM* 曲线所构成的，国内很多的经验研究都证明了这些行为方程在中国是基本成立的，这就为本书运用 M-F-D 分析框架来研究人民币汇率制度选择问题提供了经验支持。首先，何运信、曾令华（2004）、胡乃武、孙稳存（2003）、钱宥妮（2005）、汪红驹（2003）以及王志强等（2002）等学者的研究基本上证明了总供给曲线在我国的存在性；其次，卢向前、戴国强（2005）为 *IS* 曲线的存在提供了经验证据的支持；最后，对货币需求的经验研究更为丰富（参见表 5 - 2 - 5），这些经验证据充分表明，*LM* 曲线在我国也是基本成立的，而易行健（2006）对开放经济条件下融入实际汇率因素的货币需求函数的经验估计也证明了 *LM* 曲线在我国是基本成立的。

第四，尽管很多的经验证据支持了 M-F-D 分析框架的基本构件在我国是基本成立的，但这些经验研究所使用的样本期和处理方法并不完全相同，这就使我们难以获得比较一致的对我国经济系统参数的经验估计。因此，为了估计人民币最优汇率制度弹性及其影响因素，本书第五章第二节对根据我国开放经济运行现实而建立的 M-F-D 类型的理论模型做了经验估计。本书所进行的这些经验研究也证明，M-F-D 类型的理论模型是基本适用于我国的开放经济宏观经济运行的。

二、NOEM 范式及其在我国的适用性

尽管 M-F 模型以及随后发展完善起来的 M-F-D 分析框架对理解一国的政策行为和政策制定具有重要的指导意义，但是，由于该模型缺乏坚实的微观基础，因此，无法对各种政策进行严格的福利分析（Fendel，2002；Obstfeld 和 Rogoff，1995a、1996）[①]。这一缺点可以由经常账户的跨期均衡分析法来弥补。然而，经常账户分析法却又钻入了

[①] 但这并不等于说 M-F-D 分析范式就不能进行福利分析。NOEM 的主要贡献在于，它告诉我们，分析和考察经济政策的福利效应时，对从那些没有坚实微观基础的分析模型或分析框架中所得到的结论，应该谨慎对待。

弹性价格假设的死胡同中去了（参见表 2 - 2 - 1）。并且，由于 M-F 模型假设存在完全的汇率传递效应，因此，必须修正这一模型以抓住汇率到进口品消费者价格的零传递特征以及汇率到出口商要价的部分传递特征（Obstfeld，2001）[1]。这些问题最终导致了开放经济宏观经济学理论上的重大突破。20 世纪 90 年代开放经济宏观经济学的发展为开放经济宏观经济理论提供了微观基础，同时也融入了价格粘性和国际商品市场垄断竞争的基本特征事实，这一发展就是由 Obstfeld 和 Rogoff（1995a；1996）所开创的 NOEM 研究范式[2]。

然而，尽管 NOEM 范式取得了开创性的突破和贡献，这一模型的如下弊端还是阻碍了它在我国这样的发展中国家的运用[3][4]。

第一，模型求解的复杂性。相对于传统的凯恩斯主义模型（即 M-F 模型和 M-F-D 分析框架）对经济行为所采取的 ad hoc 规定，NOEM 分析框架的基本优势就在于，它为研究开放经济宏观经济问题提供了坚实

---

① 关于汇率传递效应方面的经验研究，请参阅 Obstfeld，Maurice，2001，"International macroeconomics：beyond the Mundell-Fleming model"，*IMF Staff Papers*，Vol. 47，Special Issue。国内已有学者进行这个方面的研究了（孙立坚，2005）。

② 本书第二章第二节已经给出了一个 NOEM 的基准模型。关于这个新领域的研究发展，请参阅 Fendel（2002）、Lane（2001）、Obstfeld（2001）以及 Obstfeld 和 Rogoff（1996；2000）等。

③ 对 NOEM 框架和理论贡献的评价，请参阅 Lane（2001）、Obstfeld（2001）、Obstfeld 和 Rogoff（2000）、陈雨露和侯杰（2006）、刘红忠和张卫东（2001）以及向东（2004）等。

④ 甘道尔夫（2002）认为，NOEM 范式的如下缺陷使得它难以为政策制定者所接受（贾恩卡洛·甘道尔夫：《国际金融与开放经济的宏观经济学》，上海财经大学出版社 2006 年版，第 2 页）：

"一，宏观经济中由所有不同的经济主体分头做出的选择进而形成的总的结果，被假定可以看做是由一个'代表性'主体选择的结果，这一假定被证实是严重错误的。

二，经济个体能够预测或知道其整个生命历程中各个经济指标的随机特征。'如果最优路径是唯一的，那么拉姆齐最优化者（Ramsey Maximizer）必须能够对无限远的未来做准确的预期。对于我们来说，似乎无法具备足够的宏观经济洞察力来保证这样奢侈的预期假说的成立'。

三，跨时最优模型有鞍状路径这个特征，即有唯一的向均衡收敛的路径（称'鞍状路径的稳定边'），其他的路径都是不稳定的。这要求经济主体拥有完全的知识使得它能够从一开始就毫无差错地处于鞍状路径的稳定边上，否则一个细微的差错都会使系统偏离趋向最优稳定状态的路径。

四，经济数据必须是完全准确的，否则，给定非线性模型，初始值的细微差异都可能在某些情况下导致迥异的结果（混沌问题）。"

他的这些评价十分中肯，这也构成了本书不采用 NOEM 范式的一个根本理由。

的微观基础。然而，伴随着这种微观基础而来的却是模型处理上的复杂性。由于引入了微观基础，使 NOEM 的模型处理和求解十分复杂，并且常常难以得到解析解。因此，很多研究不得不通过规定一个具体的效用函数以得到闭式解或解析解，从而导致模型的结论过分地依赖于模型所设定的效用函数及其参数。尽管模型在求解上难以处理并不会影响研究的深入，但是，在非常多的政策导向的研究领域，这是使新的分析框架难以为研究者所接受的一个关键因素。也正是由于这一原因，M-F 模型或 M-F-D 分析范式在开放经济宏观经济的政策研究领域仍然是十分受欢迎的，因为这个分析框架易于处理，也易于表达（Fendel，2002，第 83 页；Lane，2001，第 262 页）。

第二，因市定价的影响在发展中国家比较小。尽管在 NOEM 框架下进行的理论研究表明，不同的价格确定方式确实会影响到一国汇率制度的选择（Devereux，2000；Devereux 和 Engel，1998、1999；李连三，2001；秦宛顺等，2003），但是，对发展中国家而言，因市定价现象是比较小的，因此这个问题的重要性并不大（Bénassy-Quéré 和 Cœiré，2002）。我国出口商在国际商品市场上的定价能力目前来看也是比较弱的[1]。从我国现实来看，大部分商品，无论是进口品还是出口品，基本都是以美元计价结算的。而出口品以外币（主要是美元）定价似乎是我国出口商具有因市定价能力的一个表征，但是，这显然不是由于我国出口商具有因市定价的能力，而是人民币一直钉住美元所造成的假象而已。

第三，发展中国家的经济常常是远离均衡位置的。如前所述，NOEM 框架下的汇率制度选择模型比较复杂，一般难以得到解析解，从而需要借助数值模拟的方法获得近似解。这就需要对模型进行线性化处理，这种处理会把对均衡的扰动限制在均衡附近非常小的邻域内。然而现实中，发展中国家的经济常常是处于远离均衡的位置的，因此这在很大程度上降低了模型结论的适用性（Bénassy-Quéré 和 Cœiré，2002；

---

[1] 孙立坚（2005）的实证检验表明，中国企业对其出口商品的定价确实呈现出一定的 PTM 特征（孙立坚：《开放经济中的外部冲击效应和汇率安排》，上海人民出版社 2005 年版，第 92 页）。

邓立立，2006）。

　　第四，NOEM 缺乏经验证据的支持。到目前为止，对 NOEM 领域的实证研究或经验研究远远落后于理论研究，换言之，NOEM 的理论研究还没有得到实证的支持。在这个新的领域，实证分析主要采用校准（calibration）方法[①]，这就需要对模型所涉及的基本参数进行赋值或估计参数值，然后再进行模拟（Lane，2001；Obstfeld 和 Rogoff，2000）。然而对像我国这样的发展中国家来说，即使不考虑其他因素的影响，从目前国内的研究来看，对我国经济系统一些关键参数的经验估计工作还没有完全开展起来，使用的经验估计方法和所得到的估计值都存在很大的不足，需要经济学研究人员不断地开拓和积累。因此，在对中国宏观经济问题进行实证模拟时，几乎所有的研究者都利用了国外学者对美国经济系统参数的估计值来近似代替中国的宏观经济参数。这样的替代并没有什么很好的理由，基本原因就是因为目前对我国宏观经济运行基本参数的经验估计工作十分匮乏。然而，众所周知的是，发达市场经济体的经济运行模式、规律以及各种表征都已经非常成熟了，代表这种经济系统运行的经济系统参数和诸如中国这样的发展中国家的经济系统参数肯定存在非常大的差异，因此，采用这种替代方法的直接后果就是经验研究结果将可能存在巨大的误差甚至是谬误，不足以客观准确地描述我国的宏观经济运行。这个方面的不足严重影响了国内在这个领域（也包括实际商业周期（real business cycle，RBC）等涉及数值模拟的研究）的研究工作的开展，这也是本书难以采用 NOEM 分析框架的一个基本原因。

　　第五，新的分析范式或分析框架的基本结论对参数的敏感性以及由此而导致的经验研究或实证研究结论的不确定性，使这个新的方向的研究到目前为止还难以形成一个普遍接受的模型形式。尽管它开启了开放经济宏观经济学研究的新的方法论，但是，它本身还处于发展完善之中（向东，2004），这种理论的不成熟性和不统一性也阻碍了它在实际中

---

　　① 关于实际商业周期研究和现代宏观经济研究中所普遍采用的校准方法，可参阅龚刚（2004）、瓦什（1998）第 2—5 章以及 Walsh（2003）第 2—5 章。目前部分学者试图采用向量自回归方法（VAR）来开展这个方面的经验研究或实证研究（Fendel，2002）。

的运用，降低了在新兴市场国家和发展中国家的适用性。到目前为止，新的分析框架也仅仅表明，在研究开放经济问题时，不应忽视开放经济宏观经济问题的微观基础。但目前越来越多的研究已经证明，M-F-D分析框架和 NOEM 模型实际上是一脉相承的，M-F-D 模型的微观基础完全可以在 NOEM 分析框架中找到。因此，从这个方面来看，M-F-D 模型似乎是 NOEM 分析框架的简化。

三、简要结论

对两种分析框架的简要讨论表明，相对于 NOEM 框架而言，M-F-D框架在目前来说还是能够用于分析我国的人民币汇率制度选择问题的。对我国开放经济运行中出现的和 M-F-D 分析框架的理论假设的背离之处，完全可以通过修正基准模型而将之用于人民币汇率制度选择问题的研究。本书第四章的理论模型都是建立在这个基本的理论模型基础之上的，但是根据我国的开放经济宏观经济运行现实对基准模型做了一定的修正和改进，使之更加切合我国的具体经济现实。

第二节　汇率制度选择标准：社会
福利与微观福利

对任何国家而言，"汇率制度的选择本身不是目的，而是作为取得福利目标的手段"。[1] 而这种福利目标的实现，或者说"汇率体制的选择，实际上就是一国根据确定的汇率政策目标选择适合本国国情的汇率决定模式。因此，可以这样说，汇率政策目标是汇率体制选择的基础"。[2] 那么，什么是比较适合我国人民币汇率制度选择的基本目标或标准呢？在讨论这个问题之前，对汇率制度选择研究所采用的各种制度选择标准进行深

---

① Aliber, Robert Z. , 2000, "Rules and authorities in international monetary arrangements: the role of the central bank", *American Economic Review*, Vol. 90, No. 2, 43 – 47.

② 何泽荣、许斌：《中国外汇市场》，西南财经大学出版社 1997 年版，第 140 页。

入的分析和考察是十分必要的。已有文献中采用的汇率制度选择标准主要包括两类：即宏观稳定性标准和代表性经济人微观福利最大化标准[1]。

一、宏观稳定性标准

（一）标准的基本形式和内涵[2]

从已有文献来看，稳定性标准有四种基本类型：一是产出的稳定；二是价格稳定；三是国内产出波动和通货膨胀率波动之和最小化；四是通货膨胀率波动与失业率波动之和最小化。用数学语言表达的产出稳定性标准的一般化形式为：

$$\text{Min} \quad E_t\big[\sum_{i=0}^{\infty} \beta^i (y_{t+i} - y_{t+i}^*)^2\big]$$

其中，y_{t+i} 和 y_{t+i}^* 是以对数形式表示的 $t+i$ 期的实际产出和目标产出。根据使用的目标产出水平的不同，这个标准又有两种形式。一是以充分就业产出 y_f 代替目标产出；二是用产出的平均值 $\bar{y}$ 来替换目标产出。第一种形式实际上衡量的是产出围绕充分就业产出水平的波动程度；而第二种形式衡量的是各期产出的方差之和最小化。相对于第二种形式而言，第一种形式的产出标准是更合理的宏观政策目标（Barro，1976，转引自 Flood（1979））。

其余三种标准的数学形式分别是：

$$\text{Min} \quad E_t\big[\sum_{i=0}^{\infty} \beta^i (p_{t+i} - {}_{t+i-1}Ep_{t+i})^2\big]$$

---

① Devereux 和 Engel（1998；1999）分别称之为 ad hoc 标准和福利最大化标准；Flood 和 Marion（1982）称前者为社会福利标准（这与迪克西特（1996）的观点是一致的）。本书将这两种标准分别称为社会福利标准和微观福利最大化标准，这样称呼也许有欠妥当（本节第三部分对这些称呼做了说明和辨别）。

② 宏观经济稳定性标准并不局限于本书讨论的这几种，还有其他类型的宏观稳定性标准。如，吉野直行（2003）还讨论了以贸易收支稳定、经常账户收支稳定和汇率稳定为汇率制度选择标准时不同的汇率制度选择问题。Turnovsky（1976）也曾指出，宏观稳定性标准可能还涉及国际收支稳定等指标。

$$\text{Min}\quad E_t\{\sum_{i=0}^{\infty}\beta^i[\lambda(y_{t+i}-y_{t+i}^*)^2+(\pi_{t+i}-\pi_{t+i}^*)^2]\}①$$

以及

$$\text{Min}\quad E_t\{\sum_{i=0}^{\infty}\beta^i[\mu(u_{t+i}-u_{t+i}^*)^2+(\pi_{t+i}-\pi_{t+i}^*)^2]\}②$$

其中，p_{t+i} 是第 $t+i$ 期价格水平的对数；π_{t+i} 和 π_{t+i}^*，u_{t+i} 和 u_{t+i}^* 分别是第 $t+i$ 期的实际通货膨胀率与目标通货膨胀率以及实际失业率和目标失业率；β 表示社会的折现因子（social rate of discount）；λ 和 μ 分别表示货币当局赋予实际产出波动的权重和失业波动的权重；$E(\cdot)$ 表示期望算子（expectation operator）；且 $_{t+i-1}Ep_{t+i}=E_{t+i-1}p_{t+i}=E_{t+i-1}(p_{t+i}|\Omega_{t+i-1})$，表示根据第 $t+i-1$ 期所能获得的全部信息对第 $t+i$ 期的价格水平所形成的理性预期（Ω 是信息集）。

（二）标准的几点说明

1. 宏观稳定性标准的社会福利含义

上面讨论的四种标准实际上反映的是在预期产出或预期价格水平既定条件下的一种社会损失（social loss）或福利损失。这种社会福利损失一方面产生于通货膨胀偏离目标值③，另一方面也是由于实际经济活

---

① Berger 等（2001）和 Ghosh 等（2002）利用这个标准讨论了不同汇率制度的选择问题。参见，Berger，Helge，Jensen，Henrik，and Schjelderup，Guttorm，2001，"To peg or not to peg? A simple model of exchange rate regime choice in small economies"，*CESifo*，*Working Paper*，No. 468；Ghosh，Atish，R.，Gulde，Anne-Marie，and Wolf，Holger，C.，2002，*Exchange Rate Regimes：Choices and Consequences*. MIT Press，Cambridge，Massachusetts。

② 这种标准是 Barro 和 Gordon（1983）最先提出的。

③ 预期到的通货膨胀（expected or anticipated inflation）和未预期到的通货膨胀（unexpected or unanticipated inflation）以及恶性通货膨胀都会带来一定的成本，这些成本包括鞋底成本（shoe-leather cost）、菜单成本（menu cost）、相对价格的变动成本、税收扭曲以及财富再分配等（柳永明：《通货膨胀目标制的理论与实践：十年回顾》，载《世界经济》2002 年第 1 期，第 23—30 页；N·格里高利·曼昆：《宏观经济学》，中国人民大学出版社 2005 年版，第 93—103 页）。但是，令人遗憾的是，经济学家到现在也没有给出令人信服的理由来说明为什么通货膨胀是有成本的（Barro 和 Gordon，1983）。对通货膨胀所带来的成本和社会福利损失，曼昆（2003）、斯蒂格利茨（1993）以及瓦什（1998）都做了很详细的说明，瓦什（1998）还详细讨论了如何估计通货膨胀的社会福利损失问题。由于价格不稳定而导致的上述成本和扭曲实际上就构成了一国总体的社会福利损失。换句话说，如果本国能保持价格稳定，那么就能够最大限度地降低这些福利损失。

动不受欢迎的波动引起的（伊宁，1997）。在这些标准下进行汇率制度选择，实际上就是说一旦选择了浮动汇率制度或者是固定汇率制度，那么只有在上述标准取得最小值时，这种汇率制度安排才是最优的。在这种选定的制度下，整个社会因为通货膨胀和产出或失业的波动所带来的福利损失就实现了最小化，换句话说，这个时候，一国整体的社会福利是最大的。

因此，不同汇率制度选择下的宏观经济稳定性标准实际上是衡量一国整体社会福利的一种主要手段，它本质上是一种社会福利标准。这实际上也是本书选题的主要思想。只不过在采取社会福利作为不同汇率制度选择的标准时，研究者（当然也包括笔者本人）实际上将社会福利狭义地理解为或等同于一国宏观经济的基本稳定。只要宏观经济基本稳定，那么就可以认为一国实现了整体的社会福利最大化。这种处理方法尽管忽略了社会福利的其他方面，如民生状况等，但是在汇率制度选择的研究中，一方面还很难确定不同的汇率制度选择究竟对一国社会福利的"其他方面"会造成多大的影响（从已有研究来看，这些"其他方面"是被忽略了的，并且这种忽略也不会对制度选择产生比较大的或实质性的影响）；另一方面，采取这样的处理方法可以集中精力抓住主要矛盾来考察汇率制度选择问题。

2. ad hoc 标准

正如 Devereux 和 Engel（1998、1999）、Flood（1979）、瓦什（1998）以及 Walsh（2003）所指出的，这些社会福利标准本身都是 ad hoc 的，即这些标准都是研究者直接规定的或定义的一个二次型的损失函数，它们并没有建立在微观经济行为人最优化行为的基础上，因此是没有微观基础的。因此，在这些标准下得到的政策结论可能是有误导性的。但幸运的是，最近的新凯恩斯主义模型为这种 ad hoc 标准找到了微观基础。这个模型最基本的形式由三个部分构成：第一，需求层面由对代表性经济人最优消费的欧拉条件进行线性近似得到，这是一个带有预期的 IS 曲线；第二，在垄断竞争假设下，厂商以一种交错的、交迭世代的方式进行价格调整（in a staggered, overlapping fashion），在这个条件下推导出通货膨胀的调整方程；第三，名义利率的设定规则代表了货币政策。在导致前两个条件的经济环境下，Woodford（2001）从代表性经济人效用最大化行为中导出了货币当局二次型的损失函数。该损失函数是通货膨胀平方和产出缺口平方以及货币当局赋予通货膨胀损失与产出缺口的权重所决定的[①]。

3. 产出稳定性标准与价格稳定标准的一致性

在一定的条件下，产出稳定性标准与价格稳定性标准是等价的。即，如果自然率假说（natural-rate hypothesis）成立的话，那么根据附加预期的总供给曲线，国内实际产出的稳定性标准与价格稳定标准之间并没有什么本质的不同。由附加预期的总供给方程有，$y_{t+i} - \bar{y} = \alpha(p_{t+i} - p^e) + u_{t+i}$（其中，$p^e$ 表示经济人对价格水平的预期，u_{t+i} 表示供给冲击）[②]，在理性预期条件下有，$p^e = E_{t+i-1}(p_{t+i} \mid \Omega_{t+i-1})$。将上述关系代入到价格稳定性标准的数学表达式中，就可以将国内价格预期误差最小化标准替换为实际产出的稳定性标准（也可以参见 Flood 和 Marion（1982）的证明）。因此，这两个标准是基本相同的。

4. 通货膨胀目标与价格目标

根据第 $t+i$ 期的通货膨胀率 $\pi_{t+i} = p_{t+i} - {}_{t+i-1}Ep_{t+i}$ 可知，价格稳定性标准 $\text{Min } E[\sum_{i=0}^{\infty} \beta^i (p_{t+i} - {}_{t+i-1}Ep_{t+i})^2]$ 实际上又可以理解为目标通货膨胀率为零的通货膨胀稳定性标准 $\text{Min } E\sum_{i=0}^{\infty}(\beta^i \pi_{t+i}^2)$。但是，目前看来，关于通货膨胀目标与价格目标哪一个比较好还没有一致的观点[③]。

5. 具体运用中的两点说明

首先，上述四种稳定性标准虽然是最一般化的，即基本都采用了无

---

① 转引自 Walsh, Carl E, 2003, *Monetary Theory and Policy*（2nd Edition），MIT Press, Cambridge, Massachusetts, 第 11 章。

② 这个总供给方程背后所隐含的理论基础是不同的，比如有些学者在推导这个方程时假设工资是粘性的，有些学者假设信息是不完全的或者价格是粘性的（曼昆，2003，第十三章）。汉达（2000）以及斯诺登和文（1997）对总供给方程做了详细的讨论。

③ Goodhart（1994），转引自格哈德·伊宁：《货币政策理论——博弈论方法导论》，社会科学文献出版社 2002 年版。

限期界的最优化问题①。但是在汇率制度选择研究及一些货币政策研究中，可能由于它们常常着眼于短期的经济运行②，因此，在这些研究中，一般都采用单期或一期模型，从而使标准简化为一期的产出波动最小化或价格波动最小化（Boyer，1978；Edwards，1996；Flood，1979；Flood 和 Marion，1982；Roberts 和 Tyers，2001；Roper 和 Turnovsky，1980；Turnosky，1976；Tyers，2000；Weber，1981），最终把汇率制度选择这个带有约束条件的无限期界动态最优化问题转化为一个带有约束条件的单期最优化问题，使研究得到了非常大的简化（本书的理论模型也采取了这种处理方法）。

其次，尤其值得注意的是，除了将无限期界的动态最优化问题简化为单期或一期最优化问题外，对不同汇率制度下福利损失的比较还隐含地假定了不同制度下预期产出或预期的价格水平是相等的这个前提。这实际上是说，在根据某种社会福利标准来研究不同汇率制度优劣或选择比较适合的汇率制度时，除了要关注产出稳定性或价格稳定性，还要注意到在不同汇率制度下，即使某一个标准下社会福利损失的大小不同，我们也不应该立即得到结论说某一种制度安排是优于另一种制度安排的，原因在于，上述比较应该是在预期产出或预期价格水平基本相同的条件下进行的。换句话说，如果没有给定变量的预期值相同的假定，那么我们应该比较的是某一变量（如实际产出或价格水平）的预期水平与其标准差或其波动性的变异系数的大小，并以变异系数的大小来断定或评判不同汇率制度安排的优劣，这实际上也是经典金融学中处理投资组合选择问题的基本思想方法。

---

① 严格来说，在考虑到一国的具体经济环境的约束时，实际上就将汇率制度选择问题转化成了一个带有约束条件的无限期界的动态最优化模型。利用不同的分析框架对一国开放经济运行进行抽象构成了这个标准问题的约束条件，而制度选择标准则给出了这个最优化问题的目标函数。从而最终可以将汇率制度选择问题转换成一个非常标准的经济学优化问题，这也是本书研究所一直强调的基本逻辑思路。

② 这也是凯恩斯主义的主要观点。对汇率制度选择的研究，基本上都是在凯恩斯主义（包括传统的和新的凯恩斯主义）范式下做出的（详见本书第二章第二节）。

二、为什么采取宏观稳定性标准

在凯恩斯的《通论》问世后的 50 年中，经济学家将他们在宏观经济学领域的研究集中到了与稳定化有关的问题上。虽然宏观经济学家之间有相当激烈的学术论战，但他们在两个重要问题上的观点是一致的。首先，经济学家将总产量的波动视为对某种增长趋势的暂时偏离。其次，总体经济的不稳定性被认为在社会和经济方面都是不合意的。不稳定性能够并且应该用适当的政策组合加以消除。正统的凯恩斯主义者、货币主义者以及新古典主义理论家们接受了这两个共识的支柱（斯诺登和文，1997）[①]。

20 世纪 50—80 年代初汇率制度选择的研究强调宏观经济稳定性标准的原因主要源自理论和实践的发展与演变[②]。

在理论层面上，1929 年经济危机直接催生了凯恩斯（1936）的《就业、利息和货币通论》，宏观经济学及凯恩斯主义学派正式诞生。受凯恩斯及其后继者的影响，"二战"后的理论界和政策制定者都十分强调运用总需求管理的手段来熨平短期内的经济波动，从而实现稳定经济的目的。事实也证明了凯恩斯主义的正确性。20 世纪 50—60 年代，西方国家都试图对经济进行"微调"，以保持稳定的就业和产量，并且它们几乎都毫无例外地采用了相机抉择（discretion）的总需求管理政策（斯诺登和文，1997，第 1—25 页）[③]，使资本主义经济迎来了增长的黄金时期。

---

① 布赖恩·斯诺登、霍华德·R. 文：《现代宏观经济学发展的反思》，商务印书馆 2000 年版，第 32 页。

② 研究文献很少将不同汇率制度与经济增长绩效联系起来，并以经济增长作为不同汇率制度选择的标准。这从理论发展来看主要是因为 1936 年《通论》问世后，经济学家研究的焦点集中于短期的总需求方面的争论，另一方面是由于经济增长的理论发展比较缓慢，一直到内生增长理论出现后，主流经济学才开始转向长期的供给方面的研究，突出的表现就是对增长理论的重视（请参阅斯诺登和文（1997）对增长理论的简短回顾）。近年来学术界已经开始重视研究不同汇率制度下的经济增长绩效问题了（这个方面的扼要介绍请参见侯杰（2005）和张志超（2002b））。

③ 主流经济学在究竟应该采用相机抉择的总需求管理还是采取规则性（rule-based）的需求管理政策上也存在长期的争论。

尽管凯恩斯主义批判了古典学派的自由放任思想（lassez faire），而代之以干预主义思潮，但在经历了 20 世纪 50—60 年代的辉煌后，在 70—80 年代它又遭到了带有强烈的古典学派思想的、以弗里德曼为首的现代货币主义学派（monetary school）和实际商业周期理论以及理性预期学派的批评。这些学派的抨击主要是进一步确认古典和新古典经济学①（neoclassical）的二分法思想，指出经济周期性波动是由技术冲击或经济主体偏好的改变等实际因素引起的，货币是中性（neutrality of money）的。他们认为货币政策是不能对实体经济产生影响的，从长期来看，货币政策的最终效果将全部落到一般价格水平上（Walsh，2003；汉达，2000；曼昆，2003；斯蒂格利茨，1993；斯诺恩和文，1997；瓦什，1998）。因此，货币政策的主要功能应该是稳定价格水平，而产出则由经济的供给因素所决定，不受政策的影响。但是，不论是凯恩斯学派的干预思想，还是新古典宏观经济学的自由主义思想，它们至少都认为货币政策可以用来稳定价格，而凯恩斯主义还认为总需求管理政策还可以影响一国的产出水平②，因此，政策制定者应该利用货币政策来稳定产出。

在国际经济领域，Meade 和 Metzler 等人先后将凯恩斯主义的思想运用到开放经济条件下。在凯恩斯提出价格刚性假设后，维持与价格稳定相一致的充分就业水平明确地成为内部均衡的主要含义（姜波克、杨长江，2004）。在此情况下，凯恩斯主义的宏观经济模型被广泛运用到开放经济宏观经济分析中，集中研究固定汇率制度安排下通过政策搭配来实现内外均衡的问题。突出的贡献就是我们已经分析过的 M-F-D 范式。

在实践发展层面，"二战"后资本主义世界中失业与通货膨胀问题比较突出，维持经济的稳定与发展成为政府的首要任务。于是，20 世纪 50—60 年代凯恩斯主义盛行之时，资本主义经济发展迅速。毫无疑问，很大程度上可以把这种发展看成是总需求管理政策或政府干预主义

---

① 这里的新古典学派与 20 世纪 80 年代后流行的 new classical 是有区别的。为了避免混淆，本书将目前流行的 new classical 翻译为新古典宏观经济学，而将 neoclassical 翻译为新古典经济学。

② 汉达（2000）就指出，稳定价格的政策目标的背后隐含了价格稳定能够有利于实际产出稳定的思想。

思潮的成功运用。后来，在经历了 20 世纪 50—60 年代繁荣后的整个 70 年代，由于石油危机所带来的"滞胀"问题，使维持实际经济变量和通货膨胀率的稳定又成为各主要工业国政策制定者所面临的难题。而 1980—1985 年间，资本主义世界又苦于持续的高通货膨胀（姜波克、杨长江，2004，第 321 页）。因此，不难看出，在实践发展上，主张以宏观经济稳定性标准研究汇率制度的选择也是切合时宜的并且是紧密地理论联系实际的。

最后，从国际货币体系发展来看，"二战"后建立的布雷顿森林体系（Bretton Woods System）的基本特征就是实行黄金—美元本位的"双挂钩"的固定汇率制度安排（Moosa，2005；姜波克、杨长江，2004；麦克勒姆，1996；穆萨等，2003），并且对国际资本流动进行管制。这就使各国在面临内外均衡时可以将注意力更多地集中于对宏观经济稳定性目标的实现上，因为外部冲击会由于汇率固定与资本管制的作用而被大大弱化。即使在布雷顿森林体系崩溃后的 20 世纪 70 年代中后期到 80 年代的牙买加体系（Jamaica System）下，宏观经济稳定性也仍然是主要资本主义国家宏观管理的主要目标，并且受到了前所未有的重视。原因就是各主要资本主义国家实行了浮动汇率制度，因此外部均衡目标可以通过汇率的浮动这一市场力量得以自动实现，政府不用再承担维持汇率稳定的义务了[1]。这一时期价格稳定在三个国内政策目标中又因为 20 世纪 70—80 年代所面临的严重的通货膨胀而处在突出的位置（姜波克、杨长江，2004，第 345 页）[2]。

---

　① 但从实践来看，这种观点是被否定了的。因为浮动汇率制度下一国可以采取支出变更政策（expenditure-changing policy）和利用汇率这一支出转换政策对国际收支进行调节，但在牙买加体系下，由于国际资本，尤其是短期资金的迅速流动会导致内外均衡的冲突。

　② 20 世纪 30 年代以后凯恩斯主义批判了古典学派的自由放任思想，在经历 20 世纪 50—60 年代的辉煌后，凯恩斯主义在 70—80 年代遭到了现代货币主义学派、实际商业周期理论和理性预期学派的批评。80 年代后，彼此的拥护者和追随者——新凯恩斯学派（new Keynesian）和新古典学派又成为现代宏观经济学的两个主流学派（龚刚，2004；汉达，2000；斯蒂格利茨，1993；斯诺恩和文，1997）。可以说，宏观经济学的发展史就是自由主义的代表古典经济理论及其拥护者与干预主义思潮的代表凯恩斯主义及其拥护者之间此消彼长的争论历史。

三、微观福利标准

"从原则上说，各国汇率政策最终和最基本的目标是一致的：把外来的冲击对国家主要宏观经济指标的消极影响减少到最小程度，实现国内宏观经济的稳定发展。"[①] 但是，从理论层面上来看，这种宏观稳定性标准或社会福利最优化标准还是出现了进一步的发展和深化。20 世纪 80—90 年代之后在 NOEM 框架下所进行的汇率制度选择的研究基本上都是以代表性经济人的微观福利为主要标准来评价不同汇率制度优劣的。

从已有研究看（参见第二章第二节），微观福利标准的基本形式是利用代表性经济人的效用函数或预期效用函数来表达的，而这个效用函数本身又是由经济人对商品和服务的消费 C，实际的货币持有和就业（或用于工作的时间）所决定的。可以把这个标准写成如下基本形式：

$$\text{Max} \quad E_t\left[\sum_{s=t}^{\infty} \beta^{s-t} u(C_s, M_s/P_s, L_s)\right]$$

其中，L_s 表示第 s 期中代表性经济人用于工作或劳动的时间，其他符号的含义同前。但是，在具体运用这个标准并比较不同汇率制度的福利属性时，为了得到闭式解，该标准中的效用函数经常采用以下形式的不变相对风险厌恶型（constant relative risk aversion，CRRA）的效用函数，$u\left(C_s, \dfrac{M_s}{P_s}, L_s\right) = \dfrac{\sigma}{1-\sigma}C_s^{\frac{\sigma-1}{\sigma}} + \dfrac{\chi}{1-\varepsilon}\left(\dfrac{M_s}{P_s}\right)^{1-\varepsilon} - \eta V(L_s)$（Devereux，2000；Devereux 和 Engel，1998、1999；Obstfeld 和 Rogoff，1995a、2001；秦宛顺等，2003）。

（一）社会福利标准向微观福利标准转变的根本动因

汇率制度选择标准的转变主要是主流经济理论寻找微观基础以摆脱卢卡斯（1973）批判的结果。在凯恩斯主义理论占支配地位的 20 世纪五六十年代，宏观经济学家以凯恩斯主义的 *IS-LM* 或 *AS-AD* 模型为出发

---

① 何泽荣、许斌：《中国外汇市场》，西南财经大学出版社 1997 年版，第 140 页。

点，建立了庞大的计量经济模型。通过这些模型，一国所有的经济行为都可用回归方程描述出来。对经济决策者来说，政府要做的就是通过回归得到居民行为的经验方程，然后再以之为依据，求解最优的政策手段。但是，在这个过程中，政府完全没有注意到政策的变化可能会改变居民的决策行为，从而使得到的回归方程失效，最终会导致所开出的政策处方事与愿违。这就是卢卡斯（1973）批判的核心思想（徐高，2005）。

如果要避免这种情况的出现，那么就应从居民的效用最大化入手，导出居民的行为方程，再以这些行为方程作为依据，制定最优的政策。这样的模型才是不受卢卡斯（1973）批判的。换句话说，模型必须从微观经济行为人的决策出发，具有坚实的微观基础。在具体建模时，主流经济理论常常以一个代表性经济人的效用最大化作为基础，由此导出各种行为方程。20世纪70年代以后，寻找宏观问题的微观基础构成了主流经济学的一个基本任务。到20世纪80年代，这种思想方法被引入到开放经济宏观经济学领域，产生了经常账户跨期均衡分析方法。经过Obstfeld 和 Rogoff（1995a；1996）的开创性贡献，最终形成了 NOEM 分析范式。与这种理论发展相一致，代表性经济人（预期）效用最大化也逐渐取代社会福利标准，构成了20世纪80年代后主流汇率制度选择研究的主要标准形式。

（二）本书的社会福利标准与微观福利标准的关系

代表性经济人福利最大化标准与福利经济学的基本思想是完全一致的。如果一国所有的经济人都具有相同的偏好，并且这种偏好具有可比性，那么在此基础上就可以定义一国总体的社会福利函数。但是，由此而定义的福利经济学中标准的社会福利函数与本书前面所提出的社会福利函数是有所区别的（出于这个考虑，本书将代表性经济人效用最大化称为微观福利标准）。

福利经济学中，"社会福利反映的只是个人对各种世界状态的偏好"。[1] 因此，不论哪一种形式的社会福利函数，都是个人效用函数的

---

① 尼古拉·阿克塞拉：《经济政策原理：价值与技术》，中国人民大学出版社2001年版。

某种函数关系①。但本书界定的社会福利函数表示的是"一种直接
次序"，它的自变量是政府的政策目标或经济政策目标，而不是个
人效用（阿克塞拉，1994，第188页；第207页）。尽管存在这种
差异，但二者之间还是存在一定的联系的。本书所界定的社会福利
标准也可以看成是福利经济学中社会福利标准在实践中的替代和
运用②。

四、结论

主流汇率制度选择研究所采用的汇率制度选择标准经历了从宏观经
济稳定性标准，或者说社会福利标准向微观福利标准的发展转变。这一
方面是由于卢卡斯（1973）批判的影响；另一方面在很大程度上也受

---

① 例如，福利经济学中最重要的、也最为常用的社会福利函数有功利主义的社会福利函
数、Bernouli-Nash 社会福利函数、Rawls 社会福利函数以及 Bergson-Samuelson 社会福利函数，
它们都是个人效用的某种函数形式。假定个人效用为 u_i，如果个人效用具有可比性，并给 h 个
人相同的权重，那么社会状态 x 的社会效用 $W(x)$ 就可以表示为 $u_i(x)$ 的和：

$$W(x) = \sum_{i=1}^{h} u_i(x)$$

如果

$$W(x) = \prod_{i=1}^{h} u_i(x)$$

这就构成了 Bernouli-Nash 社会福利函数。其中，Π 是连乘算子。
Rawls 福利函数以境况最差的个人效用来测量社会福利，具有更强的平均主义倾向。

$$W(x) = \min(u_i(x)) \forall i = 1,2,\cdots,h$$

在所有社会福利函数中，Bergson-Samuelson 社会福利函数最具一般性。

$$W(x) = W(u_1(x),\cdots,u_i(x)) \forall i = 1,2,\cdots,h$$

关于福利经济学中社会福利函数的基本内涵和界定，可参阅尼古拉·阿克塞拉：《经济政
策原理：价值与技术》，中国人民大学出版社 2001 年版。
② 关于这一点，迪克西特（1996）指出：
"在纯理论中，（经济政策的）评价标准几乎总是伯格森—萨缪尔森福利函数的某种形式。
它们将社会福利视为个体效用的递增函数。在实践中，有几种替代的方法可以使用。在微观经
济学中，消费者剩余和生产者剩余用来较为精确地表示总的经济福利，分配的问题通常以
一种特殊的方式加以考虑。宏观经济学的替代方法更为间接，就业和失业从一个特殊的侧面
被用来大致衡量当前的总福利及其分布的状况；通货膨胀被用来说明跨期权衡；等等。"（阿
维纳什·K. 迪克西特：《经济政策的制定：交易成本政治学的视角》，中国人民大学出版社
2004 年版）

到了新古典思想的重大影响，寻找宏观经济的微观基础的努力不仅深入到宏观经济领域，不仅深入到了开放经济宏观经济学研究中，也进一步地深入到了汇率制度选择的研究当中。

从两种标准体系以及标准本身的发展演变过程中不难看出，汇率制度选择研究以及一国实际经济发展中所采用的或选择的汇率制度选择标准主要受一国当时的经济环境、经济发展阶段以及一国对未来经济运行的预期、中央银行的政策目标和政府的政策偏好的影响。这就为本书研究人民币汇率制度选择标准提供了基本的线索和研究思路。

第三节 人民币汇率制度选择的 标准选择

一国汇率政策的目标往往取决于该国的经济结构、宏观经济政策目标取向和其所处的经济发展阶段。……在我国改革开放、经济体制从计划体制向社会主义市场经济转轨、国家的经济结构、地区结构相对复杂的条件下，首先面临的问题是如何来确定我国汇率政策的目标，应该选择什么样的政策目标（何泽荣、许斌，1997）[1]。

尽管主流汇率制度选择理论使用的汇率制度选择标准已经从社会福利最大化标准转向了对不同汇率制度下微观福利标准的比较和研究。但是，对于处于经济转型时期的中国而言，本书认为，适当的人民币汇率制度选择标准或选择目标仍然是我国的社会福利最大化或宏观经济的稳定性。这一方面是由我国经济、社会处于转型阶段的基本任务和战略目标所决定的；另一方面也是我国货币政策目标和当前及未来一段时期的经济形势的根本性变化所决定了的。

---

① 何泽荣、许斌：《中国外汇市场》，西南财经大学出版社1997年版，第140页。

一、中国经济增长战略目标的客观要求①

19 世纪 60 年代以来，自强不息的中国人就一直在孜孜不息地寻求强国之道，希望建立一个国富民强的中国。1949 年新中国成立以后，这个目标也没有变，直到今天仍然是我国的首要目标。

建国以后，为了摆脱贫穷落后的面貌，新中国实行了以优先发展重工业为起点的"赶超战略"。然而 20 多年的经济发展实践证明，这种不顾我国具体经济现实和资源禀赋状况而采取的发展战略，导致了我国产业结构的扭曲和微观经营层面激励机制的缺失，严重地阻碍了我国经济的发展和人民生活水平及福利的改进（林毅夫等，1999）。为了进一步推动中国的经济改革，促进经济的稳定持续增长，从而达到国富民强和共同富裕，我国又在 1978 年实行了改革开放的重大决策，对"赶超战略"下形成的传统经济体制进行了大刀阔斧的改革②。改革进一步释放了传统体制下的生产能力和经济效率，极大地促进了我国的经济增长。1978—2006 年间 GDP 年均增长率达 9.80%，人均 GDP 增长率为 8.56%，分别比改革开放前（1953—1977）高出 3.32 和 4.28 个百分点。GDP 和人均 GDP 增长的波动程度也大幅度地降低了。改革开放前后的两个时期，GDP 和人均 GDP 增长率的标准差分别从 10.48% 和 9.77% 下降到了 2.79% 和 2.79%（参见图 3 - 3 - 1、图 3 - 3 - 3）。

不仅改革后的经济成效比改革前大幅度地提高了，横向的比较也表明，我国旨在追求国富民强及共同富裕的经济发展战略和市场化改革政策取得了很好的成绩。1984—1993 年及 1994—2006 年间，我国 GDP 增

---

① 李建（2003）指出，在我国的经济发展过程中始终存在着经济政策优先目标应该是"经济增长（发展）第一"还是"稳定第一"的分歧和争论。他从我国政治经济发展的基本特点以及我国"中央和地方关系"两个角度论证了我国应该采取稳定化政策的必要性和重要意义（李建：《论中国经济发展与经济稳定化政策》，复旦大学出版社 2003 年版，第 14~67 页）。并且，他认为，在处理人民币汇率制度问题上，我们也必须强调人民币汇率制度与我国宏观经济政策体系的一致性，必须强调人民币汇率制度与中国宏观经济政策目标优先次序之间的关系问题。

② 微观层面上主要是围绕放权让利进行的，资源配置层面上主要是淡化计划的作用而代之以市场起主导作用，在宏观政策环境方面，主要是价格自由化改革（林毅夫、蔡昉、李周：《中国的奇迹：发展战略与经济改革》，上海三联书店、上海人民出版社 1999 年版）。

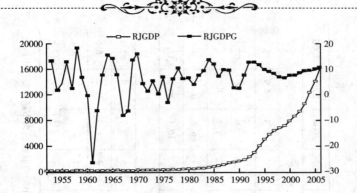

图 3 - 3 - 1 中国的人均 GDP（左轴）及其增长率（右轴）（1952—2006）

注：RJGDP 和 RJGDPG 分别表示人均 GDP 和人均 GDP 增长率，单位分别为万元和% 。
资料来源：国家统计局：《2007 中国统计年鉴》，中国统计出版社 2007 年版；国家统计局国民经济综合统计司：《新中国五十年统计资料汇编》，中国统计出版社 1999 年版。

长率平均为 10.57% 和 9.70% ，分别比世界同期的平均水平高出 7.7 和 7.2 个百分点，比发展中国家平均水平分别高出 5.9 和 4.50 个百分点。进入 20 世纪 90 年代，尽管受到亚洲金融危机等不利因素的影响，但中国经济仍然保持很强的增长势头，发展态势远远优于世界其他国家和同样处于转型时期的国家的同期表现（参见表 3 - 3 - 1）。中国改革开放以后的经济高速且稳定的增长被称为"中国的奇迹"（林毅夫等，1999）。

尽管迅速发展的中国经济取得了很大的成就，但是，我国与世界发达国家和较发达的发展中国家相比还存在很大的差距。1978 年改革开放以来，我国人均 GDP 规模不断增长，从改革之初的人均 381 元，逐年攀升至 2006 年的 16084 元，增加了 41 倍多（参见图 3 - 3 - 1）。但是人均 GDP 的增长势头在进入 20 世纪 90 年代以后却逐渐趋缓。横向看，我国和世界其他国家或地区相比也存在非常大的差距（参见表 3 - 2 - 2），人均国民收入还没有达到中、低收入国家的水平，经济增长的任务仍然十分重大。并且，我国高速的经济发展过程中出现的问题也很多，如不断扩大的收入差距、脆弱的金融体系以及严峻的就业问题等，而这些问题的解决最终还是要依赖经济的稳定高速增长来化解和吸收。因此，无论是过去还是现在，乃至未来的数十年内，我国面临的经济发展和促进经济稳定持续增长的任务仍然十分重大。

表 3 - 3 - 1　中国与分组国家经济增长与人均 GDP 增长比较（1994—2006）

单位：%

	1994	1995	1996	1997	1998	1999	2000	2001	2002	2003	2004	2005	2006
GPD 增长率													
世　界	3.7	3.6	4	4.2	2.8	3.6	4.7	2.5	2.8	4	5.3	4.9	5.4
发达国家	3.4	2.7	3	3.4	2.7	3.3	3.9	1.2	1.7	3	3.3	2.5	3.1
发展中国家	6.7	6.1	6.5	5.8	3.5	3.9	5.7	4	4.3	5.5	7.7	7.5	7.9
转型国家	-8.5	-1.5	-0.5	1.6	-0.8	3.6	6.6	5	3.9	4.4	n. a.	n. a.	n. a.
中　国	13.1	10.9	10	9.3	7.8	7.6	8.4	8.3	9.1	10	10.1	10.2	11.1
人均 GDP 增长率													
发达国家	2.7	2.1	2.4	2.8	2.1	2.8	2.8	0.7	1.2	2.6	2.7	2.0	2.5
发展中国家	4.9	4.5	4.8	4.2	1.8	2.2	4	2.4	2.7	3.9	6.4	6.2	6.6
转型国家	-8.4	-1.5	-0.4	1.8	-0.6	3.8	6.9	5.3	4.3	4.7	n. a.	n. a.	n. a.
中　国	11.8	9.7	8.9	8.2	6.8	6.7	7.6	7.5	8.4	9.3	9.4	9.6	10.5

注：2004—2006 年期间，发展中国家的数据取自 IMF 的 *World Economic Outlook*（April，2007）统计附录中的"其他新兴市场和发展中国家"一栏的指标。

资料来源：IMF，*World Economic Oulook*，Statistical Appendix；国家统计局：《2007 中国统计年鉴》，中国统计出版社 2007 年版。

表 3 – 3 – 2　中国人均国民收入与世界其他国家的差距

单位：美元

国家和地区	1990	2000	2001	2002	2003	2004	2005
世界总计	4075	5244	5180	5158	5559	6338	6987
低收入国家	356	383	390	394	439	507	580
中等收入国家	1170	1723	1750	1770	1938	2265	2640
中、低收入国家	848	1158	1170	1183	1295	1507	1746
高收入国家	19617	26528	26760	26130	28195	32132	35131
中　　国	320	930	900	1100	1270	1500	1740

资料来源：国家统计局：《国际统计年鉴》（2005；2006/2007），中国统计出版社、北京数通电子出版社 2006 年版、2007 年版。

因此，对经济转型的中国来说，当前及未来很长一段时期内，我国政府宏观经济政策的主要目标就是实现经济持续稳定的增长，并为这种目标创造和谐稳定的宏观环境。正是这种经济发展的制度背景和发展战略目标使当前及未来一段时期内，我国政府的利益和社会整体的利益是基本一致的。"历史的教训使我国这样的赶超型国家的各社会阶层深刻理解了'落后就要挨打'的道理，从而形成了强烈的赶超意识：必须采取有效措施，促使经济快速增长，迅速摆脱落后局面，缩短与发达国家的距离，只有这样才能真正实现民族复兴，维护国家主权，提高国民福利。……在全社会强烈的赶超意识促动下，推动经济增长成为政府的首要任务，它不可能以牺牲经济增长为代价来为某一特定的集团谋求利益，因为那样就会动摇其统治的基础，它只能在推动经济增长中实现其收益最大化。现实中政府所面临的各种问题，如就业、农村剩余劳动力的转移安置、社会保障等严重问题都需要通过经济增长来解决。这一切使得经济的持续增长成为政府目标函数的决定性因素，政府所追求的目标与社会总体的利益要求具有高度的一致性。"①

---

① 张纯威：《人民币名义汇率超稳定研究》，经济管理出版社 2005 年版。

二、货币政策目标的要求

本书认为，汇率制度选择是由一国货币当局做出的自主决策行为，因此，严格而言，汇率政策是一国货币政策的一个有机构成，从而一国的汇率制度选择目标也是由其货币政策最终目标所决定的。从我国货币政策目标的历史实践来看，我国的货币政策目标经历了从"发展经济，稳定物价"向"稳定货币，促进经济增长"的转变，最终以"稳定货币"为唯一的和首要的目标（参见表 3-3-3）。20 世纪 90 年代高速的经济发展，再次论证了我国货币政策和宏观调控政策在我国经济发展和稳定增长中的举足轻重的地位。币值的稳定作为我国中央银行的首要目标，也逐渐成为金融理论界和实务界以及政府决策部门的共识①。

表 3-3-3　　中国货币政策最终目标的演变

	改革开放前 30 年（1948—1978）	改革开放后 20 年（1979—1997）	间接调控初期（1998—2000）	2001—2010 年
最终目标	发展经济，稳定物价	从发展经济、稳定物价到稳定货币、并以此促进经济增长	稳定货币、并以此促进经济增长	稳定货币

资料来源：戴根有：《中国货币政策传导机制研究》，经济科学出版社 2001 年版，第 10 页、第 24 页。

然而，不论是从《中华人民共和国中国人民银行法》的规定来看②，还是从我国的经济现实来看，目前及未来一段比较长的时期内，我国中央银行都不可能以稳定币值为唯一目标（陈学斌，1998），也不能仅仅以促进经济增长为唯一目标。20 世纪 80 年代末、90 年代初对货

---

① 施兵超：《新中国金融思想史》，上海财经大学出版社 2000 年版，第 550 页。
② 该法案以法律的形式将我国中央银行货币政策的最终目标确定为"保持币值的稳定，并以此促进经济增长"。

币政策目标的讨论[①]也使人们逐渐认识到，作为货币政策的最终目标，币值的基本稳定实际上是为经济增长目标的实现而创造稳定的宏观环境的。并且，作为发展中国家，发展经济是我国宏观经济管理的首要任务，因此，作为国家调控经济重要手段的货币政策在以稳定币值作为首要目标的同时，还应兼顾我国的经济发展，这也是我国经济发展现实的需要。

首先，从我国价格水平波动的现实看，1978年改革开放以后，由于消费需求和投资需求的过度膨胀[②]、低利率政策和信贷管理体制的分权化以及融资渠道的多元化[③]，我国在相当长的时间内面临单一的通货膨胀压力（参见图3-3-2）。1998年后，我国又出现了通货紧缩这个新的经济现象（范从来，2001；范从来等，2003）。随着经济体制转型的推进，我国价格水平的波动开始增强。1978—2006年间，商品零售价格指数、居民消费价格指数和GDP平减指数的标准差比改革开放前（1953—1977）分别增加了70.80%、73.89%和47.04%。随着市场化进程的推进和计划价格形成机制不断向市场价格形成机制的转变，我国的价格水平既有可能发生向上的波动（表现为通货膨胀），也可能出现向下的波动（表现为通货紧缩），过去那种单一的通货膨胀时代有可能转变为通货膨胀和通货紧缩在不同时点交替出现的新阶段[④]。这种一般价格水平的波动对我国经济主体预期的形成和经济的持续稳定增长是极其不利的，在此情况下，实行币值稳定的政策目标就十分必要，这种目标的背后所隐含的经济思想就是，稳定的价格环境是有利于促进经济增

---

　　① 当时关于我国货币政策最终目标的讨论主要有三种观点："单一目标论"，这种理论主张又有两派，一派主张以稳定货币（物价稳定）作为我国货币政策的唯一目标；另一派主张以经济增长作为唯一目标。"双重目标论"认为我国货币政策的最终目标有两个，一个是稳定物价，另一个是发展经济。但是，对稳定物价与发展经济这两个目标以哪个为首要目标又有争论。"多重目标论"认为我国货币政策目标应该是稳定物价、充分就业、经济增长和国际收支平衡（施兵超（2000）和吕江林（1999）对当时的争论做了回顾和总结）。
　　② 施兵超：《新中国金融思想史》，上海财经大学出版社2000年版，第405页。
　　③ 林毅夫、蔡昉、李周：《中国的奇迹：发展战略与经济改革》，上海三联书店、上海人民出版社1999年版，第205页。
　　④ 范从来：《通货紧缩时期货币政策研究》，南京大学出版社2001年版，第57页。

长的（汉达，2000）。因此，20 世纪 80 年代之后，不论是从理论上还是从我国经济的实际运行来看，我国货币政策的最终目标逐渐演变为稳定货币，并以此促进经济的增长①。

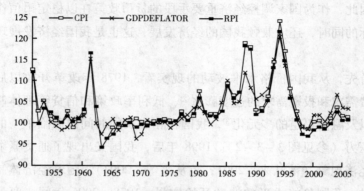

图 3 - 3 - 2　建国以来我国价格水平波动（1951—2006）

注：1. CPI、RPI 和 GDPDEFLATOR 分别表示居民消费价格指数、商品零售价格指数和 GDP 平减指数。

2. GDP 平减指数 =（现价 GDP/可比价 GDP）×100；可比价 GDP = 上年 GDP × 按可比价计算的今年的 GDP 指数（上年 =100）。

资料来源：国家统计局：《2007 中国统计年鉴》，中国统计出版社 2007 年版；国家统计局国民经济综合统计司：《新中国五十年统计资料汇编》，中国统计出版社 1999 年版。

　　其次，从我国的经济增长现实来看，虽然改革开放以来宏观经济有了很大的发展，经济增长的波动性也大幅度地下降了，但是，经济增长的周期性波动仍然显著。这种周期性在改革开放前表现为古典型衰退，经济总体水平出现了负增长（1960—1963 年间，这种衰退是非常显著的），而在那以后则表现为一种增长型衰退，经济总体的增长率不断下

---

　　① 李建（2003）认为，在社会主义计划经济国家的发展史中，实际上是先有经济稳定化政策及其措施，然后才有经济增长政策的。新中国成立之后首先面临的也是旧中国遗留下来的严重的通货膨胀问题（参见图 3 - 3 - 2）。经过 3 年过渡时期，基本消除了通货膨胀以后，我国才在 1953 年开始"一五"计划。另外，我国在实际中也是无条件地优先考虑如何实现和坚持国民经济的稳定，并将宏观稳定化作为指导宏观经济计划制定和实施的基本原则（李建：《论中国经济发展与经济稳定化政策》，复旦大学出版社 2003 年版，第 138—140 页）。实际上从国家"软着陆"的目标中也同样能发现这种货币稳定化的政策思想。

降，但是在下降的最低点，绝对水平并不下降（参见图3-3-3）①。

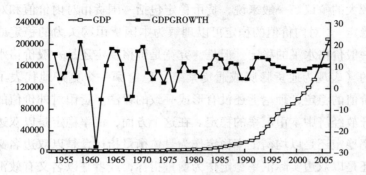

图3-3-3　建国以来的经济增长及经济的周期性波动（1952—2006）

注：图中左轴表示 GDP；右轴表示 GDP 增长率，单位分别为亿元和%。

资料来源：国家统计局：《2007 中国统计年鉴》，中国统计出版社 2007 年版；国家统计局国民经济综合统计司：《新中国五十年统计资料汇编》，中国统计出版社 1999 年版。

伴随着经济增长的周期性波动，国民经济付出了很大的代价，带来了一系列社会问题的恶化，导致人民群众产生不满情绪甚至对改革失去信心（林毅夫等，1999）。因此，利用宏观的总需求管理手段和管理政策来保持我国宏观经济的稳定、高速发展是十分必要的。在短期内价格粘性和信息不完全条件下，货币政策是可以用于这个目的的。从这个意义上来说，我国的货币政策目标应该是能够有助于促进经济增长的。

综上所述，转型时期我国货币政策最终目标的科学表述应当是：稳定币值，并以此促进经济增长。这个表述有如下三层含义：第一，货币政策的最终目标是稳定币值和经济增长这双重目标；第二，货币政策最终目标中稳定币值是首要目标；第三，货币政策以稳定币值来促进经济持续、快速、稳定地增长②。

三、从汇率稳定到价格稳定：一个历史性的转折

前面已经指出，我国货币政策的最终目标是保持币值稳定从而促进

---

① 范从来：《通货紧缩时期货币政策研究》，南京大学出版社 2001 年版，第45—46 页。

② 吕江林：《中国转轨时期的货币政策》，中国财政经济出版社 1999 年版。

产出的稳定增长。产出稳定的含义是很明确的，而货币稳定的含义却存在比较大的争议。一般来说，货币稳定包括一国货币对内价值和对外价值的稳定①。对内价值的稳定可以理解为本国货币购买力的稳定或者是本国一般价格水平的稳定。但是，究竟是价格稳定还是一般价格水平变动率的（表现为通货膨胀或通货紧缩）稳定哪一个更好地代表了货币对内价值的稳定，理论上还没有形成一致的看法。货币对外价值的稳定是指开放经济中本币汇率的稳定。在这个方面，汇率稳定是以双边或有效汇率稳定还是以均衡汇率稳定作为具体衡量指标，是以双边名义汇率稳定还是以双边实际汇率稳定作为衡量指标，或者是以名义有效汇率稳定还是以实际有效汇率的稳定作为具体衡量指标，都存在很大的争论。但无论以什么指标作为汇率稳定的衡量标准，可以肯定的是，由于货币政策目标既包括了价格稳定，又包括了外部均衡目标（汇率稳定的目的是促进外部均衡），因此，汇率政策（包括汇率水平的确定和汇率制度的选择等）无疑是一国货币政策的基本构成，是中央银行调控宏观经济的政策手段之一。并且，由于对汇率的干预通常是通过公开市场操作、调控货币量或利率等直接的或间接的手段实现的，因此，从根本上来说，汇率政策是从属于货币政策的。

开放经济的理论和实践表明，币值稳定目标本身就存在一定的内在冲突（第四章第三节给出了一个理论证明），二者很难兼顾。从人民币汇率政策和货币政策实践来看，建国以来的大多数年份中，我国货币政策的最终目标基本上都是以汇率稳定为导向的，汇率政策目标基本上是凌驾于价格稳定目标的②。这一方面是为了解决我国经济发展中所面临的资本短缺难题，另一方面也是为了保证国际收支的平衡，从而为我国经济的增长创造比较好的外部环境。从我国历年来汇率制度沿革及目标演变中能够非常直观地看出这一点（参见表3-3-4）。

---

① 凯恩斯（1923）最早指出并区分了一国的货币稳定或币值稳定包括"内部稳定"（即价格稳定）和"外部稳定"（即汇率稳定和国际收支平衡）。他进一步指出，内部稳定对一国来说往往更为重要。

② 当然，多年的计划经济体制使我国政府能够通过行政的手段来控制价格水平，这也是建国后大多数年份中价格稳定目标处于从属地位的一个重要原因。

表 3 - 3 - 4   人民币汇率制度沿革和政策目标演变①

	汇率政策目标	汇率制度	汇率水平
1949—1952	奖励出口,兼顾进口,照顾侨汇②	以购买力平价为依据,爬行钉住内外物价之比③	高频率调整
1953—1972	人民币汇率稳定	钉住美元(言行一致)	基本稳定
1973—1980	维持 RMB 稳定,便利贸易	钉住篮子货币④	稳中有升;高估
1981—1984	奖出限入,增加出口创汇	钉住篮子货币,实行双重汇率制度	持续下跌
1985—1993	平衡国际收支	管理浮动⑤	持续下跌
1994—2005年 7 月	维持汇率稳定	事实上的钉住美元(言行不一)⑥	稳中有升
2005 年 7 月 21 日—	保持人民币汇率在合理、均衡水平上的基本稳定,促进国际收支基本平衡,维护宏观经济和金融市场的稳定	以市场供求为基础、参考一篮子货币进行调节、有管理的浮动汇率制	稳中有升,更具弹性

注:①有些学者对人民币汇率制度发展演变的划分不同于本书,如贺力平(2005)划分为三个时期,即建国初期到 20 世纪 70 年代初为第一个阶段,20 世纪 70 年代初到 1994 年是第二个阶段,1994—2005 年是第三个阶段。Zhang(2000)将人民币汇率制度发展演变分为四个阶段:第一阶段是 1949—1972 年;第二阶段是 1973—1985 年;第三阶段是 1986—1993 年;第四阶段从 1994 年到作者成文之时。本书沿用大多数学者(何泽荣、许斌,1997;尚明,2000;许少强、朱真丽,2002;中国人民银行办公厅,2006;朱耀春,2003)的观点,将人民币汇率制度历史沿革划分成七个历史时期。

②朝鲜战争爆发后,我国受到了以美国为首的西方国家的经济封锁和禁运,人民币汇价制定的原则又改为"进出口兼顾,照顾侨汇"。

③中国人民银行办公厅(2005)称该时期我国实行的是单一浮动汇率制度。

④中国人民银行办公厅(2005)称该时期我国实行的是单一浮动汇率制度。

⑤朱耀春(2003)认为这个时期我国实行的仍然是官方汇率与外汇调剂汇率并存的双重汇率制度,中国人民银行办公厅(2005)也持同样观点,在措辞上略有不同,称为官方汇率与外汇调剂价格并存的汇率双轨制。

⑥这个时期的汇率制度名义上是"以市场供求为基础的、单一的、有管理的浮动汇率制",但后来逐渐蜕变为事实上的钉住美元的固定汇率制。

资料来源:尚明:《中国金融五十年》,中国财政经济出版社 2000 年版;许少强、朱真丽:《1949—2000 年的人民币汇率史》,上海财经大学出版社 2002 年版;张纯威:《人民币名义汇率超稳定研究》,经济管理出版社 2005 年版;中国人民银行办公厅:《人民币汇率政策宣传手册》,中国金融出版社 2005 年版。

（一）汇率稳定、出口创汇与外部均衡

表 3 - 3 - 4 表明，在新的汇率形成机制改革之前的半个世纪中，不论我国的内外环境如何变化，人民币在大部分时期都基本上采取的是事实上的钉住制度安排[1]（参见表 3 - 3 - 4），即使其间曾实行过其他类型的制度安排，其基本目的也是为了保证出口创汇和平衡国际收支的需要，从而促进宏观经济的平稳增长。

建国初期，在资本要素和外汇资源奇缺的条件下，为了配合"赶超战略"的实施，我国在制定人民币汇率政策时，以奖励出口、兼顾进口为目标。同时考虑到当时侨汇在我国外汇收入中的重要地位[2]，"几经讨论，制定了'独立自主、大力扶持出口、适当照顾侨汇'的汇价政策"（许少强、朱真丽，2002）。

从 1953 年直到布雷顿森林体系崩溃（1973 年），人民币汇率名义上是钉住英镑的。但由于布雷顿森林体系的"双挂钩"特征，因此在这种大背景下，人民币钉住英镑与钉住美元并没有本质的区别。这个时期制定人民币汇率政策的基本目标也是保持汇率的稳定，人民币兑美元名义汇率保持了近 20 年不变（参见图 3 - 3 - 4），这基本是由当时我国实行的计划经济体制所决定的。在计划经济下，我国价格水平由于严格的管制而长期稳定，"对外贸易由国家外经贸部所属的进出口公司按照计划统一经营，外贸系统统筹盈亏，以进贴出，不需要再用汇率来调节进出口贸易"[3]。在这种背景下，人民币汇率在对外经济交往中仅仅充当了计价核算的工具，这就要求人民币汇率保持基本稳定。因此，计划

---

① 1953—1972 年间，在汇率制度安排上，我国政府是基本上言行一致的。人民币名义上所宣称的汇率制度安排和实际上所表现出来的制度安排是基本一致的；但 1994—2005 年期间，我们政府很明显出现了言行不一的问题。名义上宣称的有管理的浮动汇率制度实际上表现为钉住美元的制度安排；在其余时期（1949—1952 年和 1973—1993 年）我们目前还难以判断政府的言行是否一致（刘晓辉：《言行不一、人民币实际汇率制度弹性与宏观经济绩效》，西南财经大学中国金融研究中心工作论文）。

② 1950—1954 年期间，全国侨汇收入 6.8 亿美元，相当于同期对西方国家出口收入的一半左右（许少强、朱真丽：《1949—2000 年的人民币汇率史》，上海财经大学出版社 2002 年版，第 15 页）。

③ 尚明：《中国金融五十年》，中国财政经济出版社 2000 年版，第 531 页。

经济的特征逻辑地要求人民币汇率制度的安排应该以汇率的稳定为目标，实行钉住制度，从而一方面隔绝国外价格水平波动对本国物价的影响，另一方面稳定的汇率水平也有利于我国计划经济手段的实施。

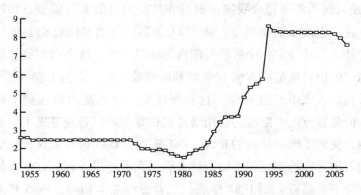

图 3 - 3 - 4　人民币兑美元名义汇率（1953—2007）

注：2007 年数据是该年中国人民银行公布的 12 个月人民币兑美元汇率中间价的平均值。

资料来源：国家外汇管理局：《汇价手册》，中国金融出版社 1986 年版；许少强、朱真丽：《1949—2000 年的人民币汇率史》，上海财经大学出版社 2002 年版，第 32 页、58 页、64 页、85 页、114—140 页；国家统计局：《2007 中国统计年鉴》，中国统计出版社 2007 年版。

　　后来 20 世纪 70 年代到 80 年代末以及 90 年代初期的三次汇率制度调整与此前的制度调整背景已经大不相同了。国际货币体系变化和国际贸易在我国国民经济中的作用变大了，国际资本流动和国内的通货膨胀也作为一种新事物出现了。这是建国后到 20 世纪 70 年代期间所没有遇到的（贺力平，2005；许少强、朱真丽，2002）。然而，历史时期和制度背景的变迁却并没有导致人民币汇率政策调整时政策目标的变化。1973 年布雷顿森林体系崩溃之后，西方国家通货膨胀加剧，开始普遍实行浮动汇率制度。为避免出口收汇受到主要国家货币贬值的影响，我国对外贸易使用人民币计价结算。这个时期人民币汇率的方针是继续维护汇率稳定并有利于推行人民币对外计价结算，便利贸易。因此，我国采取了一篮子货币加权平均计算办法，参照国际市场行情及时调整人民币汇率。这个时期人民币汇率从 1 美元兑换 1.9895 元人民币频繁调整至 1980 年 1 美元兑换 1.4984 元人民币，升值约 33%，导致了人民币汇率的高估，为后一个时期的汇率调整目标埋下了伏笔（参见图3-3-4）。

高估的人民币汇率当然不符合我国当时的基本目标，对出口创汇和解决外汇短缺问题非常不利，也不利于我国的经济增长。为了"奖出限入"，使人民币汇率符合我国进出口和经济发展的实际需要，1979年8月国务院决定改革汇率制度。从1981年起，除贸易结算仍然使用官方汇率之外，另外订立一个贸易外汇内部结算汇率。这个内部结算汇率是根据当时的出口换汇成本加10%的利润来确定的，定为1美元折合2.8人民币元，人民币贬值46%。这种制度安排对鼓励出口起到了积极的作用，但是双重汇率制度的使用给外汇核算和外汇管理带来了很多复杂的问题，受到了国际社会的非议，IMF多次建议我国改变这种做法。因此，随着国际市场美元汇率的持续上涨，我国逐步下调官方汇率使之与内部结算汇率靠近。到1984年底，二者已经基本相同，1985年起，我国取消贸易外汇内部结算汇率，实行了单一的固定汇率。

随后的一个时期，我国实行了管理浮动的汇率制度。虽然人民币汇率经过了1981—1984年的多次调整，高估的情况得到了逐步改善，但还是没有得到根本改观。这主要是由于我国在这个时期出现了轮番的通货膨胀（参见图3-3-2），物价上涨虽然在一定程度上抵消了人民币汇率的下调，但是人民币汇率依然偏高。由于1991年外贸由补贴机制转向了自负盈亏机制，取消了财政补贴，外贸体制改革的深化要求当时的人民币汇率成为调节进出口贸易的主要手段。这样的汇率水平是当时的企业所难以承受的，因此，1991年4月9日起，官方汇率的调整改为小步缓慢调整。这样，这个时期人民币汇率基本上承袭了前一个时期持续疲软的态势，兑换美元的年平均汇率从1985年的1美元兑2.9367元人民币下降到了1993年1美元兑5.7620元人民币，贬值49%（参见图3-3-4）。

随着我国改革开放的不断深入，官方汇率与外汇调剂价格并存的人民币汇率双轨制的弊端逐渐显现出来。一方面，多种汇率并存导致了外汇市场秩序的混乱，助长了投机冲动；另一方面，长期的外汇黑市的存在非常不利于人民币汇率的稳定和人民币的信誉，外汇体制改革的迫切性日益突出。在此背景下，1993年12月，国务院颁布《关于进一步改革外汇管理体制的通知》，采取了一系列的重要改革措施①，并于1994年1月1日正式生效。实践证明，这个汇率制度符合我国国情，对我国经济的持续、快速发展做出了积极的贡献。

（二）从汇率稳定到价格稳定：该转变了吗

建国50多年来，将人民币和美元挂钩并维持这种双边名义汇率（以及实际汇率）的基本稳定，成为我国宏观经济稳定的基本目标和标志，也是促进其他宏观经济变量及其预期趋于稳定的重要手段。但是，这主要是发生在国内货币政策体系不成熟、货币政策纪律不充分，且通货膨胀（通货紧缩）不是国内经济发展的重要障碍和国际资本冲击影响比较微弱的背景下。然而，1994年以来，尤其是1997年亚洲金融危机之后，中国的经济环境发生了根本的改变，正是这一改变，促使我国的货币政策目标应该从外部均衡转向内部均衡了。

这个根本变化的首要表现就是，1994年以来我国价格市场化趋势的不断加强，政府很难通过行政手段来控制价格了。1992年以来，我国价格市场化改革的推进十分迅速（参见表3-3-5）。1978—1992年间，尽管市场的力量在加强，但是，价格形成中政府仍然起了主要的作用，因此，1992年以前，在价格由政府控制的前提下，价格问题在我国宏观经济政策制定中没有、也无须受到重视。因此，在当时的条件下，政府只要能保证名义汇率的稳定，那么就能够保证实际汇率的基本稳定，从而为我国宏观经济的增长创造稳定的外部环境（参见表3-3-4）。但是1992—1994年后，市场价格作为资源配置信号的作用，随着市场规律调节范围的不断扩大而日益增强，计划价格对我国经济的影响日益削弱。到2005年，商品零售环节、农产品收购环节和生产资料出厂价格中，市场调节价的比例分别达到了95.6%、97.7%和91.9%。这充分说明，我国已经基本实现了价格市场化改革，价格对我国宏观经济的重要影响将日益凸显（参见本节第二部分）。在这个新的背景下，如何稳

---

① 这些重大举措包括：实现人民币官方汇率和外汇调剂价格的并轨；建立以市场供求为基础的、单一的、有管理的浮动汇率制；取消外汇留成，实行结售汇制度；建立全国统一的外汇交易市场（参见姜波克、杨长江，2004；中国人民银行办公厅，2006）。

定国内价格水平，保持适度的通货膨胀从而为经济增长创造稳定的内部环境，就构成了我国宏观经济管理的一个重要任务（麦金农，2007）。

表 3 - 3 - 5   中国的价格市场化进程（1978—2005）

	商品零售环节			农产品收购环节			生产资料出厂环节		
	政策定价比例	政府指导价比例	市场调节价比例	政策定价比例	政府指导价比例	市场调节价比例	政策定价比例	政府指导价比例	市场调节价比例
1978	97.0	0.0	3.0	92.2	2.2	5.6	100.0	0.0	0.0
1988	47.0	19.0	34.0	37.0	23.0	40.0	60.0	0.0	40.0
1990	29.8	17.2	53.0	25.0	23.4	51.6	44.6	19.0	36.4
1991	20.9	10.3	68.8	22.2	20.0	57.8	36.0	18.3	45.7
1992	5.9	1.1	93.0	12.5	5.7	81.8	18.7	7.5	73.8
1993	4.8	1.4	93.8	10.4	2.1	87.5	13.8	5.1	81.1
1994	7.2	2.4	90.4	16.6	4.1	79.3	14.7	5.3	80.0
1995	8.8	2.4	88.8	17.0	4.4	78.6	15.6	6.5	77.9
1996	6.3	1.2	92.5	16.9	4.1	79.0	14.0	4.9	81.1
1997	5.5	1.3	93.2	16.1	3.4	80.5	13.6	4.8	81.6
1998	4.1	1.2	94.7	9.1	7.1	83.8	9.6	4.4	86.0
1999	3.7	1.5	94.8	6.7	2.9	90.4	9.6	4.8	85.6
2000	3.2	1.0	95.8	4.7	2.8	92.5	8.4	4.2	87.4
2001	2.7	1.3	96.0	2.7	3.4	93.9	9.5	2.9	87.6
2002	2.6	1.3	96.1	2.6	2.9	94.5	9.7	3.0	87.3
2003	3.0	1.3	95.6	3.0	2.7	94.3	9.9	2.7	87.4
2004	3.0	1.7	95.3	1.0	1.2	97.8	8.9	3.3	87.8
2005	2.7	1.7	95.6	1.2	1.1	97.7	5.9	2.2	91.9

注：1978 年和 1988 年数据是根据相关资料推算的，1990 年以后开始有连续的统计数据（《中国物价年鉴》，2006）。

资料来源：国家统计局：《2006 中国物价年鉴》，中国物价出版社 2006 年版。

另外一个重要的变化则是金融性国际资本流动对我国宏观经济的影响也日渐突出（对这个问题的论述请参见本书第四章第一节），在国际资金流动的调节下，开放性给经济带来的矛盾才真正突出起来（姜波克、杨长江，2004）。宏观经济这种质的变化迫切需要新的政策手段来应对和化解它们对我国开放经济运行所可能带来的不利影响。适当的货币政策无疑是应对上述变化最好的政策工具。而我国1994年之后货币政策体系的形成和政策纪律的逐渐强化也正好满足这个要求。"1998年1月，中国人民银行取消了对商业银行贷款的限额管理，开始实施现代意义的货币政策。"① 经过近10年的发展完善，我国已经初步建立起从政策目标到政策工具等在内的一整套货币政策体系，现代意义上的货币政策框架在我国已经基本建立起来。这样，经济形势的变化及满足这种变化所提出的内在要求在我国都已具备，因此，实现从汇率稳定向价格稳定目标的转变也就正当其时了。

因此，由于这种新的变化，我国应该重新考虑汇率政策的基本作用了。正如贺力平（2005）所指出的："早期（20世纪70年代）的人民币汇率体制和汇率水平的调整主要考虑为贸易部门减轻汇率风险和成本压力，很少需要考虑国内通货膨胀或国内外相对通货膨胀，同时也不必担心跨境资本流动。20世纪80年代以来，汇率体制和汇率水平调整越来越多地需要考虑这后两个因素。1994年确立的人民币汇率体制可以说综合地考虑到所有这些因素，并将汇率体制和汇率水平调整本身作为应对国内通货膨胀的一种工具或工具之一。这一点凸现了在经济政策体系转轨时期汇率工具对国内货币政策操作的重要性。可以说，变化了的经济环境'赋予'汇率体制和汇率政策以新的功用，这是我们讨论近来和近期未来汇率问题时所应当注意到的②。"

四、人民币汇率制度选择的社会福利标准

随着经济的进一步增长和经济规模的不断扩张，我国货币政策目标将转向国内，因为，具有巨大经济规模或潜在经济规模的国家不可能长期将货币政策目标放在外部均衡上。中国应当保持灵活使用利率政策以调整国内经济的需求，国内经济平衡和稳定是重心，外部经济平衡应从属于国内经济稳定。因此，在中国经济继续扩大开放的情况下，维持货

---

① 谢平：《中国货币政策分析：1998—2002》，载《金融研究》2004年第8期，第1—20页。
② 贺力平：《人民币汇率体制的历史演变及其启示》，载《国际经济评论》2005年第7—8期，第36—39页。

币政策的独立性更为重要（胡祖六，2005；李婧，2006）。1994 年以来开放经济宏观经济运行的变化、货币政策体系的成熟、价格水平的不稳定和日益显著的外部经济冲击应使我国认识到，货币政策和人民币汇率政策目标的制定应该逐渐从过去的汇率稳定（旨在实现或保持外部均衡）转向价格稳定（旨在实现并保持国内宏观经济的基本稳定）了。

因此，本书认为，在新的经济形势和背景下，我国的货币政策应该转变到价格稳定这一目标上来，在维持价格稳定这一最基本的目标前提下，为促进我国经济的持续稳定增长而创造稳定的宏观环境。因此，新的形势下，我国货币政策目标和汇率政策目标应当非常清晰地定义为国内价格总水平的稳定，并以此来促进宏观经济增长①。实际上，当国内价格水平稳定时，其他的重要宏观经济变量（如实际产出、失业及经常账户等）更有可能获得较好的平衡（胡祖六，2005）②。并且，我国应尽快将汇率政策纳入货币政策体系中，使之成为我国货币政策的一个有机构成部分，从而进一步降低政策目标的多重性所导致的政策效果的削弱（本书第四章第三节和第五章第一节进一步论证了我国货币政策目标的冲突问题）。

综合上述分析，本书将人民币汇率制度选择的社会福利标准界定为本国价格水平的基本稳定，同时，考虑到我国转型经济时期所面临的促进经济增长的重大战略目标，这个基本标准还应包括产出稳定目标。另外，转型经济经济体往往还会关注经济稳定的其他指标，如经常账户、汇率水平、外债和财政赤字等。但是，在研究过程中，本书首先、也是第一位地将使用价格稳定标准（这也是本书建模所采用的目标函数），在价格稳定的前提下，再考虑产出稳定标准。最后，在价格稳定和产出稳定指标基本一致的情况下，再综合考虑其他社会福利方面的指标，如经常账户差额等（第六章第一节）。

---

① 杨晓光等（2004）也认为，由于发展中国家肩负着振兴本国经济和保持国内经济稳定的历史使命，国内政策和制度必然要向这两个经济目标倾斜。

② 胡祖六（2005）认为，物价总水平不是指单一商品（钢材、原油或粮食）的价格，而是有代表性的加权汇总的最终产品与服务价格指数，最理想的是 GDP 平减指数。

本 章 小 结

本章首先讨论了汇率制度选择研究的两种分析框架，并分析了不同的分析框架在我国的适用性。然后在系统分析主流汇率制度选择研究所采用的社会福利标准和微观福利标准的基础上，从我国当前经济的发展阶段、货币政策目标和宏观经济形势转变等方面讨论了人民币汇率制度选择的基本目标。本书认为，应该将人民币汇率政策纳入到我国的货币政策体系中，这一方面是货币政策的应有之意，另一方面也是确保货币政策效果所必需的。在此前提下，本书认为，新的形势下，我国货币政策目标和汇率政策目标应当非常清晰地定为国内价格水平的稳定①。这为本书第四章的理论模型奠定了基础，同时，第四章的理论模型也进一步印证了本章的基本观点。

---

① 对汇率制度的标准的教科书式的讨论强调浮动汇率制度下一国可以利用独立的货币政策以应对不同的经济冲击这一主要优势。这些观点实际上是强调了货币政策在稳定产出方面的作用。但是，近年来，经济学家和政策制定者已经达成了比较一致的共识，即一国如果决定采取浮动汇率制度，那么其货币政策应该钉住通货膨胀（Hausmann, Ricardo, Panizza, Ugo, and Stein, Ernesto, 2000, "Why do countries float the way they float"? *Inter-American Development Bank, Research Department, Working Paper*, No. 418）。因此，本书的基本观点也是和开放经济宏观经济的理论发展一致的。

第四章 基于福利标准的人民币 汇率制度选择的 理论模型

人民币汇率制度的选择不仅取决于我国中央银行的政策目标,而且也受到我国所面临的经济环境和经济形势的影响。在前一章基础上,本章首先描述 1994 年汇率并轨改革以来我国开放经济的几个特征事实（stylized facts）,然后在第三章确定的人民币汇率制度选择标准的基础上,构建一个确定性的静态模型来分析在当前 FDI 资金流动条件下,我国人民币汇率制度的选择及政策效力问题。最后,本章考察了不同政策目标下人民币汇率制度选择的基本取向,并融入我国资本与金融账户管制的现实,考察了最优的人民币汇率制度弹性。

第一节 1994 年汇率并轨以来的开放 经济:几个特征事实

汇率制度选择是一国政策制定者根据其目标函数对面临的经济环境所做出的最优反应。经济环境的变迁以及政府政策偏好的变化都会使各国汇率制度选择呈现出一种动态的变迁过程,汇率制度选择也因此不是一个"一劳永逸"的问题,没有任何的汇率制度安排能够适合一个国家的所有时期（Frankel,1999、2003；Ghosh 等,1996、2002）。对我国当前而言,政府的政策目标表现为价格的稳定,并以此促进经济的持续和稳定增长。因此，剩下来的问题就是，如何勾勒出我国当前历史时期的经济形势、经济环境以及所面临的经济冲击，以此为起点进行理论的抽象和建模，从而考察人民币的汇率制度安排是合乎逻辑的。

考虑到 1994 年汇率并轨改革之前我国汇率形成机制变化以及汇率水平波动的非市场化痕迹十分严重，官方汇率、调剂汇率和市场汇率一度并存的现象，以及宏观经济运行中政府过分干预的色彩很浓，本书选择了 1994 年以后的这一时期①，抽象出我国开放经济的特征事实，从而为分析和研究人民币汇率制度选择和安排提供现实的经济基础或约束条件。

一、国际资本流动的特殊性

（一）FDI 资金流动的主导地位

从国际资本流动的角度来看，可以将国际资本流动划分为金融性国际资本流动和产业性国际资本流动（姜波克、杨长江，2004）。从全球范围来看，在国际资本流动日益突出、日益具备自身运动规律的今天，国际金融性资本流动在一国开放经济中已经占据了主要的地位。但是，从我国的自身情况来看，FDI 形式的资本流动自 1986 年以来一直在我国的国际资本流动中占据着主导地位（参见图 4 - 1 - 1）。从图 4 - 1 - 1 可以看出，FDI 资金②或我国国际收支账户中的直接投资差额③占我国非 FDI 资金的比例基本维持在 50% 以上，大多数年份达到或超过了 100% ，成为我国近 20 年来国际资本流动的主要构成形式。

占我国国际资本流动主导地位的 FDI 形式的资本流入一方面通过资本与金融账户直接导致了我国外汇供给的增加，另一方面又对我国净出口的增加贡献重大（2001 年以来，我国 30% 以上的净出口是由 FDI 带

---

① 1994 年以后，我国基本完成了价格市场化改革，市场价格能够比较有效地反映供求关系，计划因素和政府因素对价格形成机制的影响基本上不存在了（参见表 3 - 3 - 5）。这也是本书选择 1994 年作为分水岭的另一个基本考虑。

② 这里的 FDI 资金指外国对中国的直接投资净额。

③ 直接投资差额不仅考虑了外国对我国的直接投资差额，也考虑了我国对外国的直接投资。因此，该指标更为准确地衡量了我国非金融性资本流动在国际资本流动中的地位。

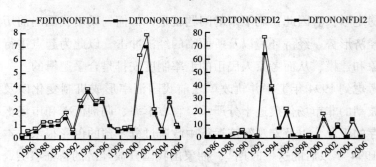

图 4 - 1 - 1　中国国际资本流动中 FDI 和直接投资差额的
主导地位（1985—2006）

注：1. FDITONONFDI1、FDITONONFDI2 和 DITONONFDI1、DITONONFDI2 分别表示 FDI/非 FDI1、FDI/非 FDI2 和直接投资差额/非 FDI1、直接投资差额/非 FDI2；

2. FDI/非 FDI 与直接投资差额/非 FDI 指标都取了绝对值。1985—2006 年期间，我国 FDI 和直接投资差额数据都是正的，表现为资本的净流入，而非 FDI 数据则时正时负。为了衡量 FDI 在我国国际资本流动中的地位，本书取了绝对值。

3. 在估算非 FDI 资金时，非 FDI1 等于储备变动额减去经常项目差额，再减去直接投资差额后的余额；非 FDI2 等于资本与金融账户差额减去直接投资差额。

资料来源：国家统计局：《2007 中国统计年鉴》，中国统计出版社 2007 年版；国家统计局：《2006 中国统计年鉴》，中国统计出版社 2006 年版；国家外汇管理局。

来的，2001—2004 年间，FDI 的净出口占全国净出口总额平均达到 35.5%。王允贵（2003）也持同样的观点）。因此，FDI 资金流动通过经常账户和资本与金融账户两个渠道都对我国的汇率水平和汇率制度安排产生了重大影响，如何考察这个因素对当前人民币汇率制度选择的影响构成了本章第二节的主要内容。

（二）严格资本管制下投机性资本流动的加剧

1996 年之后，我国基本实现了经常账户下的人民币自由可兑换，但是资本与金融账户的管制一直没有完全放开，对 FDI 等形式的资本流动采取了宽进严出的管制措施，对短期的或投机性的资本管制更为严格。按照 IMF 划分的资本账户 7 大类 43 项来看，中国资本与金融账户可兑换项目占全部资本与金融账户项目的比重为 18.6%，较多限制和严格限制的项目占全部项目的比重超过了 55%（参见表 4 - 1 - 1）。因此，中国实际上是一个资本并不完全自由流动的半开放（semi-open）国家。

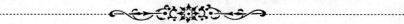

表4-1-1 中国资本与金融账户可兑换框架简表

	可兑换	有较少限制	有较多限制	严格限制
一、资本和货币市场工具				
1. 资本市场证券交易				
A. 买卖股票或有参股性质的其他证券				
非居民在境内购买			✓	
非居民在境内出售或发行			✓	
居民在境外购买			✓	
居民在境外出售或发行			✓	
B. 债券和其他债务性证券				
非居民在境内购买			✓	
非居民在境内出售或发行			✓	
居民在境外购买			✓	
居民在境外出售或发行			✓	
2. 货币市场工具				
非居民在境内购买				✓
非居民在境内出售或发行				✓
居民在境外购买		✓		
居民在境外出售或发行		✓		
3. 集体投资类证券				
非居民在境内购买			✓	
非居民在境内出售或发行			✓	
居民在境外购买			✓	
居民在境外出售或发行			✓	
二、对衍生工具和其他工具的管制				
非居民在境内购买				✓
非居民在境内出售或发行				✓
居民在境外购买			✓	
居民在境外出售或发行			✓	
三、对信贷业务的管制				
1. 商业信贷				
居民向非居民提供	✓			
非居民向居民提供	✓			
2. 金融信贷				
居民向非居民提供		✓		
非居民向居民提供		✓		

	可兑换	有较少限制	有较多限制	严格限制
3. 担保、保证和备用融资便利				
居民向非居民提供		✓		
非居民向居民提供		✓		
四、对直接投资的管制				
1. 对外直接投资				
A. 创建或拓展完全由资金拥有的企业、子公司，或全额收购现有企业		✓		
B. 对新建或现有企业的入股		✓		
2. 对内直接投资				
A. 创建或拓展完全由资金拥有的企业、子公司，或全额收购现有企业	✓			
B. 对新建或现有企业的入股	✓			
五、对直接投资清盘的管制	✓			
六、对不动产交易的管制				
居民在境外购买			✓	
非居民在境内购买		✓		
非居民在境内出售		✓		
七、对个人资本流动的管制				
1. 贷款				
居民向非居民提供				✓
非居民向居民提供				✓
2. 礼品、捐赠、遗赠和遗产				
居民向非居民提供			✓	
非居民向居民提供	✓			
3. 外国移民在境外的债务结算			✓	
4. 资产的转移				
移民向国外的转移			✓	
移民向国内的转移	✓			
5. 博彩和中奖收入的转移		✓		
6. 非居民员工的储蓄	✓			
合计项数	8	11	18	6
比重（%）	18.6	25.6	41.9	13.9

资料来源：李婧：《中国资本账户自由化与汇率制度选择》，中国经济出版社 2006 年版，第 89—92 页。

尽管我国对资本与金融账户下的资本流动采取了非常严格的管制措施，但是，1994 年以后，我国非 FDI 形式的资本流动规模仍然日益扩张，并且受宏观经济形势和周边局势以及心理预期因素的影响而流向不定。大规模的、且非常不稳定的资本流动日益成为我国开放经济调控所面临的一个重要现实问题，这种大规模且非常不稳定的资本流动可以从非 FDI 资本流动和资本外逃（capital flight）两个方面来反映。

本书对非 FDI 资金流动的测算采取两种方法。一是利用陈佳贵（2006）提出的"非 FDI"衡量指标。在这种测算方法下，非 FDI 资本是指在国际收支平衡表中储备变动额减去经常项目差额，再减去直接投资差额后的余额。该指标的最大特点是既包括了证券组合投资，也包括了误差与遗漏项（errors and omissions），从而反映了官方控制之外的资本流动[①]。二是直接用资本与金融账户差额减去直接投资差额得到非 FDI 资金数额。根据这两种方法测算的我国资本流动的规模都是非常不稳定的，规模也非常庞大（参见图 4 - 1 - 2；但多数年份中，相对于我国的 FDI 资金流动而言都要小得多，参见图 4 - 1 - 1）。1988—2002 年间，尤其是

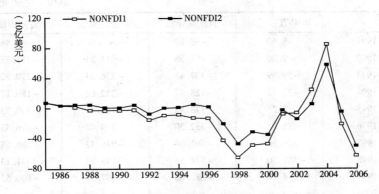

图 4 - 1 - 2　中国非 FDI 资本的流动规模（1985—2006）

注：NONFDI1 和 NONFDI2 分别表示以第一种方法和第二种方法测算的非 FDI 资金流动规模。

资料来源：国家外汇管理局。

---

① 陈佳贵：《中国经济研究报告（2005—2006）》，经济管理出版社 2006 年版，第 23 页。

1994 年汇率并轨改革后，受人民币汇率贬值压力和亚洲金融危机的冲击，国际资本流动表现为大规模的流出；2003—2004 年间由于人民币存在的巨大升值压力，国际资本突然又逆转为大规模地流入，希望从人民币升值中获得利益。2005—2006 年期间则又表现为净流出。从整个期间看，国际资本流动的规模越来越庞大，但流动的方向却飘忽不定（参见图 4 – 1 – 2），完全受人民币汇率预期和心理预期及宏观经济局势的支配。

另一方面，可以根据对我国资本外逃的测算来考察 1994 年以来我国非 FDI 形式的资本流动，尤其是短期的投机性资本流动情况（参见表 4 – 1 – 2）。从表 4 – 1 – 2 中可以看出，无论采取哪一种测算方法，1991—2002 年间，受人民币贬值压力的影响，短期资本总体表现为净流出，而 2003—2005 年上半年，由于人民币升值问题的影响，则表现为资本的净内流。并且，资本外逃或内流的规模也十分庞大。这和本书所测算的非 FDI 资金流动的趋势是基本一致的。

表 4 – 1 – 2　中国资本外逃的测算

单位：亿美元

	BOP 直接反映	直接测算法	世行法	克莱因法
1991	3. 62	– 63. 86	n. a.	– 66. 48
1992	– 9. 06	– 91. 58	– 211. 21	– 194. 38
1993	– 39. 39	– 137. 43	– 276. 34	– 270. 32
1994	– 31. 12	– 128. 87	– 212. 68	– 180. 17
1995	4. 25	– 173. 87	– 263. 41	– 330. 73
1996	– 15. 87	– 332. 30	– 249. 42	– 316. 53
1997	– 338. 30	– 561. 04	– 914. 42	– 986. 68
1998	– 387. 30	– 574. 53	– 1199. 73	– 1331. 13
1999	– 144. 20	– 322. 08	– 697. 97	– 806. 57
2000	n. a.	n. a.	n. a.	n. a.
2001	96. 50	47. 96	– 368. 55	– 515. 91
2002	– 83. 70	– 5. 69	– 21. 06	– 117. 88
2003	461. 82	646. 04	476. 71	418. 90
2004	325. 90	596. 40	784. 34	808. 69
2005 上半年	101. 60	50. 52	21. 91	n. a.

资料来源：曲凤杰：《中国短期资本流动状况及统计实证分析》，载《经济研究参考》2006 年第 40 期，第 14—21 页。

这种大规模的、流向飘忽不定的投机性或非 FDI 形式的国际资本流动，对我国开放经济的运行和人民币汇率制度的选择构成了严重的挑战。在固定钉住汇率制度安排下，由于心理预期的影响，大规模的资本流动所带来的投机冲击使我国维持固定汇率制度的成本日益高昂。尽管理论上来说，政府可以将本国利率提高到一定的水平来维持固定汇率制度安排。但是，提高利率所带来的成本支出很可能大大高于维持固定汇率制度所能获得的收益。一般来说，政府提高利率捍卫固定汇率制度的成本包括：第一，如果政府债务存量很高，高利率会加大预算赤字，给政府带来沉重的利息负担；第二，高利率不利于金融体系的平稳运行。由于信息不对称问题，高利率很可能导致较为稳健的投资者放弃贷款的申请，而风险偏好者更愿意接受高息贷款，从而导致银行体系中出现"以次充好"的低质借款者，加大银行体系和金融体系的风险；第三，高利率一般意味着经济紧缩，这会导致经济衰退和失业率提高等一系列经济和社会问题。第二点和第三点对我国来说，是难以接受的。

二、消费替代、投资扩张与产品市场冲击

1994 年汇率并轨改革以来，随着人民币兑美元名义汇率的持续升值①，我国 GDP 增长率逐年下降，由人民币汇率并轨改革之初的 12.6% 下降到 1999 年的 7.1%，之后，宏观经济重新恢复以前的高速增长势头。1994 年以来宏观经济的这种波动基本上可以归因于消费、投资和政府支出增长的大幅度波动（参见图 4 - 1 - 3）。针对 20 世纪 90 年代初出现的通货膨胀（参见图 3 - 3 - 3），货币政策着力于提高利率、减少货币供给量、提高商业银行存款准备金率等。1995 年，1 年期、1 至 3 年期贷款利率分别由 20 世纪 90 年代初的 8.64% 和 9% 提高了 2.3 和 3.2 个百分点。紧缩性的财政政策则着重控制赤字、减少发债、压缩政府开支等。在这个背景下，政府财政支出增长率由 1994 年的 24.80%

---

① 1994 年后，人民币兑美元名义汇率由并轨改革时的 8.6187 几乎一路攀升至 2007 年的 7.6071（1998 年出现过轻微的反弹），升值了约 11.74%（参见图 3 - 3 - 4）。

逐年下降，到1996年已下降了近8.5%；同期的政府财政支出占GDP的比率也降低了0.7%（参见图4－1－3）。

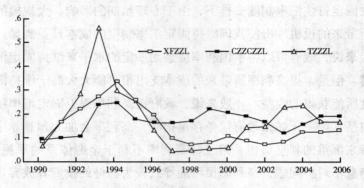

图4－1－3　消费、投资和政府支出的增长（1990—2006）

注：1. XFZZL、CZZCZZL和TZZZL分别表示最终消费增长率、财政支出增长率和投资增长率。
2. 消费指最终消费，包括政府消费和居民消费。

资料来源：国家统计局：《2007中国统计年鉴》，中国统计出版社2007年版；国家统计局：《2006中国统计年鉴》，中国统计出版社2006年版。

　　然而，亚洲金融危机所带来的负向冲击和上述紧缩性政策一起，又使宏观经济形势在1998年出现了逆转，经济由过热迅速转向了过冷，通货紧缩作为一个新现象也出现了，政策措施随即出现了逆转。针对通货紧缩，我国实施了稳健的货币政策，包括降低利率和增加货币供给量等。继1996年微调政策之后，中国人民银行于1997年再次调低各档次贷款利率，1年期和1至3年期贷款利率分别下调了1.9和2.7个百分点，以图刺激经济；另一方面，受危机的冲击，人民币贬值压力很大，中国货币当局坚持了人民币币值的稳定，将人民币钉住美元，使人民币的汇率形成机制蜕变成了事实上的固定钉住制度。积极的财政政策措施也相继出台，通过发行长期建设国债、增加财政赤字和扩大政府支出，特别是增加投资性支出等来扩大内需，拉动经济增长。这样，1997年财政支出占GDP的比重开始回升，比上年增加了0.54个百分点，1998年上升到12.79%，1999年又上升到14.71%。同时政府还提高了名义工资和最低工资标准，公务员的名义工资提高了20%—30%，最低工资也提高了近30%（Roberts 和 Tyers，2001；Tyers，2000）。

政府增加的投资性支出和地方政府主导的投资冲动成为1999年以来我国宏观经济增长的一个主要推动因素[①]。这一方面是上述稳健政策所带来的低利率造成的，另一方面也是地方政府所具有的扩张冲动导致的。在软预算约束条件下，国有企业和地方政府所特有的扩张冲动使我国宏观经济中投资的增长急剧膨胀，成为拉动我国经济增长的主要力量[②]，也成为2006年宏观经济领域争论的一个重要议题。在这种经济过热的形势下，我国财政和货币政策取向又出现了新的逆转，"双稳健"的政策以偏向紧缩为主（陈佳贵，2006）。

另一方面，由于市场化改革进程的推进所带来的心理预期的不确定等因素的影响，消费对经济的贡献开始不断弱化。由1978年开始的市场化改革标志着中国经济转型的开始。转型过程和转型结果的不确定性，20世纪90年代中期开始的住房市场化改革，以及一直享受"从摇篮到坟墓"的福利制度的国有企业职工的"下岗"，这些重大的制度冲击和政策冲击，以及收入差距的扩大、医疗、教育以及社会保障体制方面的改革的不到位，极大地改变了居民的心理预期，其结果是居民消费的减少和储蓄的增加（Roberts 和 Tyers，2001；Tyers，2000；汪红驹，2003，第二章第二节）。因此，1999年以后，消费对经济增长的贡献不断下降，2001年之后，投资成为对我国经济增长的首要推动因素（祁京梅，2006，表4－1－3）。中国经济出现了一个重要的冲击就是居民不断增长的储蓄对消费的替代[③]。在政府（地方政府）主导的投资扩张冲动下，如果消费的增长跟不上，那么很可能对宏观经济的稳定和持续

---

① 陈佳贵（2006）也认为，消费（特别是农村居民的消费）主导着我国1981—2000年间的经济增长，也是导致当时经济大幅度波动的主要原因。而"十五"期间（2001—2005）投资率超过了消费率，成为主导我国经济增长的主要因素（陈佳贵：《中国经济研究报告（2005—2006）》，经济管理出版社2006年版，第13—14页）。

② 我国政府，尤其是地方政府热衷于投资的原因，除了"软预算约束"以及我国学者新近提出的政治学解释（GDP增长成为考核地方官员政绩的主要手段）外，中国现行财税体制下，地方政府追求现期与预期税收最大化也是一个解释因素（胡祖六，2006）。

③ 这里的储蓄并不是指居民银行储蓄这一金融投资行为，而是指居民可支配收入扣除消费之后的余额。

增长造成极其不利的负面冲击。

表4-1-3　各因素对我国GDP增长的贡献

	最终消费支出		资本形成总额		货物和服务净出口	
	贡献率（%）	拉动GDP增长百分点（个）	贡献率（%）	拉动GDP增长百分点（个）	贡献率（%）	拉动GDP增长百分点（个）
1978	39.4	4.6	66	7.7	-5.4	-0.6
1979	87.3	6.6	51.4	1.2	-2.7	-0.2
1980	71.8	5.6	26.5	2.1	1.8	0.1
1981	93.4	4.9	-4.3	-0.2	10.9	0.6
1982	64.7	5.9	23.8	2.2	11.5	1
1983	74.1	8.1	40.4	4.4	-14.5	-1.6
1984	69.3	10.5	40.5	6.2	-9.8	-1.5
1985	85.5	11.5	80.9	10.9	66.4	-9
1986	45	4	23.8	2	31.8	2.8
1987	50.2	5.8	23.5	2.7	26.2	3
1988	49.6	5.6	39.4	4.5	11	1.2
1989	39.6	1.6	16.4	0.7	44	1.8
1990	47.8	1.8	1.8	0.1	50.3	1.9
1991	65.1	6	24.3	2.2	10.5	1
1992	72.5	10.3	34.2	4.9	-6.7	-1
1993	59.5	8.3	78.6	11	-38.1	-5.3
1994	30.2	4	43.8	5.7	25.9	3.4
1995	44.7	4.9	55	6	0.3	0.0
1996	60.1	6	34.3	3.4	5.6	0.6
1997	37	3.4	-7.4	-0.7	70.4	6.5
1998	57.1	4.4	29.3	2.3	13.6	1.1
1999	76.8	5.8	52.8	4	-29.6	-2.2
2000	63.8	5.4	21.7	1.8	14.4	1.2
2001	50	4.1	50.1	4.2	-0.1	0.0
2002	43.6	4	48.8	4.4	7.6	0.7
2003	35.3	3.5	63.7	6.4	1	0.1
2004	38.7	3.9	55.3	5.6	6.0	0.6
2005	38.2	4.0	37.7	3.9	24.1	2.5
2006	39.2	4.3	41.3	4.6	19.5	2.2

注：消费指最终消费，包括政府消费和居民消费。祁京梅（2006）的研究表明，我国政府消费增长速度逐年增长，而居民消费则日趋下降。

资料来源：国家统计局：《2007中国统计年鉴》，中国统计出版社2007年版；国家统计局：《2006中国统计年鉴》，中国统计出版社2006年版。

因此，从产品市场角度来看，1994—1999 年间我国经济的增长衰退主要受投资、消费的大幅度下降影响，亚洲危机之后（1999—2006）的高速经济增长则主要是由于政府主导的投资支出的高速增长带来的。同时，由于经济转型所带来的住房市场化改革、教育、医疗以及社会保障等方面的影响，我国经济中消费的贡献大幅度下降，储蓄替代消费和政府主导的投资冲动所导致的需求冲击仍将构成未来一段时期我国开放经济所面临的重大因素。

三、货币供给的内生性与货币性冲击

人民币汇率在亚洲金融危机后成为国际社会关注的热点问题，我国政府承受了巨大的代价，承诺并坚定地维持了人民币汇率的基本稳定，从而为周边地区的经济和局势稳定做出了重大贡献。中国政府为此做出的一项重要决策就是让人民币固定地钉住美元。这一措施所带来的不利影响有两个：第一，在资本流动日趋扩张的形势下，事实上的钉住美元的制度安排是难以应对投机性冲击的，维持这一制度安排的成本日益高昂（冯用富，2000；胡援成、曾超，2004；齐琦部，2004）；第二，货币政策效力的削弱（范从来等，2003；冯用富，2000；姜凌、马先仙，2005；李婧，2002a；何慧刚，2004；苏平贵，2003）和货币供给内生性的不断加强（范从来等，2003；何慧刚，2004；黄薇，2005；李婧，2002a）。

1994 年以来，我国国际收支出现了持续十余年的"双顺差"局面（余永定、覃东海，2006）。一方面，巨额的经常项目顺差导致了外汇供给的增加（参见表 4-2-1）；另一方面，近年来 FDI 的持续流入又通过出口和资本与金融账户两个渠道进一步地促进了我国外汇供给的增加。为了维持汇率的基本稳定，中央银行不得不动用外汇人民币占款购买多余的外汇转化为国家外汇储备，从而导致了国内货币供给的被动性扩张（参见图 4-1-4）。在此情形下，我国中央银行的货币发行不再是依据国内宏观经济形势来制定的，而是被外汇占款压迫性地加快发行，货币政策的独立性受到了极大削弱。

表 4-1-4 显示，1993 年 3 月至 1998 年 9 月期间，中国人民银行

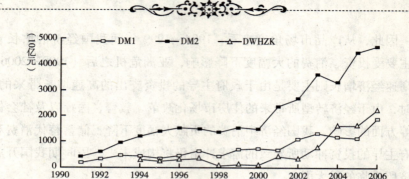

图 4 - 1 - 4   中国的外汇占款增长和货币供给增长（1991—2006）

注：DM1、DM2 和 DWHZK 分别表示 M1、M2 和外汇占款变化。

资料来源：国家统计局：《2007 中国统计年鉴》，中国统计出版社 2007 年版；国家统计局：《2006 中国统计年鉴》，中国统计出版社 2006 年版。

对存款货币银行发放的再贷款、再贴现等所形成的债权是我国中央银行主要的货币投放渠道。1993 年末对存款货币银行债权在中央银行总资产中所占比重达到了 70% 以上，同期人民币外汇占款占总资产比重仅为 10%。但 1994 年汇率形成机制改革之后，中央银行通过再贷款、再贴现所投放的货币不断下降，而以人民币外汇占款形式投放的货币却在不断增加（参见表 4 - 1 - 4）。1998 年 9 月，外汇占款在中央银行总资产中的比重首次超过长期以来的中央银行第一位资产，即对存款货币银行债权的比重，外汇占款成为我国中央银行的第一大资产，也成为我国中央银行货币投放的首要渠道。从那以后，外汇占款无论在规模上，还是在占中央银行总资产的比重方面，都一发不可收拾。截至 2007 年 9 月末，达到 111776.31 亿元，占比已超过 70%，是同期对存款货币银行债权占比的 16.91 倍。

表 4 - 1 - 4   中国人民银行资产表

单位：亿元

	国外净资产	外汇占款	对政府债权	对存款货币银行债权	外汇占款/资产	对银行债权/资产
1993.03	1324.00	1222.00	1339.60	6671.10	12.087%	65.986%
1993.06	1286.50	1183.00	1373.70	6868.10	11.454%	66.499%
1993.09	1451.00	1332.20	1399.80	7879.60	11.570%	68.434%

	国外净资产	外汇占款	对政府债权	对存款货币银行债权	外汇占款/资产	对银行债权/资产
1993.12	1549.50	1431.80	1582.70	9609.50	10.470%	70.267%
1994.03	2437.60	2253.80	1582.80	9297.70	15.805%	65.203%
1994.06	3081.70	2888.00	1582.80	9383.10	19.228%	62.473%
1994.09	3816.80	3619.00	1582.80	9581.00	22.732%	60.181%
1994.12	4451.30	4263.90	1582.80	10451.00	24.388%	59.777%
1995.03	4992.70	4839.10	1582.80	10294.80	27.000%	57.441%
1995.06	5322.60	5192.60	1582.80	9990.00	29.107%	55.998%
1995.09	6020.10	5846.00	1582.80	10372.00	31.003%	55.005%
1995.12	6669.50	6511.40	1582.80	11510.30	31.571%	55.809%
1996.03	7329.40	7176.80	1582.80	11451.10	33.825%	53.970%
1996.06	7887.80	7712.60	1582.80	10936.50	36.375%	51.580%
1996.09	8729.10	8536.80	1582.80	11174.70	38.326%	50.169%
1996.12	9562.20	9330.00	1582.80	14518.40	35.252%	54.855%
1997.03	10664.20	10138.60	1582.80	13628.90	35.957%	48.336%
1997.06	11436.50	10916.10	1582.80	13235.90	37.990%	46.063%
1997.09	12515.60	12018.10	1582.80	13531.40	40.469%	45.565%
1997.12	13229.20	12649.30	1582.80	14357.90	40.267%	45.707%
1998.03	13179.70	12651.40	1582.80	14014.50	40.698%	45.082%
1998.06	13169.70	12621.50	1582.80	13496.10	41.030%	43.873%
1998.09	13284.70	12729.30	1582.80	11370.00	43.970%	39.276%
1998.12	13560.30	13087.90	1582.80	13058.00	41.858%	41.762%
1999.03	13522.10	13107.10	1582.80	12195.30	43.093%	40.096%
1999.06	13549.90	13134.80	1582.80	11860.10	43.575%	39.346%
1999.09	14661.60	14252.30	1582.80	12535.40	44.636%	39.259%
1999.12	14458.50	14061.40	1582.80	15373.90	39.778%	43.491%
2000.03	14648.80	14261.31	1582.80	13623.27	41.575%	39.715%
2000.06	14749.90	14374.80	1582.80	11433.67	40.832%	32.477%
2000.09	14775.00	14417.90	1582.80	11362.49	39.826%	31.386%
2000.12	15188.90	14814.50	1582.80	13519.19	37.984%	34.663%
2001.03	15312.60	15089.00	2731.10	10067.90	41.023%	27.372%
2001.06	16505.10	16282.10	2841.20	11257.00	41.579%	28.746%
2001.09	17768.70	17505.30	2811.50	11205.30	43.443%	27.808%
2001.12	19351.30	18850.20	2821.30	11311.60	44.640%	26.788%

	国外净资产	外汇占款	对政府债权	对存款货币银行债权	外汇占款/资产	对银行债权/资产
2002.03	19171.10	18659.90	2727.70	9999.20	40.074%	21.474%
2002.06	19823.10	19252.50	2537.50	9802.60	41.710%	21.237%
2002.09	20982.50	20381.70	2569.60	9763.20	42.620%	20.416%
2002.12	22819.80	22107.40	2863.80	9982.60	43.618%	19.696%
2003.03	25222.19	24062.32	2863.79	9548.71	45.566%	18.082%
2003.06	27151.36	25983.47	3007.23	9626.68	47.860%	17.732%
2003.09	29944.86	28670.20	3058.59	10685.69	49.475%	18.440%
2003.12	31141.85	29841.80	2926.11	10163.67	48.129%	16.392%
2004.03	33981.27	32758.19	3007.02	10071.60	50.732%	15.598%
2004.06	36419.14	35198.36	3007.02	9814.24	51.112%	14.251%
2004.09	39453.51	38237.41	3007.02	9639.99	53.378%	13.457%
2004.12	46960.13	45939.99	2969.62	9376.35	58.407%	11.921%
2005.03	51432.24	50163.35	2969.62	9092.62	60.402%	10.948%
2005.06	55963.65	54698.13	2929.71	8630.45	59.090%	9.323%
2005.09	60121.43	58904.42	2929.71	8031.69	59.593%	8.126%
2005.12	63339.16	62139.96	2892.43	7817.72	59.937%	7.541%
2006.03	68440.01	67230.32	2891.88	7808.61	61.253%	7.114%
2006.06	73446.28	72216.34	2875.51	6937.90	62.306%	5.986%
2006.09	78201.59	76975.05	2862.46	6920.45	64.285%	5.780%
2006.12	85772.64	84360.81	2856.41	6516.71	65.612%	5.068%
2007.03	95939.46	94546.42	2839.26	6526.55	67.966%	4.692%
2007.06	104870.78	103482.71	2825.75	6633.14	69.871%	4.479%
2007.09	115860.30	111776.31	8825.32	6612.39	70.140%	4.149%

资料来源：范从来等：《通货紧缩国际传导机制研究》，人民出版社2003年版。第78—79页；中国人民银行网站（www.pbc.gov.cn）。

因此，在我国当时事实上的固定汇率制度安排下①，我国中央银行通过外汇占款形式投放的货币对我国的货币供给形成了很强的内生性冲击，中央银行为了维持汇率的基本稳定，不得不被动地在银行间外汇市

① 2005年7月21日新的汇率形成机制改革后，我国外汇占款快速增长的情况没有得到根本扭转，中央银行被迫进行冲销以稳定人民币汇率的压力依然存在。2006年10月，我国外汇储备突破1万亿美元大关，成为继人民币汇率之后国际社会讨论的又一个热点问题。

场上利用外汇占款来吞吐货币,货币政策的自主性和独立性受到极大的削弱。这种内生性的外汇占款的快速扩张形成了我国当前一段时期内所面临的另一个主要的经济冲击——货币性冲击。而相对于经常项目下的贸易摩擦而言,这种资本项下的货币性冲击对我国开放经济可能造成的冲击更为巨大(孙立坚,2005)。这个冲击是研究人民币汇率制度选择问题所不得不慎重考虑的,实际上这个冲击也成为我国目前宏观经济调控的一个难点。

四、日趋凸显的供给冲击

目前,中国所遭受的供给冲击典型地表现为石油价格、原材料价格和初级产品价格的波动对我国经济所造成的巨大冲击[①]。尤其是近年来,国际石油价格这一外生的供给冲击给我国经济增长和物价稳定造成了巨大冲击。经验研究表明,石油价格提高 10%,推动我国居民消费价格上升 0.25%,生产资料价格上升 0.9%。2004 年国际石油价格上涨推动我国 CPI 上涨了 0.8 个百分点。更不幸的是,20 世纪 90 年代以来,我国对石油消费的依赖日益增长,石油对外依存度持续上升。1994 年依存度仅为 3.46%,其后迅速上升,2000 年突破 30%,达到 31.73%,2003 年为 38.57%,2004 年达到 46.11%,2006 年升至 47.66%。这种外生的供给冲击给开放下的我国经济的平稳运行和物价稳定以及价格稳定目标带来了巨大的影响(黄运成等,2005)。

问题的严重性还不止于此。这种不利的供给冲击还会导致以价格稳定为首要目标的货币政策目标的失效[②]。目前我国所遭受的供给冲击会导致总供给的下降。由图 4-1-5 可以看出,短期总供给曲线从 SAS_0 左移到 SAS_1,从而导致价格水平上升至 P_1,产出则下降到了 y_1。假定我国货币当局将价格稳定(或通货膨胀)作为最终目标,由于价格水

---

① 2007 年上半年,我国猪肉等肉食品和农产品价格增长迅速,导致我国消费价格不断上扬。2007 年 7—12 月,我国 CPI 指数同比分别增长 5.6%、6.5%、6.2%、6.5%、6.9% 和6.5%。2008 年 1 月,CPI 同比增长 7.1%,创 13 年来的新高,我国面临着高通货膨胀的风险。

② 杰格迪什·汉达:《货币经济学》,中国人民大学出版社 2005 年版,第 280—313 页。

平不是货币当局可以直接控制的操作变量，因此，中央银行不得不通过变动货币供给或调整利率来抵消供给冲击对价格水平的影响，从而实现价格的稳定。在当前情况下，负向的供给冲击导致了总供给曲线移动到了 SAS_1，为了在 P_0 处维持稳定的价格水平，就要减少总需求（例如可以减少货币供给或提高利率），使总需求曲线向 AD_1 移动，从而在新的均衡点，产出从 P_0 时的 y_0 降低到 P_1 时的 y_1，这是由于不利的供给冲击导致的；然后，由于紧缩性的货币政策又导致了总需求的收缩，使产出进一步降低至 y_2。因此，在负向供给冲击的情况下，紧缩性的货币政策将加剧产出的下降，追求价格稳定的成本就是经济中产出的不稳定，从而会带来严峻的失业问题。

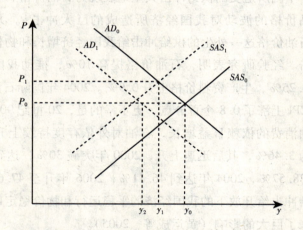

图 4 – 1 – 5   负向供给冲击与货币政策目标

五、几个特征事实与人民币汇率制度选择

20 世纪 80 年代以来，计划经济体制下通货膨胀压力的不断释放和对外开放以后所面临的资本流动的加剧，使我国宏观经济面临越来越多的内、外部冲击，人民币汇率体制和汇率水平的调整也开始越来越多地考虑这些因素所带来的影响。1994 年人民币汇率并轨改革将汇率体制和汇率水平的调整本身作为应对国内通货膨胀的一种工具。1997

年亚洲金融危机使人民币应否贬值一度成为当时争论的热点问题。为了稳定周边局势，中国政府承诺人民币不贬值，在政策上使人民币钉住美元，从而蜕变为事实上的固定汇率制度安排，并成功地维持了汇率的稳定，消化了金融危机所带来的不利冲击。1998 年以后，中国经济基本摆脱了危机的影响。然而此时的"双顺差"所带来的人民币升值压力又使人民币在 2002 年底再一次成为国际社会关注的焦点。人民币应否升值，升值多少以及随之而来的关于人民币汇率形成机制的讨论直到目前仍然成为热点的经济问题。2005 年 7 月 21 日进行的汇率形成机制改革宣布人民币一次性升值 2% 以来，人民币升值压力有增无减[1]。

在宏观经济形势由热到冷再趋热的形势下，我国宏观经济政策也出现了由紧到松再紧缩的转变。在产品市场、货币市场和外汇市场上，投资和储蓄不断扩张，而消费则不断下滑，给宏观经济的持续稳定增长带来了很大的不利影响；同时，事实上的钉住汇率制度使得中央银行的货币供给被动扩张，并面临日趋严重的货币性冲击；占我国国际资本流动主导地位的 FDI 形式的资金流动也带来了新的问题；资本流动、尤其是投机性比较强的非 FDI 资金流动日益庞大，对宏观经济的影响日益显著；在总供给层面上，负向的供给冲击则使得实物部门的产出下降，给宏观经济的平稳运行带来了巨大挑战。从目前来看，这些经济冲击在短期内不可能消失，势必对我国人民币汇率制度形成机制的改革构成严峻的挑战，在此形势下，研究人民币汇率制度改革的取向尤为重要。本章随后两节将首先考察 FDI 形式的资本流动对我国人民币汇率制度选择和汇率政策导向的影响；然后，再建立一个动态随机模型，考察我国半开放经济条件下，投机性资本流动以及各种主要的经济冲击对我国人民币汇率制度选择的影响。

---

[1]　自 2005 年 7 月 21 日汇率改革以来截至 2007 年 12 月 28 日，人民币兑美元汇率累计升值 9.93%；并且这次汇率改革以来（2006 年 5 月份除外），人民币汇率每个月都呈升值态势（参见图 1 - 1 - 1）。

第二节　FDI 资金流动下的人民币汇率政策与汇率制度选择

如前所述，2000 年以来人民币一直面临很大的升值压力（参见图 1-1-1），引起了国内外的广泛关注。2005 年 7 月 21 日人民币汇率形成机制改革之后，人民币汇率持续走强，升值压力依旧不减（温彬，2006）。人民币的升值压力已经构成了对我国经济持续稳定发展的严重挑战，如何从理论上来分析和解释这种升值压力对解决当前及未来一段时期内宏观经济的发展是有重大意义的。比较有代表性的观点认为，我国 1994—2005 年间事实上的钉住美元的汇率形成机制有内在缺陷，导致了外汇的需求不足。并且，这种制度下外汇占款的日益增加又导致了外汇供给的扩张，从而有力地支持了人民币的坚挺（何蓉，2006；张琦，2003）。因此，要降低升值压力，短期看要扩大外汇需求，降低外汇供给，而长期的或是根本的措施是改革人民币汇率形成机制（冯用富，2005；何蓉，2006）。

从供求因素来看，人民币汇率在当前及未来一段时间来看，主要还是取决于我国实体经济层面的供求因素（冯用富，2005）。而从实体经济因素来看，经常项目的顺差导致了外汇供给的增加（何蓉，2006；张琦，2003），其中，净出口是经常账户顺差的最主要的贡献因素（参见表 4-2-1）。从资本与金融账户来看，尽管我国存在非常严格的资本管制措施，但是，这种管制主要是针对投机性资本而言的。对 FDI 资金来说，我国一直是采取宽进严出的不对称管制措施的（姜波克等，1999）。因此，FDI 形式的资本流入一方面通过资本与金融账户直接带来了外汇供给的增加，另一方面 FDI 又对我国净出口的增加贡献重大，从而直接和间接地导致了人民币的升值压力。由此看来，从实体经济层面的商品流动和资本与金融账户的资金流动两个方面来考察我国的财政和货币政策效果以及人民币汇率问题，FDI 形式的资本流动是一个非常关键的，也是应进一步深入考察的解释因素。

表 4 - 2 - 1　中国 GDP 增长率、国际收支和净出口

	1994	1995	1996	1997	1998	1999	2000
GDP 增长率(%)	13. 10	10. 90	10	9. 30	7. 80	7. 60	8. 40
经常账户(百万美元)	7658	1618	7242	36963	31471	21114	20519
资本与金融账户(百万美元)	32644	38675	39967	21015	- 6321	5180	1922
净出口(百万美元)	5400	16700	12220	40420	43470	29230	24110
净出口/经常项目(百万美元)	70. 51	1032. 1	168. 74	109. 35	138. 13	138. 44	117. 50

	2001	2002	2003	2004	2005	2006
GDP 增长率(%)	8. 30	9. 10	10	10. 10	10. 20	11. 10
经常账户(百万美元)	17405	35422	45875	68659	160818	249866
资本与金融账户(百万美元)	34775	32291	52726	110660	62964	10037
净出口(百万美元)	22550	30430	25470	32090	102000	177480
净出口/经常项目(百万美元)	129. 56	85. 91	55. 52	46. 74	63. 43	71. 03

资料来源：国家统计局：《2005 中国对外经济统计年鉴》，中国统计出版社 2005 年版；国家统计局：《2007 中国统计年鉴》，中国统计出版社 2007 年版；国家统计局：《2006 中国统计年鉴》，中国统计出版社 2006 年版；国家外汇管理局。

一、理论回顾

在理论上，M-F 模型为考察一国汇率和资金流动以及政策效力提供了基本的分析框架。这个模型直接继承了凯恩斯主义的基本思想，认为一国进口数量主要取决于本国收入水平，而出口主要由外国收入水平决定，因此，本国收入增加时，经常账户将有逆差，反之则反是。在融入开放经济条件之后，M-F 模型假设短期的国际资本流动是同质的，并且跟国内外利差是正相关的。短期内如果本国利率高于外国利率，那么资本会立即流入，本国资本与金融账户将有顺差；反之则有逆差（Mundell，1963、1964；汉达，2000；曼昆，2003）。因此，资金不完全流动的条件下，在利率 (i) —收入 (y) 的二维坐标系中，国际收

支曲线（*BP*）表现为一条向右上方倾斜的直线（如果是小国开放经济，并且资本完全自由流动的话，那么这就是一条水平的直线）。

但是，M-F 模型中资本流动的同质性在现实中是难以成立的（陆磊，2004）。现实中，很多国家，尤其是发展中国家和地区对资本与金融账户下的短期资本流动进行了严格的管制。同时，出于发展本国经济的需要，这些国家又采取各种优惠措施招商引资，因此，国际资本很多是以 FDI 和对外借款的形式流入这些国家的，并且这些资本在流入时比较容易，而在流出时会遭到严格的审查，资本管制是十分不对称的（姜波克等，1999）。这种不对称的资本管制在我国十分突出。因此，在这种现实条件的约束下，我国开放经济下所面临的问题就不同于经典的 M-F 模型的环境了，M-F 模型中的资本流动线需要进一步的修正才可能适用于对中国经济环境的分析（苏平贵，2003；吴骏等，2006）。

苏平贵（2003）认为，由于我国存在严格的利率管制和外汇管制（资本不能自由流动），因此，*BP* 曲线在我国实际上是一条水平直线。在利率（i）—收入（y）二维坐标系中，表现为 $i=i^*$。与 M-F 模型不同的是，这里的 i^* 是本国中央银行根据经济情况而确定的外生的利率水平，而不是世界利率[①]。郭建泉、周茂荣（2003）和张纯威（2006）区分了投资性资本流动和投机性资本流动，并将二者纳入到一国的供给函数中。但在他们的研究中，投资性资本流动跟投机性资本流动一样，都被视为国内外利差的增函数[②]。

显然，这些研究都注意到了 FDI 形式的资金流动对我国产生的特殊影响。从我国实际经济运行来看，1994 年以后，我国的贷款利率逐年下调，但是，我国 FDI 资金流入不但没有减少，反而逐年增加（参见图 4-2-1、图 4-2-2）。因此，FDI 形式的资本流动与国内利率之间

---

① 苏平贵：《汇率制度选择与货币政策效应分析——蒙代尔—弗莱明模型在我国的适用性、改进及应用》，载《国际金融研究》2003 年第 5 期，第 4—9 页。

② 郭建泉、周茂荣：《弹性汇率制度下资本控制的经济效应——一个基于修正的 Dornbusch "超调" 模型的动态学分析》，载《经济研究》2003 年第 5 期，第 48—55 页；张纯威：《弹性汇率制度下的国际资本流动调控策略》，载《世界经济研究》2006 年第 2 期，第 36—40 页。

可能存在负相关的关系①。原因是，FDI 资金流入国内以后，国内的利率（贷款利率）就成为 FDI 在东道国生产经营的资本成本，而不是其预期收益，这一观点与范从来（2001）是一致的。而 FDI 预期收益应该和东道国的总体经济成长是正相关的，随着我国经济保持了近 30 年的高速增长，中国国内市场因经济增长而带来的巨大潜力和许多机会以及低廉的劳动力成本和资本成本就成为 FDI 流入的重要解释因素。

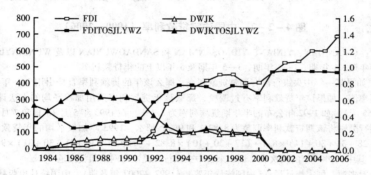

图 4 - 2 - 1 中国 FDI 资金流动和对外借款变化（1983—2006）

注：1. FDI、DWJK、FDITOSJLYWZ 以及 DWJKTOSJLYWZ 分别表示 FDI、对外借款、FDI 占实际利用外资的比重以及对外借款占实际利用外资的比例。

2. 对外借款和 FDI 的单位为亿美元。

资料来源：国家统计局：《2007 中国统计年鉴》，中国统计出版社 2007 年版；国家统计局：《1989 中国统计年鉴》，中国统计出版社 1989 年版。

因此，FDI 形式的资本流动构成了我国开放经济运行的一个重要影响因素。但是，与短期资本流动对利率的敏感性不同，FDI 形式的资本

---

① 吴骏等（2006）认为，随着经济的快速增长所带来的技术改进，产出的增长会使一国单位产品成本和销售价格下降从而导致出口的增长；同时产出的增加也会带来消费结构的改善，并因此导致边际进口倾向的下降；并且，收入的增长往往会伴随着外资的大量流入，从而导致本币的升值。因此，本国的净出口与收入水平是正相关的，由此也会导致本国国际收支曲线在利率（i）—收入（y）的二维坐标系上表现为一条向右下方倾斜的直线。因此，他们认为国内利率与外资的流动之间呈负相关关系是由于本国的净出口和收入水平正相关造成的，同时也是由于一国收入增长导致的（吴骏、周永务、王俊峰：《对蒙代尔—弗莱明模型的修正——中国经济增长对人民币汇率作用机制》，载《数量经济技术经济研究》2006 年第 6 期，第 116—123 页）。因此，对 FDI 形式的资本流动和国内利率之间的关系，他们所持的理由跟本书的基本观点是不同的。

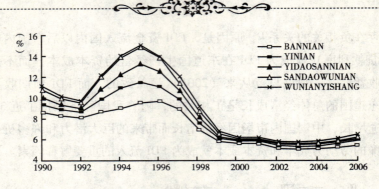

图 4-2-2　中国法定贷款利率（1990—2006）

注：1. BANNIAN、YINIAN、YIDAOSANNIAN 和 SANDAOWUNIAN 以及 WUNIANYISHANG 表示半年期、1 年期、1—3 年期、3—5 年期及 5 年以上的年贷款利率。

2. 如果某一年中央银行没有调整贷款利率，那么该年的贷款利率直接引用上一年公布的贷款利率值；如果该年贷款利率有过调整，那么该年贷款利率采用加权平均的方法计算（1 年取 365 天）。如 1992 年公布的半年期贷款利率为 8.1%，在 1993 年 5 月 15 日和 7 月 11 日，中央银行分别将该期贷款利率调整为 8.82% 和 9%，那么，1993 年加权平均的年贷款利率 = [（31 + 28 + 31 + 30 + 14）× 8.1 +（17 + 30 + 10）× 8.82 +（21 + 31 + 30 + 31 + 30 + 31）× 9]/365。

3. 其中，2006 年的两次利率调整来自中央银行人民银行网站相关报道。

资料来源：国家统计局：《中国统计年鉴》（1997—2007 年各期），中国统计出版社版。

流动跟国内外利差是负相关的。因为，本国的利率比较低，FDI 资金进入以后从事生产经营时所付出的资本成本就比较低，从而能够获得更多的利润。理论上来说，国内利率越低，FDI 越易流入，从而会导致本国资本与金融账户的顺差和本币的升值压力（范从来，2001）。我国 20 世纪 90 年代初以来的经济现实也说明了这一点。尤其是 1994 年以来，在国内利率不断下降、宏观经济不断高速稳定增长的情况下，我国的经常账户和资本与金融账户的顺差已经持续了近 15 年之久（参见表 4-2-1）（余永定、覃东海，2006），人民币也面临着强大的升值压力。即使新的人民币汇率形成机制改革之后，升值压力仍然有增无减，外资仍然持续流入（温彬，2006）。这种现实与 M-F 模型的假设和理论结论已经相去很远了。

本节考虑到我国资本账户管制和 FDI 形式的资本流动主导着我国国际资本流动的现实，对经典的 BP 曲线进行了修正，并从 FDI 资金流动角度来考察我国的财政政策和货币政策及人民币汇率政策问题。本节第二部分简单分析 FDI 资金流动与国内储蓄之间的关系，为第三部分的模型奠定基础；第三部讨论 FDI 资金流动主导着我国国际资本流动的条件下，我国的货币政策效力和人民币汇率政策问题；最后是结论。

二、FDI 真的意味着利用了外资吗

1992 年以后，我国在利用外资方面出现了很大的变化。对外借款总额尽管仍在不断地增长，但是我国以对外借款形式进行的外资利用在总的外资利用中的占比却是逐年下降的。而 FDI 资金无论在绝对数量上还是在总的利用外资占比上都已经远远超过了对外借款，2001—2006 年间对外借款竟已经下降为 0，利用外资已经变成了基本上以 FDI 资金为主导，FDI 资金在总的外资利用中的占比达到了 94% 以上（参见图 4-2-1），成为我国利用外资的最主要的形式。

另一方面，如前所述，从国际资本流动的角度来看，FDI 形式的资本流动自 1986 年以来一直在我国的国际资本流动中占据着主导地位（参见图 4-2-1），它不仅成为我国利用外资的主导形式，也是当前我国国际资本流动的主要形式。

从我国近年来的国际收支格局可以发现，我国已经持续了十多年的"双顺差"（参见表 4-2-1）。从国际金融学的角度看，经常账户的顺差表明，我国存在国内部门的储蓄没有完全利用，从而输出了一部分实际资源给世界其他国家利用了。而资本与金融账户的顺差则表明，在我国存在资本账户的严格管制下 FDI 形式的资本流入，从理论上来看，为我国的经济发展带来了资金的注入，从而意味着我国利用了外国资本促进了本国的经济发展。因此，最终，我国是否真正利用了外国资金要取决于这两者的比较①。

记，S_d = 国内私人部门储蓄；S_g = 国内政府部门储蓄；I = 本国的总投资额；I_d = 国内本土企业的投资额；I_f = 国内外资企业投资额；I_g =

---

① 这里的分析方法主要参考了余永定、覃东海：《中国的双顺差：性质、根源和解决办法》，载《世界经济》2006 年第 3 期，第 31—41 页。

本国政府投资；CA = 经常账户差额。

根据国际收支恒等式，有：

$$(S_d + S_g) - (I_d + I_g + I_f) = CA \qquad (4-2-1)$$

重新整理后，

$$(S_d - I_d) + (S_g - I_g) = CA + I_f \qquad (4-2-2)$$

显然，由于我国经常账户持续的顺差，因此 $CA > 0$。于是，

$$(S_d - I_d) + (S_g - I_g) - I_f = CA > 0$$

这个不等式说明，我国的国内储蓄（包括私人部门储蓄和政府部门的储蓄）不仅弥补了国内本土企业的投资需求而有余，而且还为我国政府部门的投资支出融通了部分的资金，也为国内外资企业的投资寻求提供了资金来源。进一步看，如果假设本国政府部门的收支基本平衡的话[1]，那么有，$(S_d - I_d) - I_f = CA > 0$。这就说明，本国的私人部门储蓄不仅为本国企业提供了资金，而且，更为重要的是，也为进入我国的FDI 资金也提供了大量的资金来源。这一点的理论意义和现实意义是十分重大的，这实际上说明我国这么多年来利用外资的最初目的并没有真正实现。反而是由于各种原因，我国成为了资本净输出国，一直通过经常账户的盈余向国外输出资源，国内的储蓄还向 FDI 资金提供了非常廉价的资金来源[2]。换句话说，FDI 在国内生产经营所需承担的资本成本其实是非常低的，这可能是 FDI 资金大规模流入我国的一个重要原因[3]。

---

① 实际上，1989—2006 年期间，我国的财政收支是基本保持平衡的，财政收支差额占 GDP 的比重平均为 −1.36%，收支差额占 GDP 的比重异常平稳，标准差只有 0.64%。

② 1996 年以后，我国连续降低利率刺激经济。1 年期贷款利率从 1996 年的 10.98% 几乎是逐年下降，到 2004 年，1 年期贷款利率已经下降到 5.58%。1—3 年期贷款、5 年期以及 5 年以上的贷款利率都逐年下调，2004 年这三项贷款利率分别是 5.76%、5.85%、6.12%，分别比 1996 年降低了 7.38%、9.09% 和 9%（参见图 4-2-2）。

③ 很多研究认为，FDI 资金流入我国是受劳动力成本低廉、市场广阔以及地理因素影响的。这些研究注意到了 FDI 投资所需负担的劳动力成本支出，而忽视了它们所需支付的资本成本因素。姜波克等（1999）的实证研究支持了本书的观点。

三、FDI 资金流动下的政策有效性和人民币汇率政策

前面已经说明了，FDI 形式的资金流动部分地利用了国内的储蓄[①]。如果认识到这一点，那么国内的贷款利率实际上就成为 FDI 资金在东道国从事生产经营所面临的资本成本的主要影响因素。由此可以证明，FDI 资金流动与我国国内的利率（贷款利率）是负相关的[②]，因此，国内利率下降时，利率的下降将会吸引 FDI 资金流入，这首先会直接导致资本与金融账户的改善，从而外汇供给增加，本币需求增加，导致人民币有升值压力；其次，FDI 资金流入以后，利用国内低廉的储蓄以形成生产能力，从而导致我国净出口的增长和经常账户的改善。这也会带来外汇供给和本币需求的增加，使本币有升值压力。

（一）模型[③]

模型对产品市场和货币市场的描述主要来自 Mundell（1963；1964）、Roberts 和 Tyers（2001）。总供给曲线采用 Lucas（1973）形式的总供给曲线。为了简便起见，本书采用了不带随机冲击的确定性的静态模型。

1. *产品市场与货币市场*

假设消费 C 是利率水平 i 和国民收入 y 的函数，其线性形式为，$C = C_0 - \alpha_1 i + \beta_1 y$，$\alpha_1 > 0$，$0 < \beta_1 < 1$。投资是自发性投资 I_0 和利率 i 的函数，线性形式为，$I = I_0 - \alpha_2 i$，$\alpha_2 > 0$。政府支出外生给定，$G = G_0$。出口 X 是自发性出口 X_0 和实际汇率水平的函数，$X = X_0 + \theta(s - p)$，$\theta >$

---

① 余永定、覃东海（2006）认为，在给定国内储蓄的条件下，FDI 挤出了等值的本土企业投资。但是，国内储蓄是以迂回方式为外资企业提供融资的。即，美国向中国出售国库券，为美国筹集资金，而美国投资者则以直接投资的形式将等量资金输出到中国（余永定、覃东海：《中国的双顺差：性质、根源和解决方法》，载《世界经济》2006 年第 3 期，第 31—41 页）。

② 关于这一点，初、中级的宏观经济学教科书都有说明。

③ 国内学者的经验研究或实证研究（何运信、曾令华，2004；胡乃武、孙稳存，2003；卢向前、戴国强，2005；易行健，2006；王志强等，2002；表 5－2－5）为我国产品市场、货币市场与总供给曲线的存在提供了经验支持。请参见本章第三节基本模型设定部分的脚注。本书第五章第二节的经验研究也表明，这些理论模型在我国是基本适用的。

0。进口 M 是自发性进口 M_0、实际汇率水平以及本国收入水平的函数，$M = M_0 - \lambda(s-p) + \beta_2 y$，$\lambda > 0$，$0 < \beta_2 < 1$。这里，除了利率水平 i 以外，所有的变量都是以对数形式给出的（如无特别说明，下文其他变量都是以对数形式给出的）。在对数形式下，可以把一国的实际汇率表示为 $s-p$，其中，s 是名义汇率水平的对数，用本币的直接标价法表示。p 是本国的一般价格水平的对数[①]。这样，可以写出 IS 曲线的表达式：

$$y = a - \alpha i + \phi_1(s-p) \qquad (4-2-3)$$

其中，$a = (C_0 + I_0 + G_0 + X_0 - M_0)/(1 - \beta_1 + \beta_2)$，$\alpha = (\alpha_1 + \alpha_2)/(1 - \beta_1 + \beta_2) > 0$，$\phi_1 = (\theta + \lambda)/(1 - \beta_1 + \beta_2) > 0$。

货币市场均衡时的方程为 $m - p = ky - hi$。在开放经济条件下，如果一国采取措施以冲抵储备的消长，那么该国的政策就是积极的，在此情况下，货币供给可以视为外生的（汉达，2000）。我国的货币供给并不是绝对的外生的，它既有一定的外生性，也有一定的内生性（范从来，2001）。其外生性体现在，我国中央银行一定程度上可以根据宏观经济形势的变化来调控国内的信贷量，其内生性表现在，我国在 2005 年 7 月 21 日之前所实行的事实上的固定汇率制度下，内生性的国际储备的变动迫使我国中央银行被动地进行外汇市场干预，以维持人民币兑美元汇率的稳定。因此，本书把货币供给中的国内信贷部分 m_d 视为外生的，它代表国内的货币政策实施，而国际储备 R 则表示我国货币供给中内生性的那一部分。定义 $m_s = m_d + R$。这样，货币市场均衡时有：

$$m_d + R - p = ky - hi \qquad k, h > 0 \qquad (4-2-4)$$

2. 总供给和外汇市场均衡

总供给曲线采取 Lucas（1973）形式的供给函数，并且不考虑随机的供给冲击的影响。

$$y - \bar{y} = b + \varphi(p - \bar{p}) \qquad (4-2-5)$$

最后是外汇市场均衡关系。考虑到我国净出口占经常账户差额绝对

---

① 这里外国的价格水平被假定为1，在取自然对数后变为0，因此没有进入表达式中。

大的比重的现实情况下（参见表 4 - 2 - 1），本书以净出口 $X - M$ 代替经常账户差额。对资本与金融账户来说，根据本书的分析，本书假设资本流动与国内利率是负相关的。国内利率越低，越容易吸引资金流入，资本与金融账户将有顺差，外汇储备增加；反之则反是。

因此，对外汇市场均衡而言，就有 $X - M + K(i) = 0$。假设 FDI 形式的资本净流入 $K(i)$ 也采取线性函数，$K(i) = K_0 - \chi i$[①]，$\chi > 0$。这与 Mundell（1963；1964）的研究是不同的，主要原因在于 Mundell 的研究主要考察的是短期性的资本流动，因此，利率对短期的资本而言即是其投资报酬率的衡量，而对于利用东道国储蓄的 FDI 资金而言，东道国的利率则构成了 FDI 的资本成本。根据净出口 $X - M$ 的函数表达式，外汇市场均衡时，我们有：

$$y = \Omega + \phi_2(s - p) - \alpha^* i \qquad (4 - 2 - 6)$$

其中，$\Omega = (X_0 - M_0 + K_0)/\beta_2$，$\phi_2 = (\theta + \lambda)/\beta_2 > (\theta + \lambda)/(1 - \beta_1 + \beta_2) = \phi_1 > 0$，$\alpha > \alpha^* = \chi/\beta_2 > 0$[②]。

上述方程（4 - 2 - 3）—方程（4 - 2 - 6）构成了我国开放经济条件下的确定性的静态线性经济系统，它们共同决定了四个内生变量 y，i，p，R（固定汇率制度下，名义汇率是外生给定的）或 y，i，p，s（在自由浮动汇率制度下，货币供给是完全的外生的）。其余变量是参数或外生变量。

（二）比较静态分析

这一小节着重考察经济系统中外生变量对内生变量的影响。在完全固定的汇率制度安排下，对由方程（4 - 2 - 3）—方程（4 - 2 - 6）构成的静态经济系统进行全微分，得到：

---

① 这里，本书假定外国利率是既定的，只考虑本国利率对 FDI 形式的资本流动的影响。另外，考虑到 FDI 的收益问题，还应该把一国的经济增长考虑进来，它可以作为资本在东道国经营所产生的预期报酬的一个替代。

② $\alpha > \alpha^*$ 的基本原因是国内投资需求不仅包括本土企业的投资需求，而且还包括在国内经营的 FDI 资金的投资需求，而构成外汇市场均衡时的国际收支曲线仅仅反映了 FDI 资金流动和国内收入水平之间的关系。

$$\begin{bmatrix} 1 & \alpha & \phi_1 & 0 \\ k & -h & 1 & -1 \\ 1 & 0 & -\varphi & 0 \\ 1 & \alpha* & \phi_2 & 0 \end{bmatrix} \begin{bmatrix} dy \\ di \\ dp \\ dR \end{bmatrix} = \begin{bmatrix} 1 & \phi_1 & 0 & 0 \\ 0 & 0 & 1 & 0 \\ 0 & 0 & 0 & 0 \\ 0 & \phi_2 & 0 & 1 \end{bmatrix} \begin{bmatrix} da \\ ds \\ dm_d \\ d\Omega \end{bmatrix} \qquad (4-2-7)$$

在自由浮动汇率制度下，名义汇率 s 成为经济系统的内生变量，而货币供给 m_s 则变成了完全的外生变量（不考虑中央银行干预操作）。只考虑财政政策和货币政策的影响，那么对系统进行全微分得到：

$$\begin{bmatrix} 1 & \alpha & \phi_1 & -\phi_1 \\ k & -h & 1 & 0 \\ 1 & 0 & -\varphi & 0 \\ 1 & \alpha* & \phi_2 & -\phi_2 \end{bmatrix} \begin{bmatrix} dy \\ di \\ dp \\ ds \end{bmatrix} = \begin{bmatrix} 1 & 0 \\ 0 & 1 \\ 0 & 0 \\ 0 & 0 \end{bmatrix} \begin{bmatrix} da \\ dm \end{bmatrix} \qquad (4-2-8)$$

最后，考虑到短期的资本流动，可以假设短期资本流动与国内利率正相关，$K'(i) = K'_0 + \xi i$（$\xi > 0$；K' 表示资本短期资本净流入）。这样，可以得到国际收支平衡时的国民收入和利率之间的关系，$y = \Omega' + \phi_2(s-p) + \xi i$。同时联立这个方程以及方程（4-2-3）—方程（4-2-5），就可以考察短期资本流动条件下的 M-F 模型意义上的财政政策和货币政策的基本效应了，从而可以和本书的研究做一个简单的对比。

1. 固定汇率制度下的政策效应

根据（4-2-7）式，可以利用隐函数定理（蒋中一，1984）分别考察政府财政政策和货币政策以及固定汇率制度安排下人民币名义汇率法定升值/贬值的影响（参见表4-2-2）。

表4-2-2　固定汇率制度下的政策效应

	FDI 资金流动下的政策效应	短期资本流动下的政策效应
财政政策效力		
对收入的影响（$\partial y/\partial a$）	$(-\alpha^*\varphi)/|A| < 0$	$(\xi\varphi)/|A^*| > 0$
对利率的影响（$\partial i/\partial a$）	$(\phi_2+\varphi)/|A| > 0$	$(\phi_2+\varphi)/|A^*| > 0$
对价格的影响（$\partial p/\partial a$）	$(-\alpha^*)/|A| < 0$	$\xi/|A^*| > 0$

	FDI 资金流动下的政策效应	短期资本流动下的政策效应
货币政策效力		
对收入的影响($\partial y/\partial m_d$)	0	0
对利率的影响($\partial i/\partial m_d$)	0	0
对价格的影响($\partial p/\partial m_d$)	0	0
本币法定贬值/升值效力		
对收入的影响($\partial y/\partial s$)	$\varphi(\alpha\phi_2 - \alpha^*\phi_1)/|A| > 0$	$\varphi(\alpha\phi_2 + \xi\phi_1)/|A^*| > 0$
对利率的影响($\partial i/\partial s$)	$\varphi(\phi_1 - \phi_2)/|A| < 0$	$\varphi(\phi_1 - \phi_2)/|A^*| < 0$
对价格的影响($\partial p/\partial s$)	$(\alpha\phi_2 - \alpha^*\phi_1)/|A| > 0$	$(\alpha\phi_2 + \xi\phi_1)/|A^*| > 0$

注：$|A| = \begin{vmatrix} 1 & \alpha & \phi_1 & 0 \\ k & -h & 1 & -1 \\ 1 & 0 & -\varphi & 0 \\ 1 & \alpha^* & \phi_2 & 0 \end{vmatrix} = \alpha(\varphi + \phi_2) - \alpha^*(\varphi + \phi_1) > 0$。在短期资本流动条件

下，BP 曲线在利率—收入的二维平面上变成了向右上方倾斜的曲线，因此可以得到，$|A^*| = \alpha(\phi_2 + \varphi) + \xi(\phi_1 + \varphi) > 0$。

首先，由表 4 - 2 - 2 可以看出，在固定汇率制度下，无论是对短期资本流动进行管制而只允许 FDI 形式的资金流动，还是开放资本与金融账户允许短期资本自由流动，货币政策对产出、利率以及一般价格水平都不会产生影响，货币政策在短期内是彻底无效的。在本国货币供给不变的条件下，我国中央银行增加国内信贷投放的结果只会导致等量的相反方向的国际储备的变化。在此条件下，FDI 形式的资本流动对我国的货币政策并没有产生实质性的影响。换言之，对短期资本流动的管制其实并没有使我国能够享有货币政策独立性这一好处。单纯的对短期资本所实行的资本与金融账户的管制措施并非货币政策有效的充分条件。如果同时考虑到中央银行对利率的管制，那么我国才有可能享有货币政策的有效性[①]。

其次，财政政策在两种形式的资本流动条件下所产生的效果却是不

---

① 这里的模型中，利率被假定为内生的。实际上我国利率自由化仍然任重而道远，这种利率和资本与金融账户的双重管制可能是固定汇率制度下我国货币政策有效的一个解释因素（苏平贵，2003）。

同的。在以 FDI 形式资本流动为主的情况下，政府财政的扩张会导致产出及一般价格水平的下降。这一点是令人惊讶的。乍一看，这与我国多年来的政策实践和经济运行事实是不吻合的。然而，考虑到 FDI 资金流入对资本与金融账户顺差和我国经常账户下净出口所产生的重要贡献，净出口和 FDI 的流入很可能扩大了国内需求，从而带来经济的扩张。我们不妨考虑这个影响。根据（4-2-7）式，可以计算这一影响。由（4-2-7）式可以得到，$\partial y/\partial \Omega = (\alpha\varphi)/|A|$，从而$\partial y/\partial \Omega + \partial y/\partial a > 0$。同理，由$\partial p/\partial \Omega = \alpha/|A|$，有$\partial p/\partial \Omega + \partial p/\partial a > 0$。这里，$\Omega = (X_0 - M_0 + K_0)/\beta_2$，既包括了自发性的净出口，也包括了自发性的 FDI 资金流入。因此，来自自发性的 FDI 资金净流入和自发性净出口的大幅度扩张是导致我国经济增长的一个重要解释因素。这部分地印证了我国经济增长的现实。FDI 资金所带来的资本与金融账户的顺差以及净出口的增长所带来的经常项目的顺差是导致我国经济增长的重要力量，外需成为拉动我国经济增长的重要力量。

最后，根据表 4-2-2 中人民币法定升值或贬值的政策效果，可以考察人民币升值的影响。显然，中央银行宣布人民币法定升值会导致我国国民收入和一般价格水平的下降以及利率水平抬升的压力。因此，从我国经济运行来看，对升值的担忧是不无道理的。因为，一方面升值会带来经济增长的减缓，不利于我国宏观经济持续稳定增长目标的实现，同时也会导致失业问题的加剧，这是我国所承受不了的。进一步地，如果人民币采取大幅度的升值，那么对我国经济增长和就业的冲击将会十分严重，极可能导致宏观经济和就业的大幅度衰退或下降。另一方面，从升值对一般价格水平的影响来看，无疑它会带来通货紧缩的压力，导致物价的波动。这两个方面的影响都是宏观经济不稳定的主要表现，会导致社会福利的损失。而我国当前是比较难以承受这些不稳定的影响的，因为宏观经济的稳定、持续增长一直是我国追求的基本政策目标。

另外，根据表 4-2-2，还可以得到两种不同形式的资本流动条件下，本币法定贬值/升值对产出、利率和价格水平的影响大小。对收入或产出的影响方面：

$$[\varphi(\alpha\phi_2 - \alpha^*\phi_1)]/|A| - [\varphi(\alpha\phi_2 + \alpha^*\phi_1)]/|A^*| =$$
$$[\alpha\varphi^2(\phi_2 - \phi_1)(\xi + \alpha^*)]/(|A||A^*|) > 0 \qquad (4-2-9)$$

对利率影响方面：

$$[\varphi(\phi_1 - \phi_2)]/|A| - [\varphi(\phi_1 - \phi_2)]/|A^*| =$$
$$[\varphi(\phi_1 - \phi_2)(\varphi + \phi_1)(\xi + \alpha^*)]/(|A||A^*|) < 0 \qquad (4-2-10)$$

对一般价格水平的影响方面：

$$(\alpha\phi_2 - \alpha^*\phi_1)/|A| - (\alpha\phi_2 + \alpha^*\phi_1)/|A^*| =$$
$$[\alpha\varphi(\phi_2 - \phi_1)(\xi + \alpha^*)]/(|A||A^*|) > 0 \qquad (4-2-11)$$

因此，在以 FDI 资金为主导的资本流动条件下，本币的法定贬值/升值对收入和一般价格水平的影响要比以短期资本流动为主导的资本流动条件下的影响大。这说明，我国的资本管制（主要是指针对短期资本流动的管制）并没有降低外部经济环境对国内经济的冲击，从这个意义上讲，资本管制的措施并不是有效的。这实际上也说明了，在我国当前及未来一段时期内，以 FDI 形式为主的资本流动条件下，本币的大幅度升值对我国的经济增长和一般价格水平所产生的收缩性的影响是十分严重的，采取大幅度的人民币升值措施以缓解中美贸易顺差的做法是极不可取的，它会导致我国宏观经济增长速度的下降和通货紧缩的巨大压力及由此而导致的社会福利损失，对就业也是非常沉重的打击。换句话说，如果在采取本币升值的措施同时，渐进地放松对短期资本流动的管制，"双管齐下"这一政策搭配实际上能够缓解升值对国民经济所产生的巨大的收缩性影响。

2. 浮动汇率制度下的政策效应

2005 年 7 月 21 日之后，"人民币开始实行以市场供求为基础、参考一篮子货币进行调节、有管理的浮动汇率制度"，人民币汇率的弹性正在逐步增加，浮动汇率制度成为我国未来人民币汇率制度的基本走向。因此，简要地分析浮动汇率制度下我国的政策效果是有重要意义的。根据（4-2-8）式，我们可以考察自由浮动汇率制度下我国的财政政策和货币政策对经济的影响（参见表 4 - 2 - 3），为我国以后的政策措施所产生的影响提供简单的预测。

表 4 - 2 - 3　浮动汇率制度下的政策效应

	FDI 资金流动下的政策效应	短期资本流动下的政策效应
财政政策效力		
对收入的影响（$\partial y/\partial a$）	$(-\phi_2 h\varphi)/|A_1| > 0$	$(-\phi_2 h\varphi)/|A^{**}| > 0$
对利率的影响（$\partial i/\partial a$）	$[-\phi_2(1+k\varphi)]/|A_1| > 0$	$[-\phi_2(1+k\varphi)]/|A^{**}| > 0$
对价格的影响（$\partial p/\partial a$）	$(-h\phi_2)/|A_1| > 0$	$(-h\phi_2)/|A^{**}| > 0$
对汇率的影响（$\partial s/\partial a$）	$[-\alpha^*(1+k\varphi) - h(\varphi+\phi_2)]/|A_1| < 0$	$[\xi(1+k\varphi) - h(\varphi+\phi_2)]/|A^{**}|^{@}$
货币政策效力		
对收入的影响（$\partial y/\partial m$）	$[\varphi(\alpha^*\phi_1 - \alpha\phi_2)]/|A_1| > 0$	$[-\varphi(\xi\phi_1 + \alpha\phi_2)]/|A^{**}| > 0$
对利率的影响（$\partial i/\partial m$）	$[-\varphi(\phi_1 - \phi_2)]/|A_1| < 0$	$[-\varphi(\phi_1 - \phi_2)]/|A^{**}| < 0$
对价格的影响（$\partial p/\partial m$）	$(\alpha^*\phi_1 - \alpha\phi_2)/|A_1| > 0$	$(-\xi\phi_1 - \alpha\phi_2)/|A^{**}| > 0$
对汇率的影响（$\partial s/\partial m$）	$[\alpha^*(\phi_1+\varphi) - \alpha(\varphi+\phi_2)]/|A_1| > 0$	$[-\xi(\phi_1+\varphi) - \alpha(\varphi+\phi_2)]/|A^{**}| > 0$

注：

1. $|A_1| = \begin{vmatrix} 1 & \alpha & \phi_1 & -\phi_1 \\ k & -h & 1 & 0 \\ 1 & 0 & -\varphi & 0 \\ 1 & \alpha^* & \phi_2 & -\phi_2 \end{vmatrix} = (\alpha^*\phi_1 - \alpha\phi_2)(1+k\varphi) + h\varphi(\phi_1 - \phi_2) < 0$。同理，

在短期资本不完全流动的条件下，有 $|A^{**}| = (-\xi\phi_1 - \alpha\phi_2)(1+k\varphi) + h\varphi(\phi_1 - \phi_2) < 0$。

2. 这里短期资本不完全流动条件下，财政政策之所以能够产生效力是由于资本的流动是不完全的，并且还受到供给层面的影响。

3. @表示符号是不确定的。

根据表 4 - 2 - 3，在浮动汇率制度下，无论是对短期资本流动进行管制而只允许 FDI 形式的资金流动，还是开放资本账户允许短期资本自由流动，货币政策对产出、利率以及一般价格水平以及汇率走势的影响都是完全相同的，这与经典的 M-F 模型的预测是完全一致的。财政政策的影响也是基本相同的，只有对国际储备会产生不同的影响。因此，在浮动汇率制度下，FDI 形式的资本流动其实并没有扭曲开放经济的运行，基本的结论仍然是成立的。

对比表 4 - 2 - 2 和表 4 - 2 - 3 中的财政政策和货币政策效果，如果把经典的 M-F 模型意义上的结论作为一个理想的参照系，那么，很显

然，由固定汇率制度向浮动汇率制度转变确实能够使我国获得货币政策独立性方面的好处，使我国的货币政策不再受到制约。这也是我国开放经济现实的需要。随着我国经济开放度的不断提高和经济持续稳定的增长，我国货币政策体系逐渐成熟，政策的纪律性逐步加强。由于这种变化，我国应该重新考虑人民币汇率的基本作用和货币政策的基本作用了。

换言之，如果坚持货币政策的基本目标是实现一般价格水平的稳定，并以此刺激经济增长，那么以前单纯的钉住美元的政策就与我国这一目标相冲突。因为在固定汇率制度下，正如表4-2-2所示，我国的货币政策根本不能发挥任何作用，其价格稳定功能根本无从谈起。在此情况下，人民币汇率制度进行重新选择就变得尤为必要了。因此，2005年新汇率形成机制改革一方面是为了获得货币政策独立性、加强货币政策纪律的需要，另一方面也是运用货币政策工具熨平我国经济周期性波动的需要。

四、结论

1992年以来，我国利用外资的政策出现了从对外借款为主向引入FDI形式的资本流入为主的转变，这种转变在我国事实上的固定汇率制度安排下，对我国的经常账户和资本与金融账户的顺差做出了很大的贡献，成为拉动我国经济增长的重要力量。但是，这种促进力量并不是来源于对FDI资金的实际利用，而是由于FDI形式的资本流入所带来的净出口的增长和资本与金融账户的顺差，外需成为我国经济增长的一个重要的推动力。在考虑到FDI形式的资本流入实际上是在使用国内的储蓄时，本国的利率就构成了FDI资金在国内运作的资本成本，由此导致了国际收支曲线的变化。在这种情况下，我国主要针对短期资本流动所进行的资本与金融账户的管制其实并没有起到降低外部经济环境对国内经济的冲击的作用，从这个意义上讲，资本管制的措施并不是有效的。

由于我国特殊的国情所采取的对短期资本的管制和对FDI形式资金

的优惠措施，使我国在当前及未来一段时期内，在以 FDI 形式为主的资本流动条件下，本币的大幅度升值对我国的经济增长和一般价格水平所产生的收缩性的影响是巨大的，采取大幅度的人民币升值措施以缓解中美贸易顺差的做法是极不可取的，它会导致我国宏观经济增长的大幅度下降和通货紧缩的巨大压力，也会沉重地打击我国就业目标，导致我国整体的社会福利损失。

在上述情况下，渐进地放松对短期资本流动的管制或是提高本国利率以遏制 FDI 形式的资本流入就显得尤为必要了。这一方面可以缓解我国资本与金融账户的巨额顺差，另一方面从中长期来看，也可以降低我国的净出口额，从而能够部分地解决我国双顺差的难题。另外，在本币稳步、渐进升值的同时，放松对短期资本流动的管制确实可以降低人民币的升值对我国经济所产生的巨大的收缩性的影响。新的汇率形成机制改革以来，中央银行频繁出台的各项政策措施，以及 2005 年 7 月以来的多次加息和 14 次提高法定存款准备金率，实际上也部分地印证了本节的基本结论。

最后，在 FDI 资金主导的条件下，如果我国要获得货币政策独立性，并以此实现价格稳定的基本目标，从而为宏观经济的持续稳定发展创造条件，那么更具弹性的汇率制度安排就是必须要考虑的制度安排了。

第三节　非 FDI 资金流动下的人民币最优汇率制度弹性模型

当前研究人民币汇率制度安排必须要考虑的一个重要因素是我国所面临的国际资本流动和政府所实行的资本管制对人民币汇率制度选择的影响。本章第一节曾指出，我国当前所面临的主要形式的资本流动是 FDI 资金，并且本章也分析了 FDI 资金流动占主导地位条件下的人民币汇率制度选择问题。然而，随着我国资本管制的逐渐放松和资本市场的日渐开放，非 FDI 形式的资本流动将逐渐成为我国国际资本流动的主导形式，这将对我国人民币汇率制度选择产生重要影响。因此，在资本管制渐进放开、国际资本流动日渐加强的新形势下，人民币汇率制度选择如何受这些因素的影响无疑应该纳入本书的研究之中。

这只是问题的一个方面。另一个方面是，2005 年新的汇率形成机制改革以来，在人民币持续升值及升值预期的推动下，中央银行被迫进行干预以保持所宣称的人民币汇率基本稳定的目标，从而带来了我国外汇储备的激增，进一步使得我国货币政策对宏观经济形势的调控越来越捉襟见肘。自 2005 年 7 月 21 日的改革以来，人民银行曾先后多次提高法定存贷款利率①，14 次提高法定存款准备金率，使准备金率从 7.5% 迅速上升至 15%，短短 2 年内，整整提高了 7.5 个百分点。然而，宏观经济过热的局面却并未因此而有所缓解。2007 年 7—12 月，消费价格指数（CPI）同比分别上涨了 5.6%、6.5%、6.2%、6.5%、6.9% 和 6.5%，2008 年 1 月，CPI 同比增长 7.1%，创 13 年来的新高，我国面临严重的通货膨胀压力。中央银行宣称维持人民币汇率的基本稳定所带来的一系列直接的后果开始显现出来。目前的种种迹象表明，保持人民币汇率基本稳定和保持适度的通货膨胀目标之间已经出现了严重的冲突，这种冲突使货币当局进退维谷。

在货币政策最终目标的规定上，《中华人民共和国中国人民银行法》第一章第 3 条规定"货币政策目标是保持货币币值的稳定，并以此促进经济增长"②。这个币值稳定目标为我国货币政策同时指定了两个可能存在相互冲突的（隐含）名义锚，即汇率锚和货币总量锚（王晓天、张淑娟，2007；杨扬，2005）。而新的汇率形成机制同时宣称"保持人民币汇率在合理、均衡水平上的基本稳定"（中国人民银

---

① 从 2005 年 7 月 21 日改革到 2007 年 12 月 21 日，我国曾先后 7 次提高人民币存款基准利率、8 次提高人民币贷款基准利率（参见中国人民银行网站 http：//www. pbc. gov. cn）。

② 《中华人民共和国中国人民银行法》（2003 年修正版），中国人民银行网站（http：//www. pbc. gov. cn）。

行办公厅，2005），这就直接宣告了在汇率政策导向上，汇率稳定是高于价格稳定的，从而直接导致了我国货币政策目标的多重性和目标之间的内在冲突。在这种日益凸显的内在冲突之间如何进行权衡？对这个问题的回答不但会影响到人民币汇率制度选择和进一步完善的目标及方向，也会导致截然不同的宏观经济政策和宏观经济后果，中国近年来出现的流动性过剩即说明了这一点。因此，结合货币政策目标和人民币汇率制度选择的目标导向来讨论未来的货币政策和汇率政策导向是很有意义的，这构成了本节和第五章第一节的基本内容。

如前所说，汇率制度选择的研究基本上沿袭了经济政策制定和分析的规范方法的传统：在既定的经济系统中，选择一个使本国目标函数最大化（收益）或最小化（损失）的制度安排（本书第二章第二节）。这种目标函数一般反映了本国在特定历史时期的政策导向，也反映了理论界对货币政策最终目标看法的演变。这些标准主要是包括产出稳定和价格稳定等在内的宏观经济稳定性标准或社会福利最优化标准（本书第三章第二节）。但是，这些研究及其所采用的标准主要是针对发达国家的。对我国和很多发展中国家或者开放程度比较高的小型经济体来讲，促进出口稳定增长、保证出口创汇是这些国家经济起飞和成长过程中的一个重要目标。并且，由于这些国家金融市场发展相对缓慢，缺乏一个具有一定深度和弹性的外汇市场，因此，一个比较稳定的实际汇率水平对这些经济体而言是十分受欢迎的①。因此，这些国内工资和价格具有刚性的国家和地区通常将名义汇率作为政策工具来调整实际汇率水平，使之保持适当的水平以促进经常账户或国际收支差额或经济增长等实际变量的增长。这在理论上称为实际目标法（real targets）②。实际上，包括中国在内的很多发展中国家正是期望一个比较稳定的实际汇率从而有助于

---

① 齐琦部：《论中国汇率制度的选择》，载《金融研究》2004 年第 2 期，第 30—43 页。

② 这种方法的潜在优势是可以减少实际汇率的波动并且可以保持外部竞争力，扩大一国出口，增加其增长潜力。但这种方法的主要成本是潜在的通货膨胀，尽管恶性的通货膨胀不太可能发生。

促进本国国际贸易的发展和对外资（主要是 FDI 资金）的利用，最终推动本国经济增长。

理论上来说，价格稳定和（实际）汇率稳定实际上分别代表一国的内部均衡和外部均衡目标[①]，是所谓币值稳定目标的两个基本构成。即，如果一国货币政策的最终目标是保持币值稳定，那么，该国货币政策的最终目标有两个，一是保持价格稳定；二是保持（实际）汇率的基本稳定。在汇率制度选择的传统分析范式下，不同的政策目标会导致一国选择不同的汇率制度安排，从而对一国的宏观经济产生不同的影响。因此，在人民币汇率制度选择和进一步完善的问题上，恰当的目标选择尤其重要。从我国现实来看，中央银行明确宣布我国的货币政策目标是维持币值稳定，并以此促进我国的经济增长。而我国历年来所宣称的汇率目标和汇率政策实践却表明（参见表 3－3－4），我国长期以来实际上实行的是汇率稳定为导向的政策目标，这就直接导致了货币政策目标之间的冲突。这种冲突及其对我国宏观经济的影响构成了本节分析的逻辑起点。

一、模型

为考察不同的政策目标和目标之间的冲突，我们建立一个带有实际冲击和货币冲击的动态小国开放经济模型。假定本国只生产一种可贸易品，其价格是外生给定的。模型由三个主要部分构成，即总供给曲线、货币市场均衡曲线和产品市场均衡曲线。然后，求解这个动态一般均衡模型，得到一般均衡时本国汇率和价格的均衡解。

（一）小国开放经济中的总供给

模型对经济总供给层面的描述主要来自 Flood（1979）、Flood 和 Marion（1982）、Walsh（2003）、Weber（1981）以及瓦什（1998，第五章和第六章）。

---

① 凯恩斯（1923）最早指出并区分了一国的货币稳定应该包括内部稳定（价格稳定）和外部稳定（汇率稳定和国际收支平衡）。参见凯恩斯（1923）：《货币政策的可选目标》，载《预言与劝说》（凯恩斯著），引自 3G 电子书网。

$$y_t = b_1(p_t - E_{t-1}p_t) + e_t, b_1 > 0 \qquad\qquad (4-3-1)$$

其中，y_t 和 p_t 分别是国内产出和一般价格水平的对数。e_t 是一个序列不相关的随机干扰项，均值为 0，方差为 $\sigma_{e_t}^2$。$E_{t-1}p_t$ 是基于第 $t-1$ 期信息的期望算子[①]。

本书认为，我国的总供给曲线的基本形状主要是由于劳动力市场的名义工资合约粘性和价格粘性造成的，当然，卢卡斯意义上的"岛屿模型"中的信息不对称也会对我国现实中的总供给产生影响[②][③]。

（二）产品市场和货币市场

1. 产品市场

小国开放经济中，出口需求构成了本国产品市场的一个重要因素。同时，正如经典的 IS 曲线一样，本国的总需求还要受到预期的本国实

---

① 更严格地，有 $E_{t-1}x_t = E_t(x_t|\Omega_{t-1})$，$x_t$ 表示模型中的任何变量，Ω_{t-1} 表示第 $t-1$ 期的信息集，它既包括了关于所有变量的信息，也包括了有关模型结构的所有知识或信息。因此，本研究中的预期是理性的。

② 胡乃武、孙稳存（2003）的实证研究表明，我国经济的短期波动主要是由未预期到的通货膨胀引起的，但预期到的通货膨胀对我国经济也有一定的影响。二者对产出的短期波动的影响是同向的，未预期到的通货膨胀上升约 1%，当年 GDP 上升约 0.397%；预期到的通货膨胀率上升 1%，当年的 GDP 上升约 0.1%。因此，相对来说，预期到的通货膨胀对我国短期经济波动的影响是比较小的（胡乃武、孙稳存：《中国总供给曲线性质的实证分析》，载《数量经济技术经济研究》2003 年第 12 期，第 113—116 页）。

王志强等（2002）的经验研究也基本支持了我国短期总供给曲线的存在（王志强、孙刚、邓黎阳：《中国的 MA 模型与一体化政策效果》，载《世界经济》2002 年第 7 期，第 19—27 页）。

汪红驹（2003）却认为，价格和工资粘性对我国总供给的影响是意义巨大的。但何运信和曾令华（2004）利用协整（co-integration）方法进行的研究认为，我国向右上方倾斜的短期总供给曲线虽然确实存在，但是这条曲线却是不稳定的，在测量上也存在不确定性。因此，对总供给曲线不仅存在理论上的争论，而且在实证或经验研究层面上也存在很大的争议，这也给一国中央银行货币政策操作带来了巨大的挑战（汪红驹：《中国货币政策有效性研究》，中国人民大学出版社 2003 年版）。

③ 尽管名义工资粘性总供给模型和价格粘性总供给模型以及信息不完全总供给模型有着不同的理论假设，但是它们对总产出的含义是相似的，这些模型都有着基本相同的形状。并且，这些理论之间并不是相互对立的，而是互补的，所有这些市场不完全性都可能有助于短期总供给行为的形成（N. 格里高利·曼昆：《宏观经济学》，中国人民大学出版社 2005 年版，第 337 页）。对总供给曲线更为全面的归纳和总结，可参阅斯诺登和文（1997）第一章。

际利率的影响。因此，把产品市场表达为①：

$$y_t = a_1(s_t - p_t) - a_2(i_t - E_t p_{t+1} + p_t) + u_t, a_1, a_2 > 0 \quad (4-3-2)$$

其中，$i_t - E_t p_{t+1} + p_t = r_t$，表示本国的实际利率；$s_t$ 是本币的名义汇率，表示单位外币的本币价格；$(s_t - p_t)$ 表示本币的实际汇率，这里外国的价格水平是外生变量，被假定为 1，在取自然对数后变为 0，因此没有进入实际汇率的表达式中；u_t 为序列不相关的随机冲击，其均值为 0，方差为 $\sigma_{u_t}^2$。

2. 货币市场均衡

假定本国居民只持有本币资产（主要是本币和债券）和外国债券，但并不持有外国货币，并且外国居民不持有本国资产②。因此，本国居民实际上持有三种资产，即本国货币、本国发行的金融资产（主要是本国债券）以及外国发行的金融资产（主要是外国债券）。从而本国资产市场由本国货币市场、本国债券市场以及外国债券市场构成③。小国对本币的实际需求如同经典的 LM 曲线一样，主要受本国名义利率和收入水平影响。因此有：

$$m_t^d - p_t = hy_t - ki_t + \varepsilon_t \qquad h, k > 0$$

其中，m_t^d 表示本国的名义货币需求，ε_t 是本国货币需求冲击，同样假定为一个序列不相关的、均值为 0，方差为 $\sigma_{\varepsilon_t}^2$ 的过程。

---

① 易行健（2006）、卢向前和戴国强（2005）以及王志强等（2002）的实证研究为开放条件下我国产品市场曲线和货币市场曲线的存在提供了经验证据（易行健：《经济开放条件下的货币需求函数：中国的经验》，载《世界经济》2006 年第 4 期，第 49—59 页；卢向前、戴国强：《人民币实际汇率波动对我国进出口的影响：1994—2003》，载《经济研究》2005 年第 5 期，第 31—39 页；王志强、孙刚、邓黎阳：《中国的 MA 模型与一体化政策效果》，载《世界经济》2002 年第 7 期，第 19—27 页）。

② 实际上人民币在周边国家和地区成为流通货币已是不争的事实，但是由于美国、日本和欧盟与中国双边贸易关系的重要性，并且这些国家的居民很少持有中国的资产（虽然中国企业近年来频繁在美国和欧洲国家上市，并受到了很大的青睐，但是，这些资产占这些国家金融资产的比重还是比较小的，本书也不考虑）。因此，在人民币汇率制度选择研究中，本书忽略这种情况。

③ 由于本书还假定了本国债券和外国债券是完全可替代的，因此，只要本国货币市场处于均衡，那么本国和外国债券市场也必然处于均衡状态。

假定本国名义货币供给 m_t^s 由中央银行能够控制的部分 m_0 和不同汇率制度安排下受本国汇率水平波动影响的部分 βs_t 以及货币供给冲击 v_t 构成。即：

$$m_t^s = m_0 - \beta s_t + v_t \qquad \beta > 0$$

这里，本书借鉴了 Aizenman 和 Frenkel（1985）、Aizenman 和 Hausmann（2001）的方法[①]，β 和 m_0 的值是由政策制定者在上一期期末所预先设定的值。在完全浮动汇率制度安排下（pure floating 或 free floating），$\beta = 0$。此时，本国货币供给完全由本国中央银行决定，是经济系统的外生变量；在完全固定的汇率制度安排下（fixed exchange-rate regime），$\beta \to \infty$。此时，为了维持固定汇率制度安排下本国所承诺的固定的名义汇率水平，本国中央银行被迫完全被动地调节名义货币供给以维持承诺的名义汇率稳定，名义货币供给成为内生变量（Roper 和 Turnovsky，1980）。由于这里变量都是以对数形式表达的，因此，β 实际上也测度了本国货币供给相对于名义汇率变化的弹性（elasticity）。

在货币市场均衡时，本国名义货币供给与名义货币需求趋向一致，于是有：

$$m_0 - \beta s_t + v_t = hy_t - ki_t + p_t + \varepsilon_t \qquad\qquad (4-3-3)$$

（三）融入资本管制的无抛补利率平价

首先，本书假定资本自由流动。但是，小国国内外汇衍生产品市场不发达，甚至不存在本币和关键货币之间的外汇远期或期货等衍生产品交易，在此情况下，国内外利差与汇率之间的关系由无抛补利率平价给出。

[①] Aizenman 和 Frenkel（1985）、Aizenman 和 Hausmann（2001）的这种思想更早一点可以在 Boyer（1978）、Roper 和 Turnovsky（1980）关于最优外汇干预的研究文献中找到。Boyer（1978）以类似的方式定义了货币当局通过产品市场和货币市场干预汇率的反应函数（Boyer, Russell S., 1978, "Optimal foreign exchange market intervention", *Journal of Political Economy*, Vol. 86, No. 6, 1045 – 1055）；Roper 和 Turnovsky（1980）定义的货币当局的政策反应函数为 $m_t = \gamma e_t$。其中，m_t 表示货币供给（以对数形式表示）与其均衡值的离差；e_t 表示为汇率（单位本币的外币价格，且以对数形式表示）与其均衡值的离差（Roper, Don E., and Turnovsky, Stephen J. 1980, "Optimal exchange market intervention in a simple stochastic macro model", *The Canadian Journal of Economics*, Vol. 13, No. 2, 296 – 309）。

$$i_t = i_t^* + E_t s_{t+1} - s_t \qquad (4-3-4)$$

其次，上面无抛补利率平价成立的前提是完全的资本自由流动。从我国实际情况来看，我国在 1996 年基本实现了经常账户下的人民币可自由兑换，但是对资本与金融账户的管制却一直没有完全放开，对 FDI 等资本流动采取了宽进严出的措施，而对短期的或投机性资本的管制更为严格。按照 IMF 划分的资本账户 7 大类 43 项来看，中国实际上是一个资本并不完全自由流动的半开放国家（参见表 4-1-1）。我们知道，如果本国是一个完全封闭的经济（资本流动当然是根本不可能的），那么其利率水平将完全由本国货币市场的供求状况决定，而如果本国为完全开放、资本完全自由流动的国家，那么其利率将完全受制于世界的利率水平，无抛补的利率平价成立。因此，对中国目前的状况而言，恰当的利率平价公式为：

$$i_t = w(i_t^* + E_t s_{t+1} - s_t) + (1-w)i' \qquad (4-3-4')$$

其中，i' 表示本国经济完全封闭状态下的利率水平，它完全由本国的货币供求关系决定。因此，w 可以看做是实际的资本市场开放程度；而（$1-w$）则衡量了本国实际的资本管制的有效程度。（$1-w$）越大，本国利率就越主要地根据国内经济状况来决定，也就意味着本国的资本管制越严格。如果考虑到中国的实际开放情况，那么有 $0 < w < 1$。但是，为了有利于说明问题，本书也考虑本国资本完全流动的极端情况，从而做出对比。因此，本书把资本市场开放程度界定为 $0 < w \leq 1$[①]。

最后，国外的利率冲击很可能通过资产市场和资产市场上形成的理性预期传递到我国国内资产市场上，从而对本国国内的宏观经济产生冲击，因此，本书假设国外利率是由一个固定的部分 i^* 和一个随机的冲击 φ_t 两个部分构成的。

$$i_t^* = i^* + \varphi_t \qquad (4-3-4'')$$

[①]　在 $w=0$ 时，$i_t = i'$，这就是苏平贵（2003）研究所采取的处理方法。

二、政策目标、目标冲突与人民币汇率制度选择

上述（4-3-1）式—（4-3-3）式、（4-3-4'）式以及（4-3-4"）式构成了我国开放经济条件下随机动态的"小国模型"经济系统。系统中内生变量为 y_t，p_t，s_t，i_t。其余变量为参数或外生给定的。本书遵循 Food（1979）、Flood 和 Marion（1982）、Weber（1981）以及 Walsh（2003）和瓦什（1998）的做法，假定经济系统中的供给冲击（e_t）、产品市场冲击（u_t）、货币需求冲击（ε_t）、货币供给冲击（v_t）和国外利率冲击（φ_t）是相互独立的白噪声过程（white noise），这样假设的好处是可以使我们抓住主要问题，而不影响问题的定性结论。

（一）一般均衡解

首先，把（4-3-4'）式和（4-3-4"）式代入（4-3-2）式，把小国开放经济的产品市场均衡表示为产出与汇率和本国价格水平之间的关系。

$$y_t = a_1(s_t - p_t) - a_2[w(E_t s_{t+1} - s_t + i^* + \varphi_t) + (1-w)i' - E_t p_{t+1} + p_t] + u_t \qquad (4-3-5)$$

其次，把（4-3-4'）式和（4-3-4"）式代入（4-3-3）式，将货币市场均衡时产出也表示为汇率和本国价格水平的函数。

$$m_0 - \beta s_t + v_t = hy_t - k[w(E_t s_{t+1} - s_t + i^* + \varphi_t) + (1-w)i'] + p_t + \varepsilon_t \qquad (4-3-6)$$

再次，由（4-3-5）式和（4-3-6）式就可以得到小国开放经济中的总需求曲线 AD，它被表示为本国价格水平和名义汇率之间的均衡关系。

$$m_0 + v_t - hu_t + (ha_2 + k)w\,i^* + (ha_2 + k)w\varphi_t - \varepsilon_t$$
$$+ (ha_2 + k)(1-w)i' = (ha_1 + ha_2 w + kw + \beta)s_t$$
$$+ (-ha_2 - k)wE_t s_{t+1} + (1 - ha_1 - ha_2)p_t$$
$$+ ha_2 E_t p_{t+1} \qquad (4-3-7)$$

最后，根据（4-3-1）式、（4-3-2）式、（4-3-4'）式以及（4-3-4"）式可以得到：

$$(a_1 + a_2 w)s_t - (a_1 + a_2 + b_1)p_t - a_2 w E_t s_{t+1} + b_1 E_{t-1} p_t$$
$$+ a_2 E_t p_{t+1} = e_t - u_t + a_2 w i^* + a_2 w \varphi_t + a_2(1 - w)i' \qquad (4-3-8)$$

由（4-3-7）式和（4-3-8）式，根据 McCallum（1981）的最小状态变量法（minimal set of state variables），设：

$$p_t = \alpha_0 + \alpha_1 \varphi_t + \alpha_2 v_t + \alpha_3 u_t + \alpha_4 e_t + \alpha_5 \varepsilon_t \qquad (*)$$
$$s_t = \phi_0 + \phi_1 \varphi_t + \phi_2 v_t + \phi_3 u_t + \phi_4 e_t + \phi_5 \varepsilon_t \qquad (**)$$

从而有：

$$E_{t-1} p_t = \alpha_0 ; \ E_t p_{t+1} = \alpha_0 ; \ E_t s_{t+1} = \phi_0 \qquad (***)$$

将（*）式—（***）式代入（4-3-7）式和（4-3-8）式分别得到：

$$-m_0 - w(ha_2 + k)i^* + (ha_1 + \beta)\phi_0 + (1 - ha_1)\alpha_0$$
$$- (ha_2 + k)(1 - w)i' + [A_2 \phi_1 - (ha_2 + k)w + A_1 \alpha_1]\varphi_t$$
$$+ (A_2 \phi_2 - 1 + A_1 \alpha_2)v_t + (A_2 \phi_3 + h + A_1 \alpha_3)u_t$$
$$+ (A_2 \phi_4 + A_1 \alpha_4)e_t + (A_2 \phi_5 + 1 + A_1 \alpha_5)\varepsilon_t = 0 \qquad (4-3-9)$$

和

$$a_1(\phi_0 - \alpha_0) - a_2 w i^* - a_2(1 - w)i' + (B_2 \phi_1 - a_2 w + B_1 \alpha_1)\varphi_t$$
$$+ (B_2 \phi_2 + B_1 \alpha_2)v_t + (B_2 \phi_3 + 1 + B_1 \alpha_3)u_t$$
$$+ (B_2 \phi_4 - 1 + B_1 \alpha_4)e_t + (B_2 \phi_5 + B_1 \alpha_5)\varepsilon_t = 0 \qquad (4-3-10)$$

其中，$A_1 = 1 - ha_1 - ha_2$；$A_2 = ha_1 + ha_2 w + kw + \beta > 0$；$B_1 = -(a_1 + a_2 + b_1) < 0$；$B_2 = a_1 + a_2 w > 0$。

联立方程（4-3-9）和方程（4-3-10），就可以得到经济系统均衡时本国价格水平和名义汇率水平的均衡解：

$$p_t = \alpha_0 + \frac{w(ka_1 - \beta a_2)}{\Delta}\varphi_t + \frac{B_2}{\Delta}v_t + \frac{kw + \beta}{\Delta}u_t$$

$$+ \frac{-A_2}{\Delta}e_t + \frac{-B_2}{\Delta}\varepsilon_t \qquad\qquad (4-3-11)$$

$$s_t = \phi_0 + \frac{w[a_2(1+hb_1) - kB_1]}{\Delta}\varphi_t + \frac{-B_1}{\Delta}v_t$$

$$+ \frac{-1-hb_1}{\Delta}u_t + \frac{A_1}{\Delta}e_t + \frac{B_1}{\Delta}\varepsilon_t \qquad\qquad (4-3-12)$$

其中：

$$\alpha_0 = \frac{m_0 + \left(k - \frac{a_2}{a_1}\beta\right)wi^* + \left(k - \frac{a_2}{a_1}\beta\right)(1-w)i'}{1+\beta};$$

$$\phi_0 = \frac{m_0 + \left(k + \frac{a_2}{a_1}\right)wi^* + \left(k + \frac{a_2}{a_1}\right)(1-w)i'}{1+\beta}$$

$$\Delta = A_1B_2 - A_2B_1 = (1+hb_1)(a_1+a_2w) + (kw+\beta)(a_1+a_2+b_1) > 0。$$

（二）币值稳定与两极汇率制度选择

1. 两极汇率制度安排下的价格和实际汇率

在固定汇率制度下，本国中央银行为了维持名义汇率稳定而被迫进行外汇市场干预，本国货币供给因而随着本国国际收支的变化而变化，成为小国模型中的内生变量。此时，$\beta \to \infty$。在此条件下，把（4-3-11）式和（4-3-12）式中的价格水平和名义汇率改写为：

$$p_t = -(a_2/a_1)wi^* - (a_2/a_1)(1-w)i' + (a_2/B_1)w\varphi_t$$
$$-(1/B_1)u_t + (1/B_1)e_t \text{ 和 } s_t = 0 \qquad (4-3-13)$$

从而可以得到固定汇率制度下本国的实际汇率水平为：

$$\rho_{FIX} = s_t - p_t = (a_2/a_1)wi^* + (a_2/a_1)(1-w)i' - (a_2/B_1)w\varphi_t$$
$$+ (1/B_1)u_t - (1/B_1)e_t \qquad (4-3-14)$$

在浮动汇率制度下，本国名义货币供给是完全由中央银行控制的外生变量，此时 $\beta = 0$。将此条件代入（4-3-11）式和（4-3-12）式中得到：

$$p_t = m_0 + kwi^* + k(1-w)i' + \frac{kwa_1}{\Delta'}\varphi_t + \frac{B_2}{\Delta'}v_t$$

$$+ \frac{kw}{\Delta'}u_t + \frac{-A'_2}{\Delta'}e_t + \frac{-B_2}{\Delta'}\varepsilon_t \qquad (4-3-15)$$

$$s_t = \phi'_0 + \frac{a_2 wA_1 - (k+ha_2)wB_1}{\Delta'}\varphi_t + \frac{-B_1}{\Delta'}v_t$$

$$+ \frac{-1-hb_1}{\Delta'}u_t + \frac{A_1}{\Delta'}e_t + \frac{B_1}{\Delta'}\varepsilon_t \qquad (4-3-15')$$

其中，$\phi'_0 = m_0 + \left(k+\frac{a_2}{a_1}\right)wi^* + \left(k+\frac{a_2}{a_1}\right)(1-w)i'$；$A'_2 = ha_1 + ha_2w + kw > 0$；$\Delta' = A_1 B_2 - A'_2 B1 = (1+hb_1)(a_1+a_2w) + kw(a_1 + a_2 + b_1) > 0$。

由此可以得到浮动汇率制度安排下本国货币的实际汇率水平：

$$\rho_{FLEX} = \gamma + \frac{a_2 w(1+k) + b_1 w(k+ha_2)}{\Delta'}\varphi_t + \frac{a_2(1-w) + b_1}{\Delta'}v_t$$

$$+ \frac{-1-kw-hb_1}{\Delta'}u_t + \frac{1+kw+ha_2(w-1)}{\Delta'}e_t$$

$$+ \frac{a_2(w-1) - b_1}{\Delta'}\varepsilon_t \qquad (4-3-16)$$

这里，$\gamma = \frac{a_2}{a_1}wi^* + \frac{a_2}{a_1}(1-w)i'$。

2. 政策目标与两极汇率制度选择

我们首先考察一下以价格稳定作为两极汇率制度选择标准的情况。对大多数国家而言，货币政策都是以价格稳定为导向的，这不仅有利于本国产出的稳定，而且也有利于整个宏观经济的稳定发展（汉达，2000）。

命题一：如果以价格稳定作为两极汇率制度选择的首要目标，那么，本国经济面临国内货币需求冲击（ε_t）或货币供给冲击（v_t）时，政府是更为偏好固定汇率制度安排的；而在本国面临国外利率冲击（φ_t）或产品市场冲击（u_t）时，浮动汇率制度安排下与价格波动相联系的社会福利损失更小，政府更为偏好浮动汇率制度。

证明：由（4-3-13）式和（4-3-15）式得到：

$$\sigma^2_{\rho_{FIX}} = \left(\frac{a_2 w}{B_1}\right)^2 \sigma^2_{\varphi_t} + \left(-\frac{1}{B_1}\right)^2 \sigma^2_{u_t} + \left(\frac{1}{B_1}\right)^2 \sigma^2_{e_t} \qquad (4-3-17)$$

$$\sigma^2_{\rho_{FLEX}} = \left(\frac{kwa_1}{\Delta'}\right)^2 \sigma^2_{\varphi_t} + \left(\frac{B_2}{\Delta'}\right)^2 \sigma^2_{v_t} + \left(\frac{kw}{\Delta'}\right)^2 \sigma^2_{u_t}$$

$$+ \left(\frac{-A'_2}{\Delta'}\right)^2 \sigma^2_{e_t} + \left(\frac{-B_2}{\Delta'}\right) \sigma^2_{\varepsilon_t} \qquad (4-3-18)$$

比较（4-3-17）式和（4-3-18）式孰大孰小是很复杂的，也很难得到固定汇率制度与浮动汇率制度哪个更好的结论。但是，和前面的分析一样，有几种特殊情况有助于我们对"两极化"汇率制度选择这个问题形成有帮助的分析思路。通过限定几种特殊情况，可以发现：

$$\frac{\partial \sigma^2_{\rho_{FIX}}}{\partial \sigma^2_{v_t}} < \frac{\partial \sigma^2_{\rho_{FLEX}}}{\partial \sigma^2_{v_t}}; \frac{\partial \sigma^2_{\rho_{FIX}}}{\partial \sigma^2_{\varepsilon_t}} < \frac{\partial \sigma^2_{\rho_{FLEX}}}{\partial \sigma^2_{\varepsilon_t}}; \frac{\partial \sigma^2_{\rho_{FIX}}}{\partial \sigma^2_{\varphi_t}} > \frac{\partial \sigma^2_{\rho_{FLEX}}}{\partial \sigma^2_{\varphi_t}}(a_1 \leqslant a_2 w)①;$$

$$\frac{\partial \sigma^2_{\rho_{FIX}}}{\partial \sigma^2_{u_t}} > \frac{\partial \sigma^2_{\rho_{FLEX}}}{\partial \sigma^2_{u_t}}$$

以及，

$$\frac{\partial \sigma^2_{\rho_{FIX}}}{\partial \sigma^2_{e_t}} - \frac{\partial \sigma^2_{\rho_{FLEX}}}{\partial \sigma^2_{e_t}} = \frac{B_2(1 - ha_1 - ha_2)(\Delta' - A'_2 B_1)}{(-B_1 \Delta')^2} \begin{cases} > 0 & ha_1 + ha_2 < 1 \\ \leqslant 0 & ha_1 + ha_2 \geqslant 1 \end{cases}$$

命题二：以（实际）汇率稳定为导向的政策目标下，如果本国经济系统面临货币需求冲击（ε_t）、货币供给冲击（v_t），或国外利率冲击（φ_t），或产品市场冲击（u_t）时，固定汇率制度安排相对浮动汇率制度而言能提供比较稳定的（实际）汇率。

证明：以名义汇率稳定作为汇率制度选择标准时，该定理是显然成立的。因为在固定汇率制度安排下，名义汇率是保持不变的（见（4-3-13）式，本书假设固定汇率制度是可以维持的）。这里，我们只证

---

① 若 $a_1 > a_2 w$，二者大小难以确定，这要取决于经济系统的其他结构参数。

明以实际汇率稳定作为汇率制度选择标准时的情况。

由（4 - 3 - 14）式和（4 - 3 - 16）式可得固定汇率制度和浮动汇率制度下实际汇率的方差分别为①：

$$\sigma^2_{\rho_{FIX}} = \left(-\frac{a_2 w}{B_1} \right)^2 \sigma^2_{\varphi_t} + \left(\frac{1}{B_1} \right)^2 \sigma^2_{u_t} + \left(-\frac{1}{B_1} \right)^2 \sigma^2_{e_t}$$

$$\sigma^2_{\rho_{FLEX}} = \left[w \frac{a_2(1+k) + b_1(k + ha_2)}{\Delta'} \right]^2 \sigma^2_{\varphi_t} + \left[\frac{a_2(1-w) - b_1}{\Delta'} \right]^2 \sigma^2_{v_t}$$

$$+ \left(\frac{-1 - kw - hb_1}{\Delta'} \right)^2 \sigma^2_{u_t} + \left[\frac{1 + kw + ha_2(w-1)}{\Delta'} \right]^2 \sigma^2_{e_t}$$

$$+ \left[\frac{a_2(w-1) - b_1}{\Delta'} \right]^2 \sigma^2_{\varepsilon_t}$$

通过简单的比较，容易证明：

$$\frac{\partial \sigma^2_{\rho_{FIX}}}{\partial \sigma^2_{v_t}} < \frac{\partial \sigma^2_{\rho_{FLEX}}}{\partial \sigma^2_{v_t}} ; \frac{\partial \sigma^2_{\rho_{FIX}}}{\partial \sigma^2_{\varepsilon_t}} < \frac{\partial \sigma^2_{\rho_{FLEX}}}{\partial \sigma^2_{\varepsilon_t}} ; \frac{\partial \sigma^2_{\rho_{FIX}}}{\partial \sigma^2_{\varphi_t}} < \frac{\partial \sigma^2_{\rho_{FLEX}}}{\partial \sigma^2_{\varphi_t}} ; \frac{\partial \sigma^2_{\rho_{FIX}}}{\partial \sigma^2_{u_t}} < \frac{\partial \sigma^2_{\rho_{FLEX}}}{\partial \sigma^2_{u_t}}$$

以及

$$\frac{\partial \sigma^2_{\rho_{FIX}}}{\partial \sigma^2_{e_t}} - \frac{\partial \sigma^2_{\rho_{FLEX}}}{\partial \sigma^2_{e_t}} \begin{cases} > 0 & ha_1 + ha_2 > 1 \\ \leqslant 0 & ha_1 + ha_2 \leqslant 1 \end{cases}$$

通过比较以（实际）汇率稳定和以价格稳定作为两极汇率制度选择首要标准的两种情况（命题二和命题三），我们发现，在本国面临外国利率冲击（φ_t），或面临产品市场冲击（u_t），或者面临总供给冲击时（e_t），这两种标准下，本国所选择的两极汇率制度安排是完全不同的。因此有：

命题三：在给定的经济结构下，一国的汇率制度选择要取决于本国政府的政策目标或目标偏好。

命题四：在面临不同的经济冲击时，汇率稳定目标和价格稳定目标是相互冲突的。

————————

① 严格来说，这里的方差应该是条件方差，即在给定第 $t-1$ 期信息集的条件下实际汇率或价格的方差。

证明：由前面的分析可知，$\beta = 0$ 时，本国货币供给成为模型的外生变量，完全由我国中央银行决定，因此，本国能够实行钉住货币供给量的货币供给量钉标制度（money aggregate targeting）；而当 $\beta \to \infty$ 时，中央银行不得不根据国际收支的变化来干预外汇市场以维持所承诺的汇率水平，因此，可以将固定汇率制度安排视为某种意义上的汇率钉标制（exchange-rate targeting）。在这两种制度安排下，由于 β 取值的不同，使得模型是完备的。而如果政府试图同时选择货币供给量钉住制度和汇率钉住制度，那么模型就是过度识别（over-identifying）的（王晓天，张淑娟，2006）。因此，政府是不可能同时实现两个政策目标的。

（三）资本管制与两极汇率制度选择

如果以实际汇率稳定与价格稳定作为政府选择汇率制度的两种基本标准或目标，当一国资本完全流动时，$w = 1$，只要求解出两种标准下不同制度下的实际汇率波动和价格波动性指标即可，这实际上是前面两种标准下的特殊情形，只需将 $w = 1$ 代入上述各式比较即可（参见表 4-3-1）。我们将这个结论归纳为命题五。

表 4-3-1　不同资本流动程度且不同标准下的汇率制度安排

	实际汇率稳定标准	价格稳定标准
资本管制	面临国内货币供求冲击、国外利率冲击，或产品市场冲击时，政府更为偏好固定汇率制度	面临国内货币供求冲击时，政府更偏好固定汇率制度；面临国外利率冲击或产品市场冲击时，政府更偏好浮动汇率制度
资本完全流动	面临货币供求冲击、国外利率冲击，或产品市场冲击时，政府更为偏好固定汇率制度	面临国内货币供求冲击时，政府更偏好固定汇率制度；面临国外利率冲击或产品市场冲击时，政府更偏好浮动汇率制度

命题五：资本管制并不影响一国在两极汇率制度之间所进行的制度选择行为（但却会影响中间制度安排，下文将有说明），资本管制的实质只是缩小或放大了外部经济冲击对本国价格水平和汇率水平的影响而已。

三、政府政策目标与最优汇率制度弹性

在上面的分析中，在给定的政府政策目标下考察了两极汇率制度安排下本国的社会福利损失大小，这实际上隐含地假设了在汇率制度选择中一国只能取角点解所代表的两极制度安排，任何的内解所代表的中间汇率制度安排都是不可得的。有关汇率制度选择的文献大多采取了这种研究方法（Devereux，2000；Devereux 和 Engel，1998、1999；Flood，1979；Flood 和 Marion，1982；Mundell，1963、1964；Krugman，1999；Weber，1981；Turnovsky，1976；秦宛顺等，2003）。

但是，现实中的汇率制度安排基本上是介于两极制度安排之间的，既不存在完全意义上的固定汇率制度安排，也不存在完全的自由浮动汇率制度安排。IMF（1999）第 1 种到第 8 种汇率制度安排，实际上就表现出了汇率波动的幅度或汇率制度安排的灵活性或弹性（flexibility）不断增加的特征。因此，"固定汇率制度与浮动汇率制度"是一种过分简化了的二分法，实际上存在一个汇率弹性的连续统（a continuum of flexibility），它包含了大部分的汇率安排（Frankel，1999）。因此，实际上是完全可以根据名义汇率的弹性大小来划分汇率制度的（Moosa，2005）。这也启发我们，从固定汇率制度安排到浮动汇率制度安排完全可以按照汇率制度弹性由小到大的方法来分析问题。随着一国采取不同的汇率制度安排，本国货币供给受汇率水平的影响（β）也将是不同的。因此，也可以将 β 视为本国所选择的汇率制度安排灵活性或弹性大小的度量。

因此，如果我们扬弃传统的"固定与两极"之争的研究思路，通过求解约束条件下的最优化问题，那么就有可能得到某种内解所代表的中间汇率制度安排。换言之，我们有理由采取固定汇率制度和浮动汇率制度的某种组合。这正如 Poole（1970）的思想一样，中央银行政策工具的选择并不一定非要在利率和货币存量二者之中选择其一，其实是可以采取二者的某种组合作为最优政策工具的。这意味着在给定的政府目标函数下，固定汇率制度和浮动汇率制度的某种组合所带来的福利损失

可能既小于固定汇率制度下的福利损失，也小于浮动汇率制度下的福利损失，最优的汇率制度安排是中间制度。这种思想后来在 Aizenman 和 Frenkel（1985）、Aizenman 和 Hausmann（2001）、Boyer（1978）以及 Roper 和 Turnovsky（1980）的研究中得到了进一步发展[1]。

考虑 Poole（1970）模型在开放经济中的一个简单拓展。假定 p 表示本国价格水平，s 表示名义汇率（单位外币的本币价格），m 是货币供给，u_r 和 u_m 分别是本国所面临的实际冲击和货币冲击。本书先利用一个简单的模型来说明基本思想，然后再根据上文所建立的模型来考察最优的人民币汇率制度弹性问题。

$$p = IS(s) + u_r, \qquad IS_s > 0$$
$$p = LM(s,m) + u_m, \qquad LM_s < 0$$

IS 曲线向右上方倾斜的原因是，本币贬值导致本国贸易收支改善，提高了对国内产出的需求。为了保持均衡，本国价格水平趋于提高。LM 曲线是向右下方倾斜的曲线，因为本币贬值提高了进口价格，从而导致实际货币余额减少。在名义货币供给不变的情况下，货币市场均衡要求实际收入水平相应的下降才能保持均衡[2]。

下面本文借用 Poole（1970）的思想来说明最优汇率制度弹性问题。假定货币政策目标是保持本国价格稳定。那么，当本国只存在货币性冲击时（此时 IS 曲线是稳定的），固定汇率制度安排是最优的。因为在此情况下，价格水平维持在 p_0；而当本国只面临实际冲击时，那么相对固定汇率制度来说，浮动汇率制度就是更好的。如若不然，本国的价格水平将在 p^{s+} 和 p^{s-} 之间波动，其波动幅度要大于在 p^{m+} 和 p^{m-} 之间波动的幅度（参见图 4-3-1）。

但是，现实中的经济冲击常常是相伴而生的，经济系统也并非永远只面对一种单一的冲击。并且，上述分析只考虑了固定汇率制度安

---

① Boyer（1978）、Roper 和 Turnovsky（1980）都没有考虑经济中的总供给因素，也没有对一国最优的外汇干预程度做出经验的估计。

② 这里假定资本完全自由流动和静态预期，因此，国内利率必须等于外生的国外利率，从而我们可以把国内利率当做模型中的一个参数。

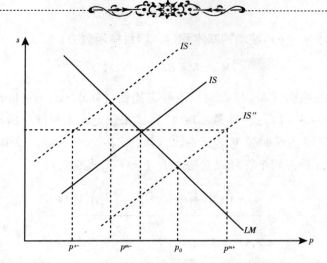

图 4 – 3 – 1　Poole（1970）框架下的固定汇率制度与浮动汇率制度选择

排和浮动汇率制度安排，对介于二者之间的制度安排并未考虑。这与本节第三部分所做工作的基本原理是相同的。然而，从上述分析中我们可以看出，在一定程度上，介于固定汇率制度和浮动汇率制度之间的某种制度安排所带来的社会福利损失可能比单纯的固定汇率制度或是单纯的浮动汇率制度所带来的损失都小，下文将在前面给出的模型框架下给出正式的说明。

（一）政府的目标函数

本书认为，在目前的国际经济、政治形势下，汇率并不仅仅是本国货币与外国货币的比价，汇率更应是本国政府为了确保国家利益而把汇率作为实现政府政策意图的战略工具[1]，各国的汇率制度选择更多的是考虑所选择的汇率制度是否能最大限度地实现本国整体的社会福利，或者说能否最低成本地实现自己的政策意图[2]。从第三章第三节的研究假设出发，本书假定我国政府汇率制度选择的基本目标是实现价格水平围

---

[1]　从美国、日本及欧盟等国和地区对人民币汇率问题所持的态度及动机来看，这一点再明显不过了。

[2]　这也是国际金融的新政治经济学方法的主要思想。孙立坚（2005，第 13 章）也讨论过政府目标函数的问题，并在新政治经济学框架下讨论了人民币汇率制度的选择问题。

绕其均衡水平（$\bar{p}$）波动的基本稳定，即目标函数为：

$$\text{Min} \quad L = E_t\big[(p_t - \bar{p})^2\big]$$

模型的稳态（steady-state）或静态均衡（stationary equilibrium）可以通过（4–3–1）式—（4–3–4"）式来设定。当系统中所有的冲击为 0，且预期实现时模型达到稳态（Roper 和 Turnovsky，1980），从而可以解得（后面两个等号成立是由于（***）式成立）：

$$\bar{p} = \alpha_0 = \frac{m_0 + \left(k - \dfrac{a_2}{a_1}\beta\right)wi^* + \left(k - \dfrac{a_2}{a_1}\beta\right)(1-w)i'}{1+\beta}$$

$$= E_{t-1}p_t = E_t p_{t+1} \text{①} \tag{4–3–19}$$

因此，根据（4–3–19）式可知道，本书所设定的价格稳定目标就等同于价格预期误差的最小化标准（minimize price prediction errors，Flood 和 Marion，1982），或是价格水平的基本稳定（第三章第三节），即目标函数为：

$$\text{Min} \quad L = E_t\big[(p_t - \bar{p})^2\big] = E_t\big[(p_t - E_{t-1}p_t)^2\big]$$

（二）最优汇率制度弹性

在上述最小化目标函数中，本书根据（4–3–11）式解出价格水平预期误差的表达式，然后代入这个损失函数可得：

$$\text{Min} \quad L = \text{Min}\left\{\left(\frac{ka_1 - \beta a_2}{\Delta}w\right)^2\sigma_{\varphi_t}^2 + \left(\frac{B_2}{\Delta}\right)^2\sigma_{v_t}^2 + \left(\frac{kw + \beta}{\Delta}\right)^2\sigma_{u_t}^2 \right.$$
$$\left. + \left(\frac{-A_2}{\Delta}\right)^2\sigma_{\varepsilon_t}^2 + \left(\frac{-B_2}{\Delta}\right)^2\sigma_{\varepsilon_t}^2\right\}$$

一阶条件为：

$$w^2\frac{(ka_1 - \beta a_2)\big[-a_2\Delta + B_1(ka_1 + \beta a_2)\big]}{\Delta^3}\sigma_{\varphi_t}^2 + \frac{B_1 B_2^2}{\Delta^3}(\sigma_{v_t}^2 + \sigma_{\varepsilon_t}^2)$$

---

① 当系统处于稳态时，均衡的产出水平则恰好为 0（如果我们在总供给模型中加入自然率产出水平，那么均衡产出恰好等于自然率产出水平。忽略这一项不会影响模型结论，但会给模型求解带来一定的便利，参见本书第五章第二节对总供给曲线经验估计的说明）。此时，价格稳定目标的背后就隐含着产出稳定目标。

$$+ \frac{(kw + \beta)[\Delta + B_1(kw + \beta)]}{\Delta^3}\sigma_{u_t}^2 + \frac{A_1 A_2 B_2}{\Delta^3}\sigma_{e_t}^2 = 0$$

解此一阶条件，可以得到目标函数最小化时的最优汇率制度弹性为：

$$\beta^* = \frac{w^2(k^2 a_1^2 B_1 - ka_1 a_2 \Delta')\sigma_{\varphi_t}^2 + B_1 B_2^2(\sigma_{v_t}^2 + \sigma_{\varepsilon_t}^2) + w(k\Delta' + k^2 B_1 w)\sigma_{u_t}^2 + A_1 B_2 A_2' \sigma_{e_t}^2}{w^2(ka_1 a_2 B_1 - a_2^2 \Delta')\sigma_{\varphi_t}^2 - (\Delta' + kwB_1)\sigma_{u_t}^2 - A_1 B_2 \sigma_{e_t}^2} \textcircled{1}$$

直觉地看，有以下两种特殊情形是很有意义的。首先，我们假设经济中的产品市场冲击、货币性冲击和总供给冲击都为 0，而国外资产市场冲击不为 0 的情况。之所以对这一情形给予特别关注，原因在于，我们可以借此考察长期以来的一个争论，即浮动汇率制度能否使国内经济免受国外冲击的影响，即考察浮动汇率制度的绝缘性（insulation）。在其他经济冲击为 0 时，我们有：

$$0 < \beta^* = \frac{k^2 a_1^2 B_1 - ka_1 a_2 \Delta'}{ka_1 a_2 B_1 - a_2^2 \Delta'} < +\infty$$

因此，除非本国货币需求的利率弹性为 0（$k = 0$）或实际汇率对本国产出没有影响（$a_1 = 0$），否则浮动汇率制度并不是理想的国外冲击的绝缘体（insulator）。

其次，根据人民币最优汇率制度弹性的一般表达式，我们可以考察一下什么条件下固定和浮动汇率制度是我国最优的政策选择。对固定汇率制度而言，由前文分析可知，这要求解的一般表达式的分母趋近 0。显然，只有在国外冲击（$\sigma_{\varphi_t}^2$）、本国产品市场冲击（$\sigma_{u_t}^2$）和总供给冲击（$\sigma_{e_t}^2$）满足非常复杂的约束条件时才能使分母为 0。直觉告

---

① 从这个最优汇率制度弹性的表达式不难看出，即使在完全的资本流动条件下（$w = 1$），本国仍然可以选择某种中间汇率制度安排，这和 Frankel（1999）的观点是完全一致的。

在这个最优化分析框架下，我们还可以考察以名义汇率稳定作为人民币汇率制度选择的基本标准前提下人民币的最优汇率制度弹性问题。对（4－3－12）式两边取方差，很容易看出，最优的制度弹性 $\beta = +\infty$，即最优的制度安排是实行完全的固定汇率制度。这无疑说明，如果以汇率稳定作为基本的政策选择标准，那么在人民币汇率制度安排上，我国应该走回头路。这同时意味着，在我国已经基本完成价格市场化改革的前提下，应将货币政策再次置于汇率稳定目标的地位之下，而任由价格波动。

诉我们，一个非常直观的充分条件是当这三个冲击同时为 0 时（即本国仅面临货币性冲击（$\sigma_{v_t}^2$ 和 $\sigma_{\varepsilon_t}^2$）时），固定汇率制度对我国而言才是最优的。这个结论与 Roper 和 Turnovsky（1980）的结论是完全一致的。

对浮动汇率制度而言，这要求最优汇率制度弹性解的一般表达式分子趋近于 0。同样，这也意味着经济系统中各种经济冲击和经济结构参数之间应满足比较复杂的关系以使表达式的分子为 0。一个直观的充分条件可能是 $k = \sigma_{v_t}^2 = \sigma_{\varepsilon_t}^2 = \sigma_{e_t}^2 = 0$，这要求本国不存在货币性冲击和总供给冲击，并且本国货币需求的利率弹性为 0，货币政策不能影响货币需求。

但是，很显然，我国现实的经济运行是同时受到各种经济冲击的影响的，并且我国货币需求的利率弹性并不为 0（参见表 5－2－7；第五章第二节）。因此，由上面的分析可知，人民币最优汇率制度弹性这个均衡解显然并不总为 0，也不是时时都趋向于无穷大的。由此得到：

命题六：最优的人民币汇率制度安排是 β^* 这一内解所代表的某种中间汇率制度安排①。

命题七：本国的最优汇率制度选择和安排不仅取决于本国所面临的经济冲击大小和冲击来源，也取决于本国的经济结构特征、经济系统参数的大小和资本的流动程度。这个结论与经典的 M-F-D 分析范式是一致的。

命题六与传统的 M-F-D 分析结论及不可能三角或三元悖论是相悖的。这个结论表明，我国中央银行在保持货币政策独立性以维持国内价格稳定的前提下，采取某一中间汇率制度安排的同时进行适当的资本管

---

① 本书没有对均衡解的稳定性进行研究。但是考虑到我国当前及未来可预见的一段时期内，金融衍生产品并不发达，并且其发展也不会迅速成熟和完善，经济个体难以通过对冲来规避汇率风险。同时，投机攻击也因此而缺乏有效的杠杆手段，因此在我国政府主导下的人民币汇率制度安排如果采取内解所代表的中间汇率制度安排，那么这个解基本上是稳定的（易纲、汤弦，2001）。

制措施是完全可行的①。但是，这一中间制度安排却受到了资本管制程度或资本流动性的影响。在本节的模型中，这种影响表现为一种非线性关系，而且还要受到一国经济结构和经济冲击的影响，因此，其影响是不确定的。具体到我国来说，如果要研究资本管制对人民币最优汇率制度弹性的影响，那么必须估计出我国的经济结构参数和宏观经济冲击的大小，从而才能模拟出这种非线性的影响关系。因此，这基本上是一个实证问题，本书将在下一章第二节做出详细论证。

在现实的经济发展实践中，一国政府所面临的政策目标不尽相同，各国经济所面临的冲击类型和冲击大小也不相同，因此，这就导致了现实中各国汇率制度安排的多样性。并且，在一国的经济发展实践中，本国所面临的经济结构和经济冲击很可能会发生变化。同时，随着本国经济发展阶段的不同，本国政府的政策目标和战略目标也可能发生变迁，从而导致最优的汇率制度选择不断地发生变化。于是由命题七可以得到：

推论：没有一种汇率制度适合所有国家，也没有一种汇率制度适合于一个国家的所有时期（Frankel，1999；2003）。一国的汇率制度选择其实是一个动态变迁的过程（沈国兵，2002；2003）。

最后，我们考察一下最优汇率制度弹性在某些特殊情况下的特征。

---

① 本书的这个基本观点和许多研究是一致的。比如，Frankel（1999）就曾指出，一国可以同时拥有一半的稳定性和一半的独立性，没有必要非要在 Krugman 意义上的三个目标之间进行非此即彼的选择或权衡。

Weymark（1997）也曾指出，"对开放经济下最优汇率管理方面的研究非常多，虽然这些研究使用了不同的分析框架，但是都得到了一个共同的结论，即完全固定或完全浮动的汇率制度安排都不可能代表了最优的稳定化政策。因此，最优的汇率管理常常是某种中间汇率制度安排。"（Weymark，Dlanan，1997，"Measuring the degree of exchange market intervention in a small open economy"，*Journal of International Money and Finance*，Vol. 16，No. 1，55）

Willett（2002）指出，对三元悖论的正确理解应该是，"不可能三角是指在高度资本流动的条件下，国内货币政策和汇率政策是不能彼此独立地制定的。这并不意味着我们必须在外部均衡目标和内部均衡目标之间做出非此即彼的选择。货币政策和汇率政策是可以通过一种一致性的方式来共同决定的。"Willett（2002）进一步指出，"并不是有限的汇率弹性本身导致了货币危机，而是汇率政策和货币政策之间的不一致（这在中间汇率制度安排下是经常出现的）导致了货币危机。"（Willett，Thomas，D.，2002，"Fear of floating needn't imply fixed rates：feasible options for intermediate exchange rate regimes"，Fordham/CEPR Conference on Euro and Dollarization.）

由对最优解进行全微分，可以对最优汇率制度弹性进行一些比较静态分析。在 $1 - ha_1 - ha_2 > 0$ 时[①]，有：

$$\frac{\partial \beta^*}{\partial \sigma_{v_t}^2} > 0, \ \frac{\partial \beta^*}{\partial \sigma_{\varepsilon_t}^2} > 0, \ \frac{\partial \beta^*}{\partial \sigma_{\varphi_t}^2} > 0, \ \frac{\partial \beta^*}{\partial \sigma_{u_t}^2} < 0, \ \frac{\partial \beta^*}{\partial \sigma_{e_t}^2} < 0$$

命题八：国内货币需求冲击或货币供给冲击或者是国外利率冲击越严重时，政府就越偏好比较固定的汇率制度；而当国内面临的产品市场冲击或者是总供给冲击越大时，更具弹性的汇率制度安排就是更合意的。

（三）对 β 和 β^* 的进一步说明[②]

本书前面曾对 β 做了简要的说明。这里，我们再从外汇市场压力（exchange market pressure，EMP）的角度来进一步讨论 β 的经济含义。在本书的模型框架中，外汇市场压力可以定义为由随机冲击等因素而导致的对本币的超额需求（或供给）。此时，货币当局在汇率波动和外汇市场干预之间常常面临着权衡（trade-off）[③]。对这个定义定性的说明如下：由于经济冲击会导致一国的外汇市场压力，一国因此而面临三种选择：一是通过外汇市场干预来完全吸收或消化这种压力（此时一国显然实行的是固定汇率制度）；二是任由汇率变化来吸收由经济冲击所引起的市场压力（此时一国显然实行的是浮动汇率制度）；三是采取上述两种选择的某种组合（此时一国显然是实行了某种形式的中间汇率制度安排）。

为了进一步理解这个说明，我们取消此前关于政策反应函数的假设，直接假定本国的名义货币供给为 m_t^s。那么，在本书的模型框架下，利用 McCallum（1981）的最小状态变量法可以求解出均衡时汇率水平

[①] 这对比较静态结果来说是充分而非必要条件。

[②] 本部分的分析借鉴了 Roper 和 Turnovsky（1980）的研究。参见 Roper, Don E., and Turnovsky, Stephen J., 1980, "Optimal exchange market intervention in a simple stochastic macro model", *The Canadian Journal of Economics*, Vol. 13, No. 2, 296–309。

[③] 对外汇市场压力的正式定义可参见，Weymark, Dlanan, 1997, "Measuring the degree of exchange market intervention in a small open economy", *Journal of International Money and Finance*, Vol. 16, No. 1, 55–79。

的表达式为：

$$s_t = m_t^s + \phi'_0 + \frac{w[a_2(1 + hb_1) - kB_1]}{\Delta}\varphi_t$$

$$+ \frac{-1 - hb_1}{\Delta}u_t + \frac{A_1}{\Delta}e_t + \frac{B_1}{\Delta}\varepsilon_t \qquad (4-3-12')$$

（4-3-12'）式说明，当本国经济系统面临随机冲击而导致的对本币的超额需求或供给时（如一个正向的产品市场冲击将导致对本币的超额需求），一国化解这种外汇市场压力的途径不外有三：一是让本币升值（贬值）；二是增加（减少）货币供给；三是采用上述两种措施的某种组合。这就说明，在本国货币供给和汇率水平之间是存在权衡的（trade-off）的。这就构成了本书所设定的 $m_t^s = m_0 - \beta s_t + v_t$ 这一政策反应函数的理论基础。

（4-3-12'）式也为我们提供了衡量本国外汇市场压力大小以及货币当局应如何干预、多大程度地干预外汇市场的手段。当本国发生经济冲击而导致 EMP 曲线右移时（如一个正向的产品市场冲击），那么本币必将升值（或存在升值压力），或者本国货币供给增加以满足经济均衡的要求，此时本国存在正的外汇市场压力；反之，当经济冲击使 EMP 曲线左移时（如负向的产品市场冲击），那么本币必将贬值（或存在贬值压力），或者本国货币供给减少以保持经济均衡，此时本国面临负的外汇市场压力；在不存在经济冲击时，EMP 线经过点（$-\phi'_0$，ϕ'_0）[①]，此时本国外汇市场压力为 0（参见图 4-3-2）。

因此，给定随机冲击的当前值，EMP 曲线就揭示了为实现既定的目标汇率水平所需的干预程度。如果货币当局实行固定汇率制度，那么所需的干预程度就是存在外汇市场压力时的 EMP 曲线与横轴的交点。数量为正，表示应该增加货币供给，反之则应降低货币供给。例如，从图 4-3-2 可见，当存在正的外汇市场压力时，本币存在升值压力，那么中央

---

① 为了便于说明问题，图 4-3-2 中的原点坐标被设置为（$-\phi'_0$，ϕ'_0），实际上就相当于将以（0，0）为原点的坐标系中的所有的线同时向右、向下平移了。这并不影响本书的结论。

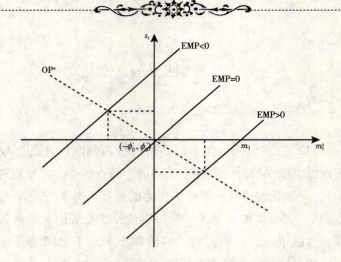

图 4 – 3 – 2 外汇市场压力曲线与最优政策反应

银行应该增加本币货币供给，增加的数量为 m_1；如果本国货币当局实行浮动汇率制度，那么，汇率应该等于市场出清的汇率水平，即等于 EMP 线和纵轴的交点；如果货币当局部分地吸收或消化本币汇率中的外汇市场压力，部分地通过外汇市场干预来吸收的话，那么本国就应该在 EMP 线与横轴和纵轴交点之间的线段上选择相应的政策取向或制度安排。

在此情况下，我们可以设定我国货币当局的政策反应函数，即，$m_t^s = m_0 - \beta s_t + v_t$。这也可以用离差的形式重写为：

$$\bar{m} = -\beta \bar{s} + v_t$$

其中，$\bar{m} = m_t^s - m^*$，$\bar{s} = s_t - s^*$。带星号的变量分别表示相应变量的均衡值。这样，重写后的反应函数实际上就将货币当局的外汇市场干预表示为汇率偏离其均衡水平的函数。在以价格稳定作为我国货币当局政策目标的情况下，我们把设定的政策反应函数代入到本书设定的模型中，就得到了最优的 β 值（β^*）。于是有：

$$\bar{m} = -\beta^* \bar{s} + v_t$$

这个最优的反应函数由图 4 – 3 – 2 中 OP^* 曲线表示。从图 4 – 3 – 2 中可见，对任何的 β^*，由随机冲击所引起的外汇市场压力都可以同时

通过 s_t 和 m_t^i 的线性组合加以化解。较大的 β^* 意味着货币当局更多地通过外汇市场干预来进行调节；而较小的 β^* 则表明货币当局倾向于由汇率变化来吸收大部分的市场压力。极端的情况就是本书所指出的，$\beta \rightarrow \infty$ 时，意味着本国实行固定汇率制度；而 $\beta = 0$ 时，则意味着本国实行了完全的浮动汇率制度。而选择 β^* 则表明，本国实行了某种形式的中间汇率制度安排。至于最优的 β^* 究竟是多少，这显然是一个经验问题。这构成了本书第五章第二节的主要研究目标。

四、结论

在汇率制度选择问题上，政府不同的汇率制度选择标准或政策目标不仅会影响具体的制度选择或制度安排，而且由于目标之间存在的潜在冲突，因此会产生不同的经济后果。针对资本流动所实行的资本管制措施从根本上来说并不影响一国在固定汇率制度与浮动汇率制度之间的选择，但是，资本流动程度却确实会影响到一国的中间汇率制度安排。这种合理的中间汇率制度安排不仅受到我国经济结构参数的影响，我国的经济冲击对它也会产生影响。

理论上来说，在汇率制度选择问题上，政府确定单一目标是非常必要的。如果以价格稳定为基本目标，那么在汇率稳定和资本流动性之间就存在权衡。在一国外汇市场缺乏一定的深度和弹性时，某种形式的中间汇率制度安排是可能存在的。由于最优的制度安排不仅受政府政策目标的影响，而且还受到一国经济结构和经济冲击的影响，因此，随着经济的发展和深化，经济结构的变化和经济冲击的改变以及由此而导致的政策偏好的变化都会使一国的汇率制度安排出现相应的变迁。因此，没有什么汇率制度可以使一国一劳永逸（Masson，2000），也没有什么汇率制度安排可以同时适用于所有国家或地区（Frankel，1999、2003；穆萨等，2003）。但是，对一国的特定时期而言，是存在最优的汇率制度安排的。

本节研究隐含的假定是我国利率已经市场化，货币政策传导机制是畅通的，货币政策是有效的。本节研究的不足在于没有为人民币汇率制度弹性提供一个经验的估计。这将在第五章第二节做出详细的论证和研究。

本 章 小 结

　　1994 年以来，我国经济的开放程度不断提高，面临的外部冲击也日趋显著。与此相映成趣的是，我国对资本与金融项目实施了严格的管制，对 FDI 资金流入采取了诸多的优惠措施。由此导致了我国开放经济运行的基本特征：一是目前 FDI 形式的资金在我国国际资本流动中占了主要的形式，二是严格的资本管制限制了非 FDI 形式资金的自由流动。这种独特的开放经济特征使我国人民币汇率制度安排变得重要起来，也变得更为复杂。本章从这两个基本事实出发，分别建立了静态的确定性模型和随机动态的一般均衡模型，考察了 FDI 资金占主要地位的情况下，我国货币政策和汇率政策的基本导向及其政策效力问题。研究表明，在 FDI 资金流动占主要地位的情况下，大幅度的人民币升值策略是行不通的，渐进的升值路径或渐进地放宽资本管制以缓解 FDI 形式的资金流动（目前我国已经开始取消或淡化对 FDI 资金的各项优惠措施）对我国造成的各种影响才是比较可行的方法。如果为了获得货币政策的独立性以实现价格稳定，并以此保证经济持续平稳的增长，那么浮动汇率制度将成为我国必须的选择。

　　本章研究还发现，在汇率制度选择问题上，不同的汇率制度选择标准或政策目标会影响具体的制度选择或制度安排。以币值稳定作为货币政策的最终目标本身就蕴涵着内在的冲突，因此，理论上来说，在汇率制度选择问题上，政府确定单一目标是非常必要的。如果以价格稳定为基本目标，那么在汇率稳定和资本流动性之间就存在权衡。在我国外汇市场缺乏一定的深度和弹性时，某种形式的中间汇率制度安排是可能存在的。这种最优的制度安排不仅受政府政策目标的影响，而且受我国经济结构和经济冲击的影响。并且，随着我国经济的发展和深化，经济结构的变化和经济冲击的改变，最优的人民币汇率制度安排是不断变迁的。

第五章 人民币汇率制度改革目标与最优弹性的经验估计

上一章结合 1994 年以来我国开放经济宏观经济运行和国际收支发展的现实,分析了 FDI 形式的资金流动和非 FDI 形式的国际资本流动对人民币汇率制度选择以及人民币汇率政策的影响,并在动态一般均衡模型框架下讨论了我国货币政策目标的内在冲突问题。本章试图从简单的实证数据和我国开放经济运行现实的角度进一步深入考察这一问题,并利用计量经济方法对我国的基本经济参数和经济冲击做了估计,从而给出了人民币最优汇率制度弹性的经验估计。

第一节 人民币实际目标法与价格稳定目标再讨论

人民币汇率政策发展演变的历史(参见表 3-3-4)表明,我国自建国以来直至 2005 年新的汇率形成机制改革以前,汇率政策不仅没有纳入货币政策体系,而且汇率政策目标基本上是凌驾于货币政策目标之上的,这直接导致了 1990 年以来政策目标之间的冲突和货币政策的无效。亚洲金融危机之后,尤其是 2002 年中国经济摆脱危机影响之后,随着中国宏观经济形势的变化,是否仍应维持这样的政策取向和政策导向是值得进一步分析的,这直接关系到我国人民币汇率制度选择和进一步完善的方向，也关系到货币政策的效果，会产生一系列的宏观经济后果。

一、汇率稳定、外部均衡与中国的经济增长（1994—2005）

由第四章第三节的命题二可知，大多数时候，以（实际）汇率稳定作为汇率制度的选择标准，本国实行固定汇率制度能实现汇率的基本稳定（包括名义汇率和实际汇率），从而有利于本国出口创汇和吸引FDI资金以促进经济发展。出于这个考虑，1994—2005年间，我国货币政策目标基本上就是以维持汇率稳定、促进出口或维持国际收支平衡为导向的[①]。政府的目的是希望利用比较稳定的汇率促进出口增长，增加出口创汇，缓解经济发展过程中外汇资金稀缺和资本稀缺的困难。因此，当时的货币政策实际上是从属于或被迫用于汇率稳定的目标的[②]。

图5-1-1表明，1978年改革开放以来，人民币兑美元的名义双边汇率和人民币实际有效汇率都经历了"先贬后升"的过程，但在1994年之后，名义汇率与实际汇率都呈现出基本稳定，稳中略有上升的态势。

在名义和实际汇率稳定所带来的稳定的外部环境下，我国出口和进口相比1994年汇率并轨改革之前，都出现了前所未有的迅猛增长势头。净出口额在1994年之后基本为正，表现为持续的大规模的顺差（但1950—1993年间，我国净出口不仅规模十分小，而且时正时负，有20个年份出现了逆差）。该指标在2006年急剧攀升至14217.7亿元。同时，受净出口的带动，我国外汇储备在1994年之后也急剧膨胀（1950—1978年，我国年均外汇储备为1.73亿美元，1979—1993年间年均77.58亿元。总体来说，这两个时期我国外汇储备规模都比较小），

---

① 实际上从建国以来，我国汇率政策的主要目标就一直是维持汇率稳定以保证出口创汇或维持国际收支的平衡（参见本书表3-3-4；邓立立，2006；贺力平，2005；尚明，2000；许少强、朱真丽，2002）。

② 这也说明，我国政府在1994—2005年期间名义上宣布实行有管理的浮动汇率制度，但是实际上人民币汇率却"浮动不足而管理有余"，汇率一直缺乏弹性。这实际上不是由于政府害怕浮动而引起的，而恰是其实际目标法所决定了的。

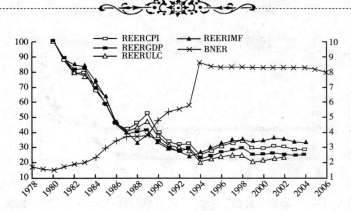

图 5 - 1 - 1　人民币名义汇率与实际有效汇率（1978—2006）

注：1. REERCPI、REERGDP 和 REERULC 分别表示以 CPI、GDP 平减指数和制造业单位劳动成本为价格指数计算的人民币实际有效汇率；REERIMF 表示 IMF 公布的人民币实际有效汇率；BNER 是人民币兑美元的双边名义汇率。

2. 图中实际有效汇率指数上升表示人民币升值；人民币兑美元汇率为单位美元的人民币价格。

资料来源：国家外汇管理局：《汇价手册》，中国金融出版社 1986 年版；许少强、朱真丽：《1949—2000 年的人民币汇率史》，上海财经大学出版社 2002 年版，第 32 页、58 页、64 页、85 页、114—140 页；国家统计局：《2007 中国统计年鉴》，中国统计出版社 2007 年版。

从 1994 年的 516 亿美元急剧增加到 2006 年的 10663 亿美元，年均增长 38.4%（参见图 5 - 1 - 2）。

迅速扩张的出口不仅部分地实现了我国政府出口创汇的目的，而且也对我国经济增长起到了比较大的拉动作用。净出口对我国 GDP 增长的贡献率和拉动 GDP 增长的百分点从 1978—1993 年间的 11.70% 和 -0.36 个百分点分别上升到了 12.22% 和 1.52 个百分点。并且，无论是贡献率还是拉动 GDP 增长的百分点指标的波动性都出现了不同程度的下降，对 GDP 增长的贡献更为稳定（参见表 5 - 1 - 1）。

从我国实际产出增长来看，由稳定的（实际）汇率所带来的比较稳定的外部环境客观上也促进了我国 GDP 增长更趋平稳，近年来宏观经济高位平稳运行的迹象已经十分明显。1978—1993 年期间，我国 GDP 年均增长率为 9.88%，标准差为 3.56%。在 1994—2006 年间，年均 GDP 增长率（9.68%）虽略低于改革开放之初到 1994 年汇率并轨改革期间的表现，但是，GDP 的增长却更趋平稳了，标准差仅为 1.52%，

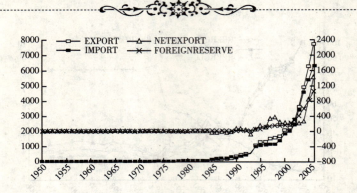

图 5 - 1 - 2　中国的进口、出口、净出口额与外汇储备（1950—2006）

注：1. 左坐标轴表示出口和进口指标；右坐标轴表示净出口与外汇储备指标。
2. 出口、进口与净出口单位：10 亿元人民币；外汇储备单位：10 亿美元。
资料来源：国家统计局：《2007 中国统计年鉴》，中国统计出版社 2007 年版；国家统计局：《2006 中国统计年鉴》，中国统计出版社 2006 年版；国家外汇管理局。

下降了 57.33％。因此，基本上整个宏观经济已经呈现出高位平稳运行的态势（陈佳贵，2006）。

因此，实际目标法导向的汇率政策为我国的出口增长、出口创汇和宏观经济的平稳增长创造了非常稳定的外部环境。这种政策导向在 1994 年以后取得的成效远远超出了 1949—1993 年间的水平。实际上，从简单的数据分析就可以发现（参见图 5 - 1 -2），建国以来直至 1993 年期间，这种政策导向是基本不成功的，只是 1994 年以后才取得了比较大的成效。

二、被动的货币扩张与宏观经济过热

但是，1994 年人民币汇率并轨改革的同时还开始实行结售汇制度，我国中央银行在外汇市场上实行托盘收购的外汇制度。市场外汇供过于求时，中央银行需用外汇人民币占款购入多余外汇转化为外汇储备；反之，市场外汇供不应求时，中央银行需动用外汇储备支付所需外汇。在这样的制度安排下，中央银行的国外净资产与外汇人民币占款存在着强烈的正相关关系。中央银行的国外净资产的多少直接影响外汇人民币占款数额，而外汇人民币占款的多少也直接反映出基础货币投入量的多少,从而导致了事实上的固定汇率制度下我国货币供给内生性的强化(范从来等,2003,第90页)。在名义上的有管理的浮动汇率制度和我国经常账户及资本与金融账户持续顺差的情况下,中央银行托盘收购的外汇制度导致我国外汇储备的被动性增长,并进一步迫使我国货币供给的扩张和价格水平的波动(范从来等,2003)。1998年9月,外汇占款在中央银行总资产中的比重首次超过长期以来中央银行第一位资产,即对存款货币银行债权的比重,外汇占款成为我国中央银行的第一大资产,成为我国中央银行货币投放的首要渠道(参见表4-1-4)。此后,外汇占款在中央银行总资产中的比重便一发不可收拾,截至2007年9月末,占比已超过70%,是同期对存款货币银行债权的16.91倍(参见表4-1-4、图5-1-3)。

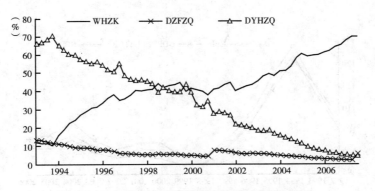

图5-1-3 中国中央银行资产构成与货币性冲击

注:WHZK、DZFZQ和DYHZQ序列分别表示外汇占款、对政府债权和对银行债权占中央银行资产总额的比重。

资料来源:范从来等:《通货紧缩国际传导机制研究》,人民出版社2003年版,第78—79页;中国人民银行网站(www.pbc.gov.cn)。

这样,亚洲金融危机之后,我国中央银行通过外汇占款形式投放的货币对我国的货币供给形成了很强的内生性冲击,中央银行为了维持汇率的稳定,不得不被动地在银行间外汇市场上利用外汇占款来吞吐货币,货币政策的自主性和独立性受到极大削弱。外汇占款的快速扩张形成了1994—2005年期间我国所面临的一个主要的经济冲击——货币性冲击。相对于经常项目下的贸易摩擦而言，这种资本项下的货币性冲击对我国开放经济可能造成的冲击更为巨大（孙立坚，2005）。这主要表现在两个方面：一是，持续扩张的货币供给使我国利率面临巨大的下调压力。人民银行也因此而不得不在1996年后持续下调存贷款利率以应对这一冲击（参见图4－2－2）。由（4－3－13）式可知，利率下调的直接后果是我国价格水平的上升。因此，1997—1998年通货紧缩之后，价格水平探底后逐年回升（参见图5－1－4），成为导致我国近年来宏观经济过热的重要因素。二是，持续下调的利率所带来的另一个严重后果是投资的迅速扩张。投资增长率由1997年的4.1%逐年跃升至2004年的23.6%，绝对规模则相应地从29968亿元增长到了94103亿元。成为2001年后我国经济增长的首要贡献因子。过热的宏观经济局面由此形成。

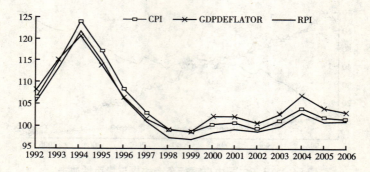

图5－1－4　中国的价格水平（1992—2006）

注：CPI、GDPDEFLATOR和RPI分别表示居民消费价格指数、GDP平减指数和商品零售价格指数。

资料来源：国家统计局：《2007中国统计年鉴》，中国统计出版社2007年版；国家统计局国民经济综合统计司：《新中国五十年统计资料汇编》，中国统计出版社1999年版。

三、实际目标法仍可继续吗

1994—2005年期间，以实际汇率稳定为导向的汇率政策的直接后果就是以牺牲内部稳定目标为代价选择了外部均衡或稳定目标，因此，1994年以来，人民币汇率水平处于一种事实上的超稳定状态（张纯威，

2005），而我国的一般价格水平却相对不稳定（参见图 5 - 1 - 4）①。1994 年以后，通货膨胀后继之以通货紧缩这一新的现象，给宏观经济带来了极为不利的影响。同时，1997 年之后，我国货币政策纪律性逐步加强、政策体系日趋成熟。由于这种变化，我国应该重新考虑人民币汇率的基本作用和实际目标法以及货币政策的基本作用了。

首先，从出口对我国经济增长的贡献来看，表 5 - 1 - 1 说明，相对于 1978—1993 年这 26 年间，1994 年以后的 13 年期间，净出口对我国经济增长的拉动作用逐渐显著了，平均来说，净出口拉动我国 GDP 增长了 1.52%。然而，横向的比较却表明，净出口对我国 GDP 增长的贡献有限且非常不稳定。1978—1993 年间，消费、投资和净出口分别拉动 GDP 年均增长了 6.32、3.91 和 -0.36 个百分点，以标准差衡量的三大因素的波动性分别为 2.85%、3.50% 和 3.06%。从变异系数来看，无疑净出口的贡献是最小的，并且对 GDP 增长起到了负面的作用；1994—2006 年期间，净出口对 GDP 增长的贡献凸显出来，但是，相对于其他两个因素而言，净出口不仅贡献非常小，而且也是最不稳定的。实际上改革开放以来的 29 年中，净出口对我国 GDP 增长的贡献是最小的，也是最不稳定的（参见表 5 - 1 - 1）。因此，希望通过净出口来促进 GDP 增长的观点和政策导向应该适时地反省了，这种导向不仅直接导致了我国当前外汇储备激增而带来的大难题，而且也导致了我国货币政策调控的难题。退一步来说，即使希望利用稳定的实际汇率来促进出口创汇和吸引外资以缓解我国外汇资金短缺和经济发展所面临的资本瓶颈问题，在当前的形势看来，这也是完全没有必要的了。因为目前看来，我国的资金短缺问题不是总量性的，而是结构性的了②。而这个问题并不是汇率政策所能奏效的。

---

①　由该图还可以看出，1994 年到 2005 年 7 月 21 日期间，我国以美元作为隐含的货币名义锚的做法成功地降低了我国的通货膨胀水平，为宏观经济稳定增长创造了很好的环境。"在此期间，中国的消费者物价指数年增长率从 25% 降至 1%—2% 的水平，经通货膨胀调整后的 GDP 每年以 9%—10% 的水平健康增长（麦金农，2007）。"

②　目前对银行体系流动泛滥和巨额存贷差（2004—2006 年存贷差分别达到 61161.6 亿元、92472.6 亿元和 110148.8 亿元）的讨论就是明证。从另一个角度看，我国大量急需资金支持且对经济增长和就业做出重大贡献的中小企业却难以获得资金支持，因此，我国资金的结构性短缺是非常明显的。

表 5-1-1　消费、投资和净出口对 GDP 增长的贡献

	最终消费支出		资本形成总额		货物和服务净出口	
	贡献率（%）	拉动 GDP 年均增长百分点（个）	贡献率（%）	拉动 GDP 年均增长百分点（个）	贡献率（%）	拉动 GDP 年均增长百分点（个）
1978—1993						
平　均	63.43	6.32	35.41	3.91	-11.70	-0.36
波动率	17.07	2.85	24.35	3.50	26.72	3.06
变异系数	3.72	2.22	1.45	1.12	0.44	-0.12
1994—2006						
平　均	47.28	4.44	40.49	3.97	12.22	1.52
波动率	13.52	0.84	18.51	1.96	22.44	2.20
变异系数	3.50	5.31	2.19	2.03	0.54	0.69
1978—2006						
平　均	56.19	5.48	37.69	3.94	11.93	0.40
波动率	17.36	2.36	21.70	2.86	24.46	2.86
变异系数	3.24	2.32	1.74	1.38	0.49	0.14

注：此处变异系数定义为单位标准差的均值水平，即变异系数 = 均值/标准差。

资料来源：国家统计局：《2007 中国统计年鉴》，中国统计出版社 2007 年版；国家统计局：《2006 中国统计年鉴》，中国统计出版社 2006 年版。

其次，如果政府或货币当局仍然以（实际）汇率稳定作为宏观政策的主要目标，那么，由第四章第三节的命题二和命题三可知，我国应实行固定汇率制度，或者名义上宣称实行浮动汇率制度，但是，为了汇率稳定的政策目标，货币当局仍然继续干预人民币汇率形成机制，从而表现出"害怕浮动"的特点。从实际汇率制度分类法的观点来看，这仍然意味着我国实行的是事实上的固定汇率制。在目前强调人民币汇率形成机制不断增加弹性的前提下，在这种目标导向支配下的货币当局显然不可能真正地增加人民币汇率制度弹性。

再次，1994 年后价格市场化改革推进十分迅速，政府很难通过行政手段来控制价格了（参见表 3-3-5）。在此之前，尽管市场的力量在加强，但是，价格形成中政府仍然起了主要的作用，因此，在价格由政府控制的前提下，价格问题在我国宏观经济政策制定中没有、也无须受到重视。因此，在当时的条件下，政府只要能保证名义汇率的稳定，

那么就基本能保证实际汇率的稳定，从而为宏观经济的增长创造稳定的外部环境。但是1992—1994年后，市场价格作为资源配置信号的作用，随着市场规则调节范围的不断扩大而日益增强，计划价格对我国经济的影响日益削弱。进入新的世纪，我国已经基本实现了价格市场化改革，价格对我国宏观经济的重要影响将日益凸显。在此背景下，如何稳定国内价格水平，保持适度的通货膨胀从而为经济增长创造稳定的内部环境，就构成了我国宏观经济管理的一个重要任务[①]。

最后，从实际汇率稳定目标本身看，这一目标的可测性和可操作性也非常值得怀疑。无论是2005年新的汇率改革之前，还是新的汇率形成机制改革之后，政府名义上宣称货币政策目标都是追求币值稳定，但是实际上这个目标是多重的，并且存在内在的冲突。因为，正如本节开头所指出的，一般来说币值稳定包括两个方面：一是一般价格水平的稳定，这又可分为价格水平的稳定和价格水平波动性（通货膨胀或通货紧缩）的稳定。虽然我国一直以来关注的是通货膨胀或通货紧缩问题，但是这两个稳定指标哪一个更好地代表了价格稳定目标至今也没有一致的结论。二是本币兑换外币价格，即汇率的稳定。但是，汇率稳定究竟以什么作为衡量指标呢？是名义双边汇率，还是实际双边汇率呢？是名义有效汇率还是实际有效汇率呢？抑或是均衡汇率？其实，无论采用哪一种指标都不能准确或全面地衡量一国汇率的稳定情况。如果是以我国政府在新的人民币汇率机制改革中所宣称的均衡汇率作为汇率稳定的指标，尽管有关均衡汇率理论的研究汗牛充栋，无论是以购买力平价还是以基本均衡汇率（FEER）或行为均衡汇率（BEER）等作为估测方法，但却没有任何一种理论是能够准确客观地估计均衡汇率水平的[②]。实际上，由于我国汇率形成机制中非市场力量仍然起了很大的作用，并且转

---

① 罗纳德·麦金农：《为什么中国的汇率要钉住美元：基于日元的历史分析》，载《财贸经济》2007年第1期，第34—42页。

② 对均衡汇率水平的估计，目前还没有一致公认的处理方法（Duttagupta, Rupa, Fernandez, Gilda, and Karacadag, Cem, 2004, "From fixed to float: operational aspects of moving toward exchange rate flexibility", *IMF*, *Working Paper*, 04/126; Duttagupta, Rupa, Fernandez, Gilda, and Karacadag, Cem, 2005, "Moving to a flexible exchange rate: How, when, and how fast"? *IMF*, *Economic Issue*, 38）。

型经济时期频繁、急剧的制度变革对汇率形成机制也存在重大的影响，这种情况下，人民币均衡汇率其实根本不可测①。因此，没有任何理由认为，我国名义上所宣称的货币政策目标是明确的、毫不含糊的②。这种含糊性直接导致了我国政策目标之间的冲突以及随之而来的不同的经济后果。

四、基本结论

在汇率制度选择问题上，政府不同的汇率制度选择标准或政策目标不仅会影响具体的制度安排（参见第四章命题三），而且由于目标之间存在的冲突，因此也会导致不同的宏观经济后果。我国目前所面临的宏观经济困境部分地印证了这个结论。第四章第三节和本节的研究说明，我国长期以来所宣称的币值稳定目标本身就是内在冲突的。在当前的经济形势下，本书认为，我国货币当局应该适时地进行政策目标的转变和目标的重新定位。具体来说，在当前通货膨胀和汇率升值双重压力的情况下，中央银行试图维持币值稳定的目标从根本上来说只能是一个美好的愿望。这个目标本身就具有内在冲突的特点（参见第四章第三节命题四）：如果实行紧缩政策，提高利率，那么汇率面临升值压力。为维持汇率稳定而带来的被动的货币扩张将导致紧缩政策无功而返；反之，要稳定汇率将导致货币扩张，进一步导致通货膨胀压力。任何一种情况

---

① 实际上是否真的存在准确的均衡汇率还存在很大争议。我国中央银行副行长吴晓玲在公开场合就曾表示，真正的人民币均衡汇率根本不存在（参见叶伟强、胡蛟（2006）的采访："吴晓灵谈金融改革"，载《财经》2006年第4期，第50—53页。报道中吴晓灵指出："我认为，首先应该达成一个共识，就是一国货币汇率的高与低是难以估量和计算的。我们努力去做的，应该是完善人民币汇率的形成机制，使它基本反映市场供求。"）。这一点无疑是很有意思的。承认了这一点，那么从我国官方公布的新的汇率形成机制看，"保持人民币汇率在合理、均衡水平上的基本稳定"就是一个模糊的政策目标，发送的信息也是模糊不清的，因为真正的均衡汇率根本不存在，即使存在，其测度因使用方法的不同也会存在差异。因此，这个模糊的政策目标很可能对新的汇率制度安排下人民币汇率水平的决定起了很大的作用。

② 从这个意义上来说，20世纪80年代末到90年代初对我国货币政策最终目标的争论中（见第三章第三节第二部分的具体讨论），"单一目标论"所指的单一目标其实并不是真正意义上的单一目标。因为，正如本书已经指出的，币值稳定目标本身就包括了一般价格水平稳定和汇率稳定两个方面。而本书的研究却表明，这两个目标在很多情况下是相互冲突的，即币值稳定这个最终目标本身就存在内在的冲突。

下，人民银行都进退维谷。而如果实行价格稳定的目标，那么根据
（4－3－15）式和（4－3－15'）式，中央银行以货币供给量作为名义
锚是能够稳定价格水平和汇率水平的。同时，根据第四章的命题一，完
全的价格稳定目标下，本国也能够实行真正意义上的浮动汇率制度，这
就为我国增加人民币汇率制度弹性的改革目标提供了理论支持和实践空
间。但是，目前我国还不具备实行完全浮动汇率制度安排的条件，因
此，如何保持价格稳定，并适当地兼顾汇率稳定就成为我国当前需要解
决的一个政策问题。而第四章第三节的命题六则为这个问题的解决提供
了理论基础。这个命题表明，目前中央银行应该逐渐放弃汇率稳定目
标，而代之以价格稳定①。同时实行某种形式的中间汇率制度安排是一
个可行的替代策略。那么，理论上来说，这种汇率制度安排的弹性应该
达到多大呢？对这个问题的回答构成了本章第二节的主要内容。

第二节　人民币最优汇率制度
弹性的经验估计②

　　本节的主要目的是利用宏观经济数据，对第四章第三节模型中的基
本经济参数和经济冲击做出经验估计，然后在此基础上，估算人民币最
优的汇率制度弹性值。考虑到样本较小，采用 2SLS 等联立方程模型估

---

　　① 开放经济条件下，币值稳定的两个方面内涵恰好构成了可供一国选择的两种货币政策
名义锚，即汇率锚和通货膨胀钉标制。国际上进行汇率制度转型国家的基本经验之一就是，
当一国政府试图维持两个名义锚目标且二者又相互冲突时，政府通过明确其价格稳定优先的
方法可以提高公众对政府价格稳定目标承诺的信任程度（Duttagupta 等，2004；2005）。

　　② 吉野直行（2003）采取了与本书类似的研究思路来分析小型开放经济体的汇率制度
选择问题，但是他没有考虑经济体系的不确定性因素。（吉野直行：《汇率制度与宏观经济稳
定》，载《黄达—蒙代尔讲座》（第一辑），中国人民大学出版社 2003 年版，第202—223 页）。
曾先锋（2006）也采用了 M－F 分析框架，在 Barro－Gordon（1983）二次损失函数目标下建
立了人民币最优汇率制度弹性模型。他的模型是确定性的静态模型，而且并没有将总供给曲
线和货币市场曲线纳入分析框架，也没有考虑到理性预期因素和随机冲击对人民币汇率制度
选择的影响（曾先锋：《估算汇率弹性的模型和对人民币汇率的实证分析》，载《数量经济技
术经济研究》2006 年第 2 期，第42—50 页）。

计法和采用 OLS 法一样都不能得到无偏的估计量，而 OLS 估计量则是有效的等原因。本书直接采用 OLS 估计方法（王志强等（2002）也采取了单方程估计方法）本节经验估计所涉及的解释变量和被解释变量及其具体定义、研究的样本数据性质和样本期如表 5 - 2 - 1。

表 5 - 2 - 1　本章经验模型估计中的解释变量和被解释变量说明

变量符号	含　　义	样 本 期
GDPGAP	产出缺口	(1978—2006 年)
INFLATIONUNEX	没有预期到的通货膨胀	(1978—2006 年)
INFLATIONEX	预期到的通货膨胀	(1978—2006 年)
DUMMY	哑变量:1989—1991 年取值为 1;其余年份为 0	(1978—2006 年)
GDPSAREALLN	经季节调整后的实际 GDP 的自然对数	(1994—2006 年 4 季度)
RMBREERLN	人民币实际有效汇率的自然对数	(1994—2006 年 4 季度)
INTERESTS1 REAL	1 年期实际贷款利率	(1994—2006 年 4 季度)
$LNM_1 CPI$	经季节调整后的实际货币余额(M_1)的自然对数	(1994—2006 年 4 季度)
$LNM_2 CPI$	经季节调整后的实际货币余额(M_2)的自然对数	(1994—2006 年 4 季度)
INTERESTS	1 年期存款的名义利率	(1994—2006 年 4 季度)
INFLATIONEX	预期到的通货膨胀率	(1994—2006 年 4 季度)

一、总供给曲线的经验估计

（一）对理论模型的进一步说明

根据第四章第三节设定的总供给曲线模型：

$$y_t = b_1(p_t - E_{t-1}p_t) + e_t, b_1 > 0 \qquad (4-3-1)$$

由于价格是以对数形式表达的，因此，$p_t - E_{t-1}p_t = p_t - p_{t-1} - (E_{t-1}p_t - p_{t-1}) = \pi_t - E_{t-1}\pi_t$。从而最终可以把总供给模型进一步改写为：

$$y_t = b_1(\pi_t - E_{t-1}\pi_t) + e_t, b_1 > 0 \qquad (5-2-1)$$

在这两个总供给模型中，本书其实省略了潜在产出 y_t^*，这样处理方便了本书模型的推导，但是并不影响定性的结论。而在经验估计中，由于对潜在产出的处理有很多不同的方法，由此得到的经验结果也将不同。因此，本书重新把这个因素考虑进来。于是总供给模型变成：

$$y_t - y_t^* = b_1(\pi_t - E_{t-1}\pi_t) + e_t, b_1 > 0$$

这个模型表明了当期的产出缺口（$y_t - y_t^*$）和没有预期到的通货膨胀之间的关系。理论的或先验的分析表明，这种关系是正向的。另外，由于经济的周期性波动具有一定的滞后效应，尤其是像我国这样的转型经济国家，经济周期性波动的滞后效应可能是非常显著的。考虑到这一点，上式可以进一步改写为：

$$y_t - y_t^* = b_0(y_{t-1} - y_{t-1}^*) + b_1(\pi_t - E_{t-1}\pi_t)$$
$$+ e_t, 0 < b_0 < 1; b_1 > 0 \tag{5-2-2}$$

然而，新凯恩斯主义宏观经济学认为，由于价格和工资的粘性，预期到的和没有预期到的价格或通货膨胀变动都会导致产出的变动（Walsh，2003，第6章；瓦什，1998，第5章），并且，预期到的和没有预期到的价格变化对产出的影响是不同的，一般来说后者的影响要大于前者。因此，考虑这个因素，可以把新凯恩斯主义的总供给曲线模型写为：

$$y_t - y_t^* = b_0(y_{t-1} - y_{t-1}^*) + b_1(\pi_t - E_{t-1}\pi_t)$$
$$+ b_2 E_{t-1}\pi_t + e_t, 0 < b_2 < b_1 \tag{5-2-3}$$

方程（5-2-2）和方程（5-2-3）构成了本书对总供给曲线经验估计的两个基本方程。

（二）预期和潜在产出的处理

在对总供给曲线的经验研究和经验估计中，有两个因素要进一步说明。一是预期的通货膨胀率如何估计？二是潜在产出的估计问题。

1. 通货膨胀预期的处理

对预期形成问题，经济学中有三种预期形成机制（徐高，2005）[①]：

---

① 当然，经济学文献中还存在其他形式的预期形成机制，如回归预期和外推预期。前者可表示为 $\pi_t^e = \pi_{t-1} + \gamma(\pi_{LONG} - \pi_{t-1})$（$\pi_{LONG}$ 表示通货膨胀率的长期水平，参见杰格迪什·汉达：《货币经济学》，中国人民大学出版社2005年版，第175页）；后者指设定预期通货膨胀率等于上期通货膨胀率加上通货膨胀变化趋势的一个修正值，即 $\pi_t^e - \pi_{t-1} = \gamma(\pi_{t-1} - \pi_{t-2})$（钱宥妮：《菲利普斯曲线在中国经济中的实证研究——基于产出缺口的分析》，载《财经研究》2005年第6期，第60—67页；杰格迪什·汉达：《货币经济学》，中国人民大学出版社2005年版，第175页）。

一是静态预期。这种预期简单地把上一期的实际通货膨胀率看做是当期的预期通货膨胀率，即有 $\pi_t^e = \pi_{t-1}$；二是适应性预期（adaptive expectation），又称为前进式预期（progressive expectation）[1]。这种预期假设经济主体在形成对现期的预期通货膨胀率时，会考虑到上一期的预期误差，即 $\pi_t^e - \pi_{t-1}^e = \gamma\ (\pi_{t-1} - \pi_{t-1}^e)$[2]；三是理性预期。这是本书理论模型中所一贯采取的预期假设形式。

从我国实际经济运行看，尽管 1978 年改革开放以来，市场经济有了很大的发展，计划价格逐步转变为以市场价格为主，计划调节为辅（参见表 3-3-5），但是，至今还没有什么数据能够比较准确地反映通货膨胀预期或价格预期（汪红驹，2002；2003）。并且，由于计划因素的影响，我国一般价格水平的波动自 1978 年以来就一直非常大，但这种波动又不是主要受市场因素影响的。尽管 1994 年以后，我国价格水平波动相对来说比较平稳了，但由于 1994 年以来经济转型中频繁的制度变革和市场化改革等因素的影响，我国居民的预期形成仍然并不是十分理性的。因此，对预期的处理就比较棘手。已有的经验研究基本上都采取了静态预期假设（李春琦、王文龙，2007；李冠军，2006；汪红驹，2002、2003；王莉，2005；吴卫华，2002；张勇、范从来，2006；）[3]，即以上一期的通货膨胀率作为预期的本期通货膨胀率的近似替代。基于此，本书也采用静态预期，即以上一期通货膨胀率作为预期的本期通货膨胀率的近似替代，从而有 $E_{t-1}\pi_t = \pi_{t-1}$。

---

① 达摩达尔·N. 古扎拉蒂：《计量经济学》，中国人民大学出版社 2000 年版，第 592 页。

② 适应性预期形式还有另外一种表达形式，即 $\pi_t^e - \pi_{t-1}^e = \gamma\ (\pi_t - \pi_{t-1}^e)$。写成这种形式时，又称为错误中学习假设或误差学习模型（error learning，参见达摩达尔·N. 古扎拉蒂：《计量经济学》，中国人民大学出版社 2000 年版，第 592 页；杰格迪什·汉达：《货币经济学》，中国人民大学出版社 2005 年版，第 173—175 页）。

③ 蒋瑛琨等（2005）和钱宥妮（2005）没有采取静态预期的做法。前者利用适应性预期，以滞后一阶的零售价格指数作为通货膨胀预期的度量指标来代表预期通货膨胀率，后者将滞后变量引入模型来解决预期问题（蒋瑛琨、赵振全、刘艳武：《中国货币需求函数的实证分析——基于两阶段（1978—1993、1994—2004）的动态检验》，载《中国软科学》2005 年第 2 期，第 24—33 页）。而胡乃武、孙稳存（2003）则采用了 ARMA 模型估计了预期的通货膨胀率（胡乃武、孙稳存：《中国总供给曲线性质的实证分析》，载《数量经济技术经济研究》2003 年第 12 期，第 113—116 页）。

2. 潜在产出的处理

潜在产出①的估计方法一般有两类：一是统计分解趋势法；二是经济结构关系估计法（郭庆旺、贾俊雪，2004；钱宥妮，2005；王煜，2005）。前者试图把产出的时间序列分解为永久性成分和周期性成分，如线性趋势法、卡尔曼滤波法和 H-P 滤波法等。后者则试图利用经济理论分离出结构性和周期性因素对产出的影响，典型的代表是生产函数法。

国内学者对我国总供给函数的研究主要使用了 H-P 滤波方法（郭庆旺、贾俊雪，2004；胡乃武、孙稳存，2003；王煜，2005）、卡尔曼滤波法（钱宥妮，2005；许召元，2005）和生产函数法（郭庆旺、贾俊雪，2004）。

但是，生产函数法存在两个不足，使它难以应用于对转型经济的研究。一是，它要求生产函数是稳定的（许召元，2005）；二是，通过生产函数法估计潜在 GDP 时必须适用失业率、固定资产使用率等指标。但这两个基本条件在我国是很难满足的。对我国这样的转型经济来说，由于经济体制改革和经济转型以及制度大规模变革的影响，我国实际的生产函数很可能是不稳定的。并且，由于我国劳动力的供给几乎无限大，而且存在大量的隐性失业群体，精确的失业率很难估计。目前公布

---

① 目前学术界对潜在产出的概念还没有一个统一的看法（郭庆旺、贾俊雪：《中国潜在产出与产出缺口的估算》，载《经济研究》2004 年第 5 期，第 31—39 页；许召元：《中国的潜在产出、产出缺口及产量通货膨胀交替关系》，载《数量经济技术经济研究》2005 年第 12 期，第 3—15 页）。

"总的来说，潜在产出大致有两类定义，第一类定义是以凯恩斯的理论为基础的，即经济波动主要是由于总需求不足造成的，而总供给是比较稳定的，由于总需求不足，经济中的各种资源不能充分利用，特别是失业率持续高于自然失业率水平。与之相对应，潜在产出是指当经济中各种投入要素达到充分利用，特别是失业率达到 'NAIRU' 时的产出水平，其估算方法也多以总量的生产函数为基础。……第二类定义是以新古典理论为基础的，即认为宏观经济周期往往是由于真实的技术冲击而引起的，这些真实的技术冲击不仅决定了长期的经济均衡，在很大程度上也决定了经济在短期内的产量波动。……简单地说，这种理论认为实际产出是围绕潜在产出上下波动的。"（许召元：《中国的潜在产出、产出缺口及产量通货膨胀交替关系》，载《数量经济技术经济研究》2005 年第 12 期，第 3—15 页）。

颜双波、张连城（2007）对这两类定义做了回顾，并简要回顾了潜在产出估算的两类基本方法和国内外在此方面的经验研究。

的失业率数据并没有包括农村的失业数据，很难反映我国真实的就业情况。因此，这种方法对我国这样的转型国家是难以适用的[1]。

出于这些考虑，本书采用 H-P 滤波技术[2]。这也是目前宏观经济学中所比较广泛采用的方法（胡乃武、孙稳存，2003；王煜，2005）[3]。从技术层面来说，H-P 滤波是 Hodrick 和 Prescott 在 20 世纪 80 年代提出来的一种双侧线性滤波。它通过使原序列 x 的平滑序列（smoothed series）s 和原序列之间的方差（variance）最小化来计算平滑序列 s，方差最小化是一个关于 s 的二阶差分的惩罚函数，即使下式最小化：

$$\text{Min} \sum_{t=1}^{T} (x_t - s_t)^2 + \lambda \sum_{t=2}^{T-1} [(s_{t+1} - s_t) - (s_t - s_{t-1})]^2$$

其中，λ 是控制序列 s 平滑程度（smoothness）的惩罚参数（penalty parameter），其值大于 0。λ 越大，序列 s 就越平滑。当 λ 趋向于无穷大时，就可以得到一个线性趋势。在一般的计量经济学软件中，年度数据 λ 一般取值为 100（OECD 的建议是 25（郭庆旺、贾俊雪，2004；颜双波、张连城，2007）），季度数据取值为 1600，月度数据取值 14400。

（三）数据来源与数据处理

首先，本书利用名义 GDP 剔除价格因素得到实际 GDP。价格指数采用 GDP 平减指数，该指数根据范从来（2001）和范从来等（2003）的研究方法计算[4]。公式为，GDP 平减指数 =（现价 GDP/可比价 GDP）× 100；可比价 GDP = 上年 GDP × 按可比价计算的今年的 GDP 指数（上年 = 100）。然后，再将所得到的环比 GDP 平减指数换算成以 1978 年为

---

① 卡尔曼滤波也涉及失业率数据的准确性，出于我国失业率数据真实性和准确性方面的考虑，本书还是采用了 H-P 滤波法。

② 对 H-P 滤波技术的介绍和应用，可以参阅 EViews5.0 的帮助文件。

③ 许召元（2005）还指出，在估计产出缺口方面，还有一种比较新的方法，即 VAR 方法。他同时指出，该方法的理论基础是非加速的通货膨胀的失业率（non-accelerating inflating rate of unemployment，NAIRU）和"奥肯定律"之间的关系。但我国人口众多，隐性失业人口多，劳动力供给近乎无限，失业率数据本身并不可靠，所以"VAR 方法"对我国也较难适用。

④ 范从来：《通货紧缩时期货币政策研究》，南京大学出版社 2001 年版；范从来等：《通货紧缩国际传导机制研究》，人民出版社 2003 年版。

基期的定基比指数（参见图 5 - 2 - 1）。名义 GDP 和 GDP 指数来自《中国统计年鉴》（2006；2007）和《新中国统计 50 年》[1]。

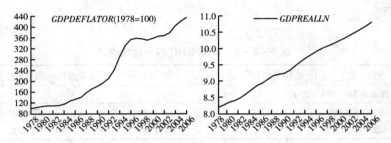

图 5 - 2 - 1　定基比 GDP 平减指数（1978 = 100）与实际产出对数（y）

其次，对实际 GDP 取自然对数，从而得到以对数形式表示的实际产出 y（参见图 5 - 2 - 1）。再运用 EViews5.0，取 $\lambda = 100$[2] 对以对数形式表示的实际产出进行 H-P 滤波，得到以对数形式表示的实际的潜在产出 y_t^*（如果对所得到的数据做指数运算，就可以得到实际的潜在产出 Y^*，即，$Y^* = \exp(\ln y^*)$）和实际产出的周期性成分，从而得到实际产出缺口，其公式为，缺口 $= 100 \times (y - y^*)$。

最后，预期通货膨胀率采取上一期的实际通货膨胀率作为近似替代。实际通货膨胀率 =（环比的 GDP 平减指数 - 100）× 100%。没有预期到的通货膨胀率即为本期实际发生的通货膨胀率 - 上一期实际发生的通货膨胀率。

（四）经验模型估计

根据郭庆旺、贾俊雪（2004）的观点，利用 H-P 滤波法估计潜在产出之前，首先应该检验现实产出的趋势是确定性的还是单位根过程（即 I（1）过程）。只有在实际 GDP 服从 I（1）过程时，H-P 滤波法

---

① 国家统计局：《2007 中国统计年鉴》，中国统计出版社 2007 年版；国家统计局：《2006 中国统计年鉴》，中国统计出版社 2006 年版；国家统计局国民经济综合统计司：《新中国五十年统计资料汇编》，中国统计出版社 1999 年版。

② 郭庆旺、贾俊雪（2004）根据 OECD 的建议，将 λ 取值为 25。另外，在他们的研究中，产出缺口被定义为实际产出和潜在产出的差额占实际产出的比率（颜双波、张连城（2007）也做了类似的定义），这是他们的研究和本书的另外不同之处。

的估计才比较可靠①。根据他们的建议，本书对 1978—2006 年间的实际 GDP（取自然对数后）做了单位根检验，检验结果如表 5 – 2 – 2 所示。

表 5 – 2 – 2　实际 GDP 的平稳性检验

变　量	检验类型(C,T,L)	ADF 统计量	临界值(1%的显著性水平)
样本区间(1978—2006)			
GDPREALLN	(C,T,3)	– 3.914940	– 4.374307
Δ(*GDPREALLN*)	(C,0,5)	– 4.178781	– 3.769597

注：1. 检验类型的选择标准为 AIC 准则，判断平稳性的标准为是否通过 1% 的显著性检验；2. Δ(x) 表示变量 x 的一阶差分。

由表 5 – 2 – 2 可见，1978—2006 年间的实际 GDP 并不平稳，在一阶差分之后，实际 GDP 的 ADF 统计量的绝对值大于 1% 的临界值，这表明，在 1% 的显著性水平下可以认为实际 GDP 是 I（1）序列。因此，H-P 滤波法可以适用于对我国潜在产出的估计。利用前面所阐述的 H-P 滤波技术，本书利用 EViews5.0 软件估计了 1978—2006 年期间我国潜在 GDP、潜在 GDP 增长率和产出缺口。

1. 实际 GDP 的长期增长趋势

利用 H-P 滤波分解后，根据所得到的 y^*，可以求得潜在 GDP 增长率。计算方法为潜在产出增长率 = $(y_t^* - y_{t-1}^*)$ ×100%（参见图 5 – 2 – 2）。

从图 5 – 2 – 2 可见，1979—2006 年间，我国潜在 GDP 增长率经历了两个波峰和两个波谷。改革开放以来，潜在 GDP 平均增长率达到 9.32%，最高时为 9.75%，最低值为 8.86%，标准差为 0.30%。同时，1994 年汇率并轨改革之后，受 1997 年亚洲金融危机的影响，潜在 GDP 增长大幅下降，直到 2000—2001 年才见低反弹，基本摆脱亚洲金融危机的影响。2002—2003 年后，潜在 GDP 增长开始在高位平稳运行。

---

① 郭庆旺、贾俊雪：《中国潜在产出与产出缺口的估算》，载《经济研究》2004 年第 5 期，第 31—39 页。

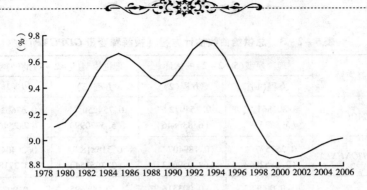

图 5 - 2 - 2　中国潜在 GDP 增长趋势（1979—2006）

2. 总供给函数的经验估计

考虑到 1989 年政治风波的影响，本书借鉴胡乃武、孙稳存（2003）的做法，引入虚拟变量 *DUMMY*，其值在 1989—1991 年取 1，其余年份取 0①。对理论模型方程（5 - 2 - 2）和方程（5 - 2 - 3）进行估计，回归结果见表 5 - 2 - 3。

根据表 5 - 2 - 3，在引入虚拟变量之后，相对于方程（1）而言，方程（2）的解释能力显著提高，并且 AIC 和 SCI 判断准则也降低了。同理，方程（4）也显然优于方程（3）。而在方程（2）和（4）之间，后者在引入通货膨胀预期这个变量之后，模型的解释能力以及其他判断模型拟合性能的指标都大幅度提高，并且预期通货膨胀这个解释变量是统计上显著的。因此，本书认为方程（4）更适于作为我国 1978—2006 年间总供给曲线的估计。从该回归结果不难看出，1978—2006 年间，我国的总供给曲线采用方程（5 - 2 - 3）所代表的新凯恩斯主义理论模型和方程（4）所代表的经验模型是比较合理的。

---

① 本书分别考虑了哑变量（*DUMMY*）在 1989—1990 年取值为 1，其余年份为 0；1989—1991 年取值为 1，其余年份为 0；以及 1989—1992 年为 1，其余年份为 0；1989—1993 年为 1，其余年份为 0 等四种情况。通过对含有哑变量的回归模型的分析发现，第二种情况下模型的拟合能力和解释能力显著优于其余三种情况。这可能说明，1989 年的政治风波对我国宏观经济的暂时冲击大概为 2 年多，从 1992 年开始，这个冲击的影响就基本不存在了。鉴于此，本书将哑变量在 1989—1991 年间均取值为 1，其余年份均取值为 0。

表 5 - 2 - 3　总供给曲线估计方程（被解释变量 *GDPGAP*）

解释变量	理论模型(5 - 2 - 2)的估计		理论模型(5 - 2 - 3)的经验估计	
	方程(1)	方程(2)	方程(3)	方程(4)
GDPGAP(-1)	0.801861 *** (5.853539)	0.754072 *** (6.830846)	0.754250 *** (5.577099)	0.676029 *** (7.254633)
INFLATIONUNEX	0.257577 ** (2.285286)	0.189407 ** (2.059643)	0.315818 ** (2.765754)	0.264045 *** (3.371856)
C	-0.000883 (-0.220070)	0.003516 (1.031088)	-0.008695 (-1.437095)	-0.007276 * (-1.763310)
DUMMY	/	-0.041025 *** (-3.870958)	/	-0.047773 *** (-5.368194)
INFLATIONEX	/	/	0.142341 (1.681174)	0.209821 *** (3.557706)
Adjusted R^2	0.544627	0.707977	0.575629	0.803447
D - W Statistics	0.777199	0.760964	0.868197	1.213515
F Statistics (Prob)	17.14602 (0.000002)	22.81946 (0.000000)	13.20785 (0.000003)	28.59180 (0.000000)
Schwarz critirion	-4.622316	-4.988414	-4.614639	-5.307866
Akaike info critirion	-4.765052	-5.178729	-4.804954	-5.545760

注：*** 表示通过 1% 的显著性检验；** 表示通过 5% 的显著性检验；* 表示通过 10% 的显著性检验；括号中的值为 *t* 统计量。下同。

由回归结果可见，我国实际产出缺口不仅取决于上一期的产出缺口，而且无论是预期到的还是没有预期到的通货膨胀都对我国的产出缺口存在显著的促进作用：平均说来，未预期到的通货膨胀每增加 1%，将导致我国产出缺口增长 0.264%；预期到的通货膨胀每增加 1%，将导致我国产出缺口增长约 0.21%。因此，第四章第三节总供给曲线中的参数 b_1 值可取为 0.264。同时，本书用该回归模型的残差序列的方差（$0.000166 = 0.012878^2$）作为我国总供给冲击的近似替代。

和胡乃武、孙稳存（2003）的研究相比，他们发现，未预期到的通货膨胀和预期到的通货膨胀对我国产出缺口的影响分别是 0.397 和 0.092[①]，说明预期到的通货膨胀对我国产出缺口的影响微乎其微；许昭元（2005）的分析认为，我国未预期到的通货膨胀每增加 1%，会促进产出缺口增加 0.35%，而预期到的通货膨胀对我国实际经济的影响可能比较小[②]。

二、IS 曲线的经验估计

（一）数据说明和处理

对 IS 曲线 $y_t = a_1(s_t - p_t) - a_2(i_t - E_t p_{t+1} + p_t) + u_t$ 的经验估计，首先涉及实际汇率的计算。国际清算银行（BIS）为本书提供了 1994 年至 2006 年 4 季度人民币实际有效汇率的月度数据[③]。

其次，事前预期通货膨胀率的估计。由于企业是根据预期的实际借款利率来进行投资和生产决策的，因此，为了得到事前的实际利率水平，必须对预期通货膨胀进行估计。这里仍然采用静态预期或最简单的适应性预期，用上一期的通货膨胀作为对本期通货膨胀预期的近似替代。具体来说，本书先利用 CPI 月度环比指数（1993—1996 年价格数据来自谢安（1998a；1998b），1997—2000 年数据来自宋海林、刘澄（2003）第 55—57 页，其余月度数据来自《中国经济景气月报》各期）计算 CPI 季度环比指数（取 3 个月 CPI 环比指数的几何平均），然后减 100 得到季度的通货膨胀率，从而得到各期的实际通货膨胀率。然后用本期的季度名义利率减去上一期实际通货膨胀率，就可得到本季度的事

---

① 本书估计结果和胡乃武、孙稳存（2003）的研究出现差异的原因可能在于通货膨胀预期的形成机制不同，同时，后者采用了不带截距项的回归模型，这也可能导致本书和后者研究结果的差异。参见胡乃武、孙稳存：《中国总供给曲线性质的实证分析》，载《数量经济技术经济研究》2003 年第 12 期，第 113—116 页。

② 许昭元（2005）对我国通货膨胀预期的估计是根据当期货币供应增长速度和滞后一年的货币供应作为解释变量，并考虑了上一期实际通货膨胀率的滞后影响。参见许昭元：《中国的潜在产出、产出缺口及产量通货膨胀交替关系》，载《数量经济技术经济研究》2005 年第 12 期，第 3—15 页。

③ BIS 是用 CPI 指数计算人民币实际有效汇率的，采用了间接标价法。

前的实际利率水平。本书采用 1 年期和 3 年期贷款利率作为名义利率变量，数据来自中国人民银行网站。由于近年来我国中央银行对利率做了多次调整，因此，本书对任一经历利率调整的年份，都以时间为权重（1 年取 365 天），用加权平均的方法估计出该年的利率水平，然后再换算成季度名义利率。

最后，实际 GDP 数据采用《中国人民银行统计季报》公布的季度累计名义 GDP 和 CPI 平减指数换算得到。首先，利用季度累计名义 GDP 数据计算季度 GDP 数据，然后利用 X12 法剔除季节因素的影响；其次，用经过季节调整的各季度名义 GDP 除以定基比 CPI 指数，得到经季节调整的季度实际 GDP 作为实际产出的近似替代。最后，对得到的经季节调整的实际 GDP 取自然对数，从而得到以对数形式表示的实际产出 GDPSAREALLN。其中，CPI 价格指数以 1994 年 1 季度为基期。首先利用月环比价格指数，取 3 个月的几何平均值得到季度环比价格指数，然后再换算成以 1994 年 1 季度为基期的定基比价格指数。

（二）IS 曲线的经验估计

根据（4-3-2）式，$y_t = a_1(s_t - p_t) - a_2(i_t - E_t p_{t+1} + p_t) + u_t$，考虑到滞后因素的影响，本书设定我国的 IS 曲线的经验估计方程如下：

$$y_t = \alpha + \sum_{j=1}^{k}(w_j y_{t-j}) - a_1 \rho_t - a_2 r_t^e + u_t$$

其中，ρ_t 表示人民币实际有效汇率；r_t^e 表示预期的实际利率，本书采用预期的 1 年期实际利率作为代表。y_{t-j} 为滞后 j 期的实际 GDP，j 从 1 取到 k，滞后期的选取采用从一般到特殊的方法（general-to-specific approach），首先包含滞后 4 个季度的实际 GDP，然后逐一剔除掉统计上不显著的滞后变量；α 为截距项。

要注意的是，由于本书采用的是 BIS 所估计的人民币实际有效汇率，并且由于该实际有效汇率是以间接标价法表示的，而本书理论模型设定中却以直接标价法表示实际汇率，因此，本书在经验估计模型中，在实际有效汇率的回归系数前加了负号，以表示以间接标价法表示的实际有效汇率对产出的实际影响。模型的估计结果见表 5-2-4。

表 5 – 2 – 4　IS 曲线的经验估计（被解释变量 GDPSAREALLN）

解释变量	系数值	标准误	t 统计量	Prob
GDPSAREALLN(– 1)	0. 208422	0. 123944	1. 681579	0. 0999
GDPSAREALLN(– 2)	0. 332886	0. 111383	2. 988657	0. 0046
GDPSAREALLN(– 3)	0. 428285	0. 118235	3. 622331	0. 0008
RMBREERLN	– 0. 502238	0. 193748	– 2. 592219	0. 0130
INTERESTS1 REAL	– 0. 052194	0. 017803	– 2. 931771	0. 0054
α	2. 745102	0. 875746	3. 134586	0. 0031

$R^2 = 0.955369$；adjusted $R^2 = 0.950179$；AIC = – 1. 921464；SC = – 1. 689813
DW = 1. 987605；F = 184. 0892

这个实证结果表明，在中国经济转型背景下，与利率传导机制相比，货币政策的汇率传导机制对中国产出水平的影响更为重要。因此，在人民币汇率政策制定中，我国仍应该充分注意到汇率稳定的重要意义。这实际上也经验地支持了本书所提出的人民币汇率制度渐进平稳转型的观点（第六章第二节）。根据经验估计结果，本书将 a_1 取值为 0. 502，a_2 取值为 0. 052。同时将回归方程的残差的方差作为产品市场冲击的近似替代，该残差的样本方差为 0. 006849（= 0. 082760²）。

三、LM 曲线的经验估计

在估计货币需求函数的经验研究中，大量的文献主要强调两点：变量的选择和估计框架的确定。机会成本变量的正确选择对得出有意义的结论具有关键作用；而估计框架的正确选择能够避免理论上和估计中存在的问题，从而得出具有指导性的判断，误差修正模型（ECM）就具备这一条件[①]，这也是绝大部分货币需求函数经验研究所采取的方法（参见表 5 – 2 – 5）。由于本书的主要目的在于估计货币需求的收入弹性（h）和对利率的半弹性（k）。因此，只要考察其长期均衡时的关系就可以了，即本书主要考察货币需求各变量之间是否存在协整关系，如果存在的话，那么这一长期关系是否稳定？

---

① 杨英杰：《金融发展中的中国货币需求活动研究》，中共中央党校出版社2004 年版，第97 页。

表 5－2－5　对中国货币需求收入弹性和利率弹性的经验估计

研究者	样本期间	检验方法和模型	收入弹性	利率半弹或弹性①	需求函数稳定性
李春琦、王文龙(2007)	1991 年 1 季度－2005 年 2 季度的季度数据	协整(E－G 两步法)；ECM 模型	$1.1(M_1)$；$1.34(M_2)$	$-0.25(M_1)$；$-0.189(M_2)$	长期稳定；短期不稳定
易行健(2006)②	1994－2004 年季度数据	协整(E－G 两步法)；ECM 模型	$1.2560(M_1)$；$1.3174(M_2)$	$-0.0340(M_1)$；$-0.0436(M_2)$	短期动态方程比较稳定
*李冠军(2006)	1995－2004 年季度数据	协整(E－G 两步法)	$1.1653(M_1)$；$1.2566(M_2)$	$-0.4444(M_1)$；$-0.4437(M_2)$	长期不稳定
张勇,范从来(2006)	1994 年 1 季度－2004 年 3 季度的季度数据	协整(E－G 两步法)；ECM 模型	$1.09(M_1)$；$1.2(M_2)$	$-0.05(M_1)$；$-0.0479(M_2)$	M_1 需求函数比 M_2 稳定
蒋瑛琨等(2005)	1978－1993 年数据；1994－2004 年 2 季度的季度数据	协整(E－G 两步法)；ECM 模型	1978－1993:1.069(M_1)；0.999(M_2) 1994－2004:0.726(M_1)；0.776(M_2)	1978－1993: 0.004 (M_1)；$-0.031(M_2)$ 1994－2004: 0.026 (M_1)；$-0.027(M_2)$	长期稳定；第一阶段(1978－1993)M_1 和 M_2 短期动态方程较较稳定；第二阶段（1994－2004）稳定性较差
王莉(2005)	1994－2005 年季度数据	协整(E－G 两步法)；ECM 模型	$1.0994(M_1)$；$1.1940(M_2)$	$-0.0617(M_1)$；$-0.0512(M_2)$	中长期相对稳定
杨建杰(2004)	1985－2002 年年度数据	协整(E－G 两步法)；ECM 模型	$1.766(M_2)$	不显著	长期稳定；短期稳定
汪红驹(2003)	1978－2000 年度数据	协整(E－G 两步法)；ECM 模型	$1.26(M_1)$；$1.67(M_2)$	$-0.06(M_1)$	长期稳定；短期的 M_1 稳定
汪红驹(2002)	1979－2000 年度数据	协整(E－G 两步法)；ECM 模型	$1.27(M_1)$；$1.66(M_2)$	$-1.29(M_1)$	长期稳定；短期的 M_1 稳定
王志强等(2002)	1978－1999 年度数据		$1.1714(M_1)$	$-0.0209(M_1)$	长期稳定；短期不稳定

续表 5—2—5

研究者	样本期间	检验方法和模型	收入弹性	利率半弹或弹性	需求函数稳定性
王曦(2001)	1978—1999 年度数据		$0.9498(M_1)$;$1.1374(M_2)$	不显著(M_1); -0.0149 (M_2)	
陆金海,陈浪南(2000)	1952—1996 年年度数据	协整(E-G 两步法);ECM 模型	1952—1996:1.164(M_1); 1979—1996:1.233(M_1)	1952—1996: $-5.011(M_1)$; 1979—1996: $-0.435(M_1)$	
*高云峰(2006)	1994 年 1 季度—2005 年 2 季度的季度数据	协整(Johansen 检验);ECM 模型	1.03(M_1);1.44(M_2)	$-0.46(M_1)$; -0.21 (M_2)	长期稳定;短期稳定
刘金全(2006)等	1990 年 1 月—2004 年 6 月月度数据	协整(Johansen 检验);ECM 模型	1990 年 1 月—1996 年 12 月:1.011 (M_0); 0.929 / 1997 年 1 月—2004 年 6 月:1.158(M_0)	1990 年 1 月—1996 年 12 月: $-0.349(M_0)$; -1.21 / 1997 年 1 月—2004 年 6 月: $-1.065(M_0)$; -4.09 (M_0)③	稳定
吴卫华(2002)	1994 年 1 季度—2001 年 1 季度的季度数据	协整(Johansen 检验);ECM 模型	0.4555(M_1)	$-0.8478(M_1)$	长期稳定;短期稳定

①如果经验研究中对实际货币余额和实际利率都取对数,那么可以得到实际货币需求的利率半弹性。而对利率不取对数,则对利率取额取对数,如果对实际货币余额取对数,而对利率不取对数,那么得到的实际上是货币需求的利率弹性。哪一种被更多地采用,取决于这个区别。汪红驹(2002)注意到了这个区别(《货币经济学》,中国人民大学出版社 2005 年版,第 186 页)。王莉(2005)以及吴卫华(2002)都没有对利率取对数。易行健(2006)、蒋瑛琨等(2005)、陆金海、陈浪南(2000)引用弗里德曼得到的经验结果要好于对数模型得到的经验结果,因此,他们所得到的是货币需求的利率弹性。因此,他们得到的是货币需求的利率弹性。本书对利率取自然对数,半对数模型得出的是利率半弹性,而不是利率半弹性。本书是半弹性。本书对利率取对数。

②该文检验了我国开放经济条件下的货币需求弹性统计上不显著,这是为了和绝大部分国内学者研究做出对比。这是它不同于国内大部分学者对我国货币需求经验研究的一个主要地方。

③第一个时间段货币需求的利率弹性统计上不显著,第二个阶段统计上显著。

注:第一个作者名字前加 *,表示该作者利率取了自然对数。
资料来源:作者根据文献整理。

在变量的选择上，货币需求函数主要包括规模变量和机会成本变量。以下分别简单说明本书的变量选择。

（一）货币存量指标和规模变量的选择

1. 规模变量

在经验研究中，收入或财富经常作为货币需求的规模变量。但是，由于发展中国家统计指标不完善等原因，因此，一般将收入作为规模变量。很多经验研究直接采用国内生产总值（GDP）作为货币需求的规模变量，这已成为货币需求经验分析文献的惯例（易行健，2006）。但是，按照货币需求理论的要求，应使用实际产出作为货币需求的规模变量。因此，本书选择实际 GDP 作为规模变量。

2. 货币存量指标的选择

关于货币存量的选择，从我国情况来看，我国现阶段的货币供应量分为三个层次，即 M_0、M_1 和 M_2。由于经验研究大部分选择使用 M_2 和 M_1 这两个指标（参见表 5 – 2 – 5），出于研究的可比性考虑，本书也选择这两个指标来估计货币需求函数。

（二）机会成本变量的选择和预期的处理

机会成本变量主要包括货币替代资产的收益率、预期通货膨胀率等。由于我国长期以来实行利率管制和价格管制，并且金融市场不发达，难以找到连续的非货币金融资产收益率，因此，很多研究在分析我国计划经济时期到 20 世纪 90 年代初期的货币需求函数时，选择预期通货膨胀率作为机会成本变量[①]。但是，随着我国经济体制改革和金融体制改革的逐步深入，尤其是 1996 年以后，中央银行开始不断放开利率管制，推进利率市场化进程，利率开始在很大程度上反映了通货膨胀率的变化，对货币需求的调节作用比以前有所改善，因此可以作为机会成本变量（高云峰，2006）。考虑到我国居民主要金融资产是银行存款，因此，本书选用银行 1 年期存款利率作为资产收益率的代表。易行健（2006）也认为，目前我国 1 期存款利率仍然是我国的基准利率之一，

---

① 杰格迪什·汉达：《货币经济学》，中国人民大学出版社 2005 年版，第 223 页；汪红驹：《用误差修正模型估计中国货币需求函数》，载《世界经济》2002 年第 5 期，第 55—61 页。

并且中国居民持有的大部分金融资产仍然是储蓄存款。因此，应采用 1 年期存款利率作为机会成本变量[①]。

对于预期通货膨胀率问题，从目前的经验研究文献来看，绝大部分都采取了静态预期，以上一期的实际通货膨胀率作为对本期通货膨胀预期值的近似（蒋瑛琨等，2005；李春琦、王文龙，2007；李冠军，2006；汪红驹，2003；王莉，2005；吴卫华，2002；张勇、范从来，2006）。基本理由是，"虽然我国改革开放以来，计划价格逐步转变为以市场价格为主，但至今还没有什么数据能比较准确地反映通货膨胀预期，所以只能对通货膨胀预期作特殊假设"[②]。国外学者也指出，在研究发展中国家的货币需求函数时，实际通货膨胀率比预期通货膨胀率更适于作为持有货币的机会成本变量[③]。

（三）数据来源和数据处理

本书首先采用 X12 法对 M_1、M_2 和 GDP 数据进行季节调整。三项数据均来自《中国人民银行统计季报》。其次，使用定基比消费价格指数（CPI）将经过季节调整的 M_1、M_2 和季度名义 GDP 数据折算为实际余额。其中，定基比价格指数 CPI 计算同上文。再次，对经过季节调整的实际 M_1、M_2 和实际 GDP 数据取自然对数，即可得到相应变量的自然对数值。以 GDP 为例，对该数据进行季节调整之后，利用定基比价格水平指数求得其实际余额，再取对数形式。即有 $y = \ln(GDPSA/CPI)$；最后，对于利率问题，本书选取 1 年期定期存款利率作为机会成本变量，由于中国人民银行在不同年份不同时间对利率做了调整，因此，和前面处理贷款利率的思路一样，这里首先计算某一年度的加权平均利率，然后再以算术平均的方法折算为季度的利率。

（四）模型估计

根据第四章第 3 节设定的理论模型，$m_t^d - p_t = hy_t - ki_t + \varepsilon_t$，考虑

[①] 易行健：《经济开放条件下的货币需求函数：中国的经验》，载《世界经济》2006 年第 4 期，第 49—59 页。

[②] 汪红驹：《中国货币政策有效性研究》，中国人民大学出版社 2003 年版，第 53 页。

[③] 杨英杰：《金融发展中的中国货币需求活动研究》，中共中央党校出版社 2004 年版，第 121 页。

到我国的具体现实，本书还将预期通货膨胀作为机会成本变量引入模型中。另外，很多研究认为，近年来我国股票市场不断发展，也成为我国居民持有资产的一种形式，从而可能对我国的货币需求产生影响，但是根据张勇、范从来（2006）等人的研究，这个影响并不显著①，因此，本书也不考虑这一因素。另外，从已有的经验研究来看，国内对我国货币需求函数的经验估计主要采用的是 E-G 两步法（参见表 5 - 2 - 5），为了和已有的研究结果做个比较，本书也采用这一方法。

表 5 - 2 - 6 被解释变量和解释变量的平稳性检验

变　量	检验类型(C,T,L)	ADF 统计量	临界值(1%的显著性水平)	临界值(5%的显著性水平)	平稳性	结论
$LNM_1 CPI$	(C,T,0)	− 2.302062	− 4.148465	− 3.500495	1%的显著性水平下不平稳	I(1)
$\Delta(LNM_1 CPI)$	(C,0,0)	− 7.554868	− 3.568308	− 2.921175	1%的显著性水平下平稳	
$LNM_2 CPI$	(C,T,0)	− 3.350081	− 4.148465	− 3.500495	1%的显著性水平下不平稳	I(1)
$\Delta(LNM_2 CPI)$	(C,T,0)	− 8.639004	− 4.152511	− 3.502373	1%的显著性水平下平稳	
$INTERESTS$	(0,0,8)	− 0.965740	− 2.619851	− 1.948686	1%的显著性水平下不平稳	I(1)
$\Delta(INTERESTS)$	(0,0,7)	− 2.267640	− 2.619851	− 1.948686	5%的显著性水平下平稳	
$INFLATIONEX$	(0,0,3)	− 2.614029	− 1.947816	− 1.612492	1%的显著性水平下平稳	I(0)

注：1. 检验类型的选择标准为 AIC 准则。判断稳定性的标准为是否通过了 1% 的显著性检验（$\Delta(INTERESTS)$ 例外）。

2. $\Delta(x)$ 表示变量 x 的一阶差分。

3. LM 曲线估计中解释变量实际 GDP 与 IS 曲线估计中所使用的实际 GDP 是同一个变量，其平稳性检验可参见后者的检验结果。

① 张勇、范从来：《货币需求函数结构稳定性的实证分析——来自政策变动、经济稳定预期不稳定的证据》，载《管理世界》2006 年第 2 期，第 10—17 页。

1. 序列平稳性检验

根据时间序列回归的基本要求，本书先对模型中所涉及的解释变量和被解释变量进行平稳性检验，检验结果如表 5 - 2 - 5。由表 5 - 2 - 5 可见，除了预期通货膨胀率是单整序列外，其余各变量都是一阶差分平稳的，即是 I（1）平稳。因此，各变量之间存在协整关系，可以利用 E - G 两步法估计回归模型。

2. 估计结果及分析

利用 E - G 两步法，首先估计出长期的货币需求模型（参见表 5 - 2 - 7）。然后，对模型的拟合残差进行平稳性检验（参见表 5 - 2 - 8）。从四个估计的模型来看，通货膨胀预期不仅对我国居民的货币需求影响微小，而且在统计上也是不显著的。这和张勇、范从来（2006）的研究结果是相同的。剔除通货膨胀预期这个因素后，模型的估计结果和解释能力都有所提高，并且 SCI 准则也有所下降。因此，

表 5 - 2 - 7　货币需求经验估计结果

解释变量	LNM_1CPI 回归方程		LNM_2CPI 回归方程	
	方程(5)	方程(6)	方程(7)	方程(8)
$GDPSAREALLN$	0.862474 *** (14.17962)	0.871195 *** (14.44099)	0.938486 *** (17.18951)	0.936771 *** (17.48882)
$INTERESTS$	- 0.255693 *** (- 7.491630)	- 0.238053 *** (- 7.993650)	- 0.254390 *** (- 8.303744)	- 0.257860 *** (- 9.752167)
C	2.373926 *** (3.738798)	2.274473 *** (3.618271)	2.602117 *** (4.565712)	2.621678 (4.697266)
$INFLATIONEX$	0.023819 (1.054155)	/	- 0.004685 (- 0.230992)	/
Adjusted R^2	0.956831	0.956733	0.969663	0.970249
D - W 统计量	1.239934	1.049678	1.476189	1.502468
F Statistics （Prob）	377.7971 (0.000000)	564.8576 (0.000000)	544.3670 (0.000000)	832.6092 (0.000000)
Schwarz criterion	- 1.235412	- 1.288511	- 1.451473	- 1.526347
Akaike info critirion	- 1.385508	- 1.401083	- 1.601568	- 1.638919

注：*** 表示通过1%的显著性检验；** 表示通过5%的显著性检验；* 表示通过10%的显著性检验；括号中的值为 t 统计量。

回归模型（5）和（7）被剔除，本书也因此只对方程（6）和（8）的残差进行平稳性检验。检验结果表明，二者的拟合残差都是单整序列，因此，我国货币需求和收入与利率水平之间是存在长期的协整关系的。

表 5 - 2 - 8　拟合残差的平稳性检验

	方程（5）	方程（6）	方程（7）	方程（8）
检验类型（C,T,L）	（0,0,0）	（0,0,0）	（0,0,1）	（0,0,0）
ADF 统计量	- 12. 23015	- 11. 86795	- 3. 057272	- 5. 536035
1% 显著性水平下的临界值	- 2. 612033	- 2. 612033	- 2. 612033	- 2. 611094
5% 显著性水平下的临界值	- 1. 947520	- 1. 947520	- 1. 947520	- 1. 947381
10% 显著性水平下的临界值	- 1. 612650	- 1. 612650	- 1. 612650	- 1. 612725
结　　论	I(0) ***	I(0) ***	I(0) ***	I(0) ***

注：1. 检验类型的选择标准为 AIC 准则。判断稳定性的标准为是否通过了 5% 的显著性检验。
2. ***、** 和 * 分别表示 1%、5% 和 10% 的显著性水平下各残差序列的平稳性结论成立。

从方程（6）和（8）的拟合效果或解释能力来看，后者的调整 R^2 要高；从 AIC 和 SCI 准则来看，后者也都比前者小。因此，本书以方程（8）所得到的参数作为本书 LM 模型的参数来源。并将该方程的拟合残差的方差作为我国货币需求冲击的近似替代，其方差为 0. 010329（= 0. 101634^2）。

方程（8）说明，我国货币需求的收入弹性约为 0. 937，而利率的半弹性为 0. 258。这和国际上对发展中国家货币需求函数的经验估计结果是基本一致的。汉达（2000）指出，"在发展中国家，债券和股票市场不发达，大部分收入的增加以储蓄存款的形式持有。实际货币余额确实取决于利率。短期利率通常用于估计 M_1 需求，长期利率用来估计 M_2 需求。估计出来的利率弹性通常处于 - 0. 15—0. 50 之间"①。

本书所估计的收入弹性与国内经验研究的结果基本一致，但本书估计的利率弹性或半弹性和国内学者对我国货币需求利率弹性的估计不怎

① 杰格迪什·汉达：《货币经济学》，中国人民大学出版社 2005 年版，第 241 页。

么一致,反而与国际上对发展中国家的估计比较接近。基本原因是,国内很多学者在处理季度数据时有的没有经过季节调整,或者在采用规模变量时以名义 GDP 引入模型,并没有剔除价格因素的影响,或者对利率取了自然对数。这可能是导致结果差异的技术原因。在理论上,随着我国利率市场化进程的推进,我国居民对利率风险开始关注了,同时,市场化进程的深入使企业的软预算约束得到了加强,这也是促使我国货币需求利率弹性逐渐提高的一个原因。

四、人民币最优汇率制度弹性估计与模拟分析

(一) 最优汇率制度弹性的经验估计与政策操作含义

为了估计人民币最优汇率制度弹性 β^*,本书还需要估计我国所面临的货币供给冲击 (σ_v^2) 和国外利率冲击 (σ_φ^2)。

对于前者,考虑到 1994 年人民币汇率并轨改革以来,我国所面临的货币性冲击,尤其是持续的经常账户顺差和持续的大规模资本流入对中国造成的货币性冲击,使我国外汇占款投放逐年增加,构成了我国近年来最为重要的货币冲击。从 M_1、M_2 走势看 (参见图 4-1-4),两者都出现了持续的扩张趋势。因此,本书借鉴 Flood 等 (1988) 的估计方法[1],利用 M_2 (取自然对数后) 的 AR (2) 的回归残差的样本方差 ($0.00014777 = 0.012156^2$),作为我国货币供给冲击的近似替代。回归的结果如下:

$$\ln M = 1.276755\ln M_{-1} - 0.286069\ln M_{-2}$$
$$(9.257007) \quad (-2.106367)$$

R2 $= 0.999564$;Adjusted R$^2 = 0.999545$;D$-$W $= 2.088709$;F $= 53865.08$

对于外国利率冲击 (σ_φ^2) 的估计,本书选择以 1994 年到 2006 年 4 季度美国联邦基金有效利率 (effective federal funds rate) 的方差作为近似替代。该基金利率的月度数据来自 Board of Governors of the Federal

① Flood, Robert, P., Bhandari, Jagdeep, S., and Horne Jocelyn, P., 1988, "Evolution of exchange rate regimes", IMF, Working Paper, 0440.

Reserve System（该处公布的月度数据是每日交易数据的平均值），本书以三个月的几何平均值作为季度利率的近似替代，最后得到样本标准差为 0.017739，方差为 0.000315。

最后，本书还需要估计我国的资本开放程度。根据孙立坚（2005）的估计，我国的资本管制（$1-w$）大约在 0.52。而从我国资本项目可兑换情况来看（参见表 4 – 1 – 1），较多限制和严格限制的项目占全部项目的为 55.8%。本书取二者的均值 0.539 作为我国资本管制程度的度量，因此，资本开放程度 w = 0.461。其余各参数和经济冲击的估计值参见表 5 – 2 – 9。

表 5 – 2 – 9　人民币最优汇率制度弹性各参数和冲击估计值[1]

参　数	b_1	a_1	a_2	h	k	w
估计值	0.264045	0.502238	0.052194	0.936771	0.257860	0.461
参　数	σ_e^2	σ_ε^2	σ_v^2	σ_u^2	σ_φ^2	
估计值(%)	0.016584	1.032947	0.014777	0.684922	0.031467	

注：①本书对各种经济冲击的估计值似乎显得过"小"了。这主要是由于本书的估计是为了和本书所设定的理论模型保持一致，以估计最优的汇率制度弹性，从而以方差作为经济冲击大小的估计。如果和文献中的标准做法保持一致的话，即用标准差来估计经济冲击大小，那么本书所估计的各种经济冲击就不那么小了。在此情况下，总供给冲击、货币需求冲击、货币供给冲击、国外利率冲击和产品市场的冲击分别为 1.2878%、10.1634%、1.2156%、1.7739% 以及 8.2760%。这就和标准做法的估计结果比较接近了。另外，在我们的小样本情况下，尽管利用 OLS 方法来估计联立方程模型所得到的估计量是有效的，但却是有偏的。因此，对采用 OLS 方法得到的最优弹性的估计值，我们应该审慎对待。

资料来源：本书估计所得。

将上述参数值代入本书第四章第三节最优的人民币汇率制度弹性表达式中，可以得到估算的人民币最优汇率制度弹性（β^*）约为 40.02%。

最优的人民币汇率制度弹性究竟意味着什么呢？从第四章第三节对 β 和 β^* 的经济含义的分析可知，我们可以从两个角度来解释这个最优的人民币汇率制度弹性：第一，由于这个最优的汇率制度弹性非常接近于 0，这说明人民币汇率制度应该趋向于浮动的一极，中央银行应尽量让人民币汇率变动来化解外汇市场压力；第二，我们还可以考察这个估计值对我国外汇市场干预等政策操作的基本意义。理论上来说，这个最优的汇率制度弹性说明，本币汇率每贬值（或升值）1%，那么我国货币供给应该相应的减少（或增加）0.40%，即，理论上来说，我国货币供给的汇率弹性大约为40.02%。

从2005年人民币汇率改革以后的货币政策和汇率政策的实践看，我国实际的货币供给的汇率弹性远远高于这个理论值（参见图5-2-3）。2005—2007年期间，货币供给的汇率弹性平均为4.58。理论上来说，人民币每升值1%，我国的货币供给应增加0.4%以保持我国的价格稳定。但是，实际的货币供给增加远远超出了这个理论值，造成了市场上的超额货币供给①。这显然是当前价格水平上涨的主要影响因素，"通货膨胀是一种货币现象"这个命题在我国当前的开放经济运行中得到了直接的印证。

从图5-2-3也可以发现，2006年2季度之后，我国货币供给的汇率弹性开始下降，在2007年第4季度达到了1.60，已经基本接近理论值。从走势看，在人民币升值步伐加速的同时，为了应对近年来出现的价格上涨问题而保持价格稳定目标，我国货币当局也开始更大程度地让汇率变化来吸收外汇市场上的超额货币需求，相应的人民币汇率形成机制也开始向更具弹性的汇率制度方向发展了。

（二）数值模拟分析

由于资本管制对最优的人民币汇率制度弹性的影响是非线性的，因此，本书通过模拟的方法来考察资本管制对人民币汇率制度选择的影响（参见图5-2-4-1）。同时，本书也考察了本国产品市场冲击（σ_u^2，参见图5-2-4-2）、国外利率冲击（σ_φ^2，参见图5-2-4-3）、本国货币供给冲击（σ_v^2，参见图5-2-4-4）、货币需求冲击（σ_ε^2，参见图5-2-4-5）以及总供给冲击（σ_e^2，参见图5-2-4-6）对人民币汇率制度选择的影响。

由图5-2-4-1可见，随着我国资本流动的自由化，或资本管制

---

① 应该注意的是，我国货币供给自1994年以来就一直是持续扩张的，这种持续的扩张是否产生了累计的效应从而对我国当前的价格问题产生影响，也值得我们深思。

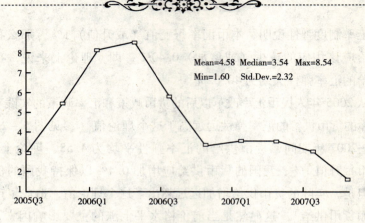

图 5 - 2 - 3　中国货币供给的汇率弹性（2005—2007）

注：货币供给的汇率弹性 $\beta = (\triangle M_2 / M_2) / (\triangle S / S)$。其中，$M_2$ 利用 X12 法进行了季节调整；人民币兑美元名义汇率的季度数据是名义汇率月度数据几何平均值。

资料来源：中国人民银行网站（http：//www.pbc.gov.cn）。

的放松，人民币汇率制度应该朝着浮动的方向发展①。各种类型的经济冲击对人民币汇率制度选择的影响与第四章第三节的命题八是完全一致的：本国货币需求冲击、货币供给冲击和国外利率冲击越严重，人民币汇率制度安排就越应该偏向固定汇率制度；而当本国总供给冲击和产品市场冲击占越大时，人民币汇率制度安排应该朝浮动汇率制度转变。

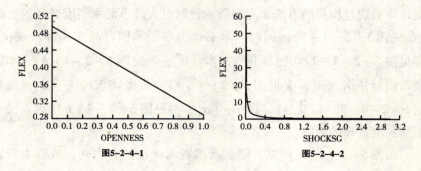

图5-2-4-1	图5-2-4-2

---

① 这里，资本开放程度在 ［0，1］ 区间变动时，对人民币汇率制度弹性的影响虽然是非线性的，但是影响的幅度是非常小的，所以在图形上看起来似乎是线性的影响。其他几种经济冲击对人民币汇率制度弹性的影响在图形上呈现出线性关系，基本原因也在于此。

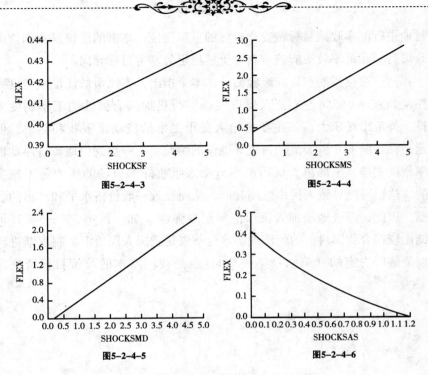

图5-2-4-3　　　　　　　　图5-2-4-4

图5-2-4-5　　　　　　　　图5-2-4-6

图5-2-4　资本管制、经济冲击与人民币汇率制度选择

本 章 小 结

1994 年以来的以名义汇率和实际汇率稳定为导向的政策目标体系最为直接的后果就是导致了我国人民币汇率制度弹性的削弱，使实际的汇率制度安排蜕变为事实上的单一的、钉住美元的固定汇率制度，并由此导致了我国宏观经济的一系列问题，诸如货币政策失效、外汇储备激增等。变化了的开放经济形势要求我国应该重新思考人民币实际目标法恰当与否这一问题了，也要求我国重新思考人民币汇率改革的政策目标导向了。本章的研究指出，实际目标法在为我国转型时期做出贡献的同时却与当前的经济发展已格格不入了，因此人民币汇率制度改革应该适时地进行汇率政策目标转变和目标的重新定位。本书的建议是我国货币政策目标和汇率政策应该重新以价格稳定为基本目标导向。

通过对模型的实证或经验估计，本章指出，人民币最优汇率制度弹性应该在 40.02% 左右。人民币应该实行更加具有弹性的汇率制度安排，外汇市场压力应该主要地由人民币汇率的波动来吸收和化解。但是，在目前 FDI 资金流动占主导地位的情况下，一步到位地实行浮动汇率制度安排，全部由人民币汇率波动来吸收外汇市场的压力是不现实的，这很可能导致人民币急剧升值，从而导致一般价格水平和产出的收缩，因此，渐进地增加人民币汇率制度弹性（如，每年 3%—5%）可能比较符合我国目前的经济现实。这不仅是我国人民币汇率制度渐进转型策略所决定的（第六章第一节），也是我国基本的政策目标所决定了的。

第六章 人民币汇率制度转型

随着我国经济转型的深入和市场经济地位的逐渐加强，人民币汇率制度将向更具弹性的制度方向演进或转型，由此引申出来两个问题：一是人民币汇率制度该如何转型？是采取自愿转型方式（voluntary transition）还是被动的或危机驱动型转型方式（crisis-driven transition）？如果采取自愿转型模式，那么我国还将面对由此而来的一个逻辑的权衡或选择，即，是采取"毕其功于一役"的激进转型（radical transition）还是采取渐进转型（gradual transition）策略呢？二是，在人民币汇率制度逐渐增加弹性并向浮动汇率制度转型的背景下，我国可能会面临哪些风险因素从而导致转型可能归于失败？本章将结合汇率制度转型的国际经验和我国的开放经济运行现实，简要地讨论上述两个问题。

第一节 人民币汇率制度转型的策略选择

第四章的理论模型和第五章的经验证据说明，随着我国所面临的资本流动形式的变化和非 FDI 资金流动在我国国际资本流动中所占地位的日趋增加，人民币汇率制度应逐渐增加弹性，向浮动汇率制度转型。而要实现人民币汇率制度安排向自由浮动的汇率制度安排转变，我国应该如何从既定的汇率制度安排中退出，又该如何向更具弹性的汇率制度和浮动汇率制度转变呢？是平稳地或有序地（orderly）从原有汇率制度安排退出，然后平稳转型为更具弹性的汇率制度安排呢，还是为危机所驱动而被动地进行汇率制度转型？是采取一步到位的激进转型为浮动汇率制度安排策略呢，还是采取步步为营式的渐进转型策略呢？① 本节考察了国际上汇率制度退出和转型的经验策略，为解决这些问题提供基本的思路。

一、汇率制度退出与转型：国际经验

20 世纪 90 年代以来，采取浮动汇率制度安排的经济体日趋增多（Hausmann 等，2000；Levy-Yeyati 和 Sturzenegger，2005；穆萨 等，2003），但这些经济体大部分是由于市场压力而被迫采用浮动汇率制度安排的。而在采取自愿平稳的汇率制度退出和转型的经济体中，这一过程通常是渐进式的（Duttagupta 等，2004）。

从图 6－1－1 不难看出，在全部 139 个实行汇率制度退出的经济体中，危机驱动型的汇率制度退出有 84 个经济体，占全部样本的 60%（参见图 6－1－1）。在实行平稳转型的 55 个经济体中，大约只有 39%

---

① 汇率制度转型（exchange rate regime transition）按照其本质划分，可以分为自愿转型或平稳转型（orderly transition）和危机驱动型转型（Duttagupta 等，2004；Hakura，2004；汪茂昌，2005b）。前者指在转型前 6 个月到转型后 6 个月内，市场汇率贬值幅度不超过 25%；后者指在转型前 6 个月至转型后 6 个月内，市场汇率贬值幅度超过 25%（Duttagupta 等，2004）。

汇率制度退出也可以分为平稳退出（orderly exit）和被动退出（disorderly exit，Agénor，2004；Duttagupta 等，2005；Ghosh 等，2002）。有时候这两种退出类型也被称为自愿平稳的退出和危机驱动型退出，对平稳退出和被动退出的界定与对平稳转型和危机驱动型转型的界定是一致的（Agénor，2004）。

汇率制度退出和转型是两个动态的有机联系的概念。退出是指一国放弃原有的汇率制度安排（无论是自愿的还是被动的），而转型则通常指向比原有制度安排更加具有弹性的汇率制度安排转变（Hakura（2004）对汇率制度转型做了比较严格的定义）。因此，"转型"是"退出"的目的，而"退出"则是"转型"的前提，先"退"才能"转"，"转"是"退"的逻辑延伸，而"转"本身就蕴涵"退"和"转"两个层面的意思。但是，很多时候文献对这两个概念并不加以区分，甚至把转型和退出当成一回事，从而不加区分地交替使用这两个概念。本书如果没有特别说明，也交替使用这两个概念。

汇率制度转型按其进度来划分，可分为渐进转型和激进转型（Agénor，2004；Duttagupta 等，2005）。前者指一国需要多个步骤才能最终完成向浮动汇率制度安排的转变。例如，一种可能的渐进转型模式是，从钉住单一货币的固定钉住汇率制度退出，然后转型为钉住一篮子货币的固定汇率制度或爬行钉住汇率制度安排，然后再向水平带内钉住的汇率制度安排转变，并不断放宽水平带幅度，以后还可以继续向有管理的浮动汇率制度转型，最后再向浮动汇率制度转型。而激进转型涉及的中间步骤相对来说要少（如果有这些中间步骤的话，Duttagupta 等，2005），最为激进的转型莫过于直接从固定汇率制度一步到位地转型为实行浮动汇率制度安排。

的经济体采取了一步到位式的、从硬钉住或固定汇率制度，或爬行钉住汇率制度向浮动汇率制度的激进转型，而其余60%的经济体基本都采取了渐进转型模式①。

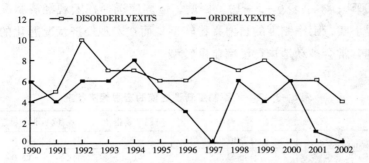

图6-1-1 不同类型的汇率制度退出数量（1990—2002）

资料来源：Duttagupta, Rupa, Fernandez, Gilda, and Karacadag, Cem, 2005, "Moving to a flexible exchange rate: How, when, and how fast"? *IMF*, *Economic Issue*, 38.

上述分析表明，在国际货币体系中，汇率制度退出和转型有着不同的模式，然而，这两种不同的汇率制度退出类型是否存在"好""坏"之分呢？显然，如果两种汇率制度退出或转型模式在经济学意义上并不存在优劣之分的话，那么，一国无论采取哪一种汇率制度退出或转型模式都是合意的。然而，经验证据却表明，不同的汇率制度退出或转型所需的基本条件和所导致的宏观经济后果与社会福利损失却是截然不同的。

首先，对20世纪90年代以来新兴市场经济体②汇率制度转型的经验研究表明，自愿转型的经济体在汇率制度转型之前通常宏观经济状况比较良好，具有相对比较平稳的GDP增长率、良好的国际收支状况、

---

① Duttagupta, Rupa, Fernandez, Gilda, and Karacadag, Cem, 2004, "From fixed to float: operational aspects of moving toward exchange rate flexibility", IMF, Working Paper, 04/126; Duttagupta, Rupa, Fernandez, Gilda, and Karacadag, Cem, 2005, "Moving to a flexible exchange rate: How, when, and how fast"? IMF, *Economic Issue*, 38.

② 这里的新兴市场经济体指的是 Morgan Stanley Capital International 指数（MSCI）中所包括的国家或地区（Hakura, Dalia, 2004, "Learning to float: the experience of emerging market countries since early 1990s", IMF, *World Economic Outlook*, September, Chapter 2）。

充足的外汇储备和比较强的金融监管能力等；而危机驱动型的经济体在汇率制度转型之前往往存在宏观经济情况恶化、GDP 增长放缓、国际收支巨额赤字、外汇储备大幅减少以及比较差的金融监管能力等（汪茂昌，2005b；本书表 6－1－1）。因此，一国应选择在宏观经济状况良好的前提下实行汇率制度的自愿平稳转型，而在宏观经济状况恶化的前提下，则常常会被动地进行汇率制度转型。

表 6－1－1   汇率制度转型之前的宏观经济状况

宏观经济绩效		自愿平稳退出	危机驱动型退出
产出缺口	平均值	－3.5	－6.5
	标准差	6.4	12.0
通货膨胀率	平均值	9.5	14.6
	标准差	9.0	16.6
国际储备变化	平均值	－4.5	－43.0
	标准差	46.2	49.7
财政余额/GDP	平均值	－1.4	－2.9
	标准差	4.2	3.7
经常账户余额/GDP	平均值	－3.1	－6.9
	标准差	5.2	7.0
外债余额/GDP	平均值	31.3	46.4
	标准差	32.7	19.0

资料来源：*International Finance Statistics Yearbook*，2003，转引自汪茂昌：《汇率制度转型的国际经验及对中国的启示》，载《世界经济研究》2005b 年第 4 期，第 21—27 页。

其次，在实行汇率制度转型之后，不同类型的汇率制度转型对一国宏观经济绩效和社会福利的影响也存在很大的差异。Hakura（2004）对 1991—2003 年期间新兴市场经济体的汇率制度转型做了详细的经验分析和案例研究，研究发现：

第一，实行自愿汇率制度转型的国家，在转型前后的宏观经济表现和受控组的经济体的宏观经济表现（实际产出增长、通货膨胀率、财政收支和经常账户以及名义和实际汇率水平等）没有什么显著的差异（参见图 6－1－2－1a—图 6－1－2－6a）。

第二，大多数的自愿转型都是有序或平稳进行的。这些经济体的产出增长、通货膨胀和主要的财政收支基本上是不受汇率制度转型的影响的。从图 6 - 1 - 2 - 2a 可以看出，自愿转型的国家，通货膨胀率是倾向于不断下降的，这大约发生在转型前，并持续到汇率制度转型完成以后。并且，自愿转型的国家在转型前后能够维持财政收支的基本均衡和经常账户的基本平衡（参见图 6 - 1 - 3a 和图 6 - 1 - 4a）。相比之下，危机驱动型经济体在汇率制度转型前后的宏观经济指标都是不稳定的（参见图 6 - 1 - 2 - 1b—图 6 - 1 - 2 - 4b）。这说明，在宏观经济良好的前提下选择自愿转型比危机驱动型转型更为优越。因此，转型时机的选择对一国汇率制度转型来说非常重要。

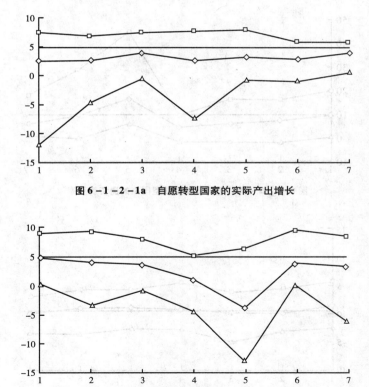

图 6 - 1 - 2 - 1a　自愿转型国家的实际产出增长

图 6 - 1 - 2 - 1b　危机驱动型转型国家的实际产出增长

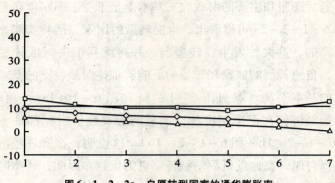

图6-1-2-2a 自愿转型国家的通货膨胀率

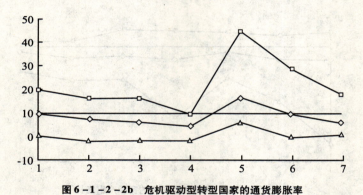

图6-1-2-2b 危机驱动型转型国家的通货膨胀率

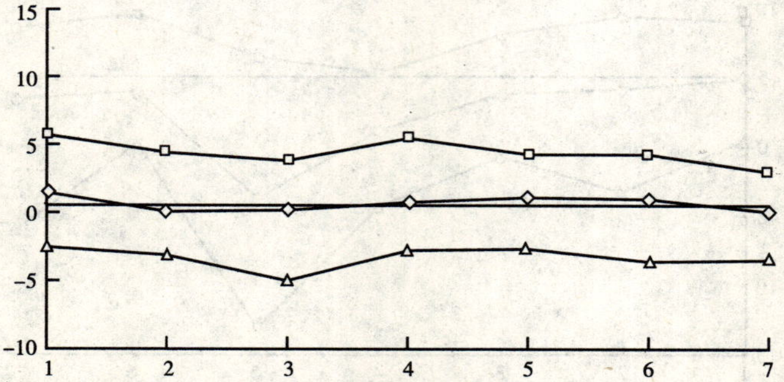

图6-1-2-3a 自愿转型国家的主要财政收支（占GDP百分比）

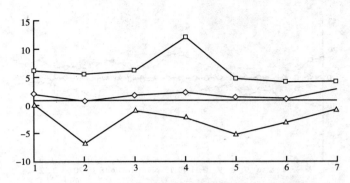

图 6 - 1 - 2 - 3b　危机驱动型转型国家的主要财政收支（占 GDP 百分比）

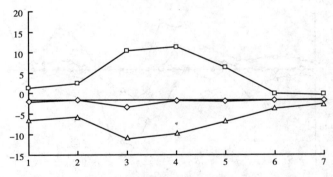

图 6 - 1 - 2 - 4a　自愿转型国家的经常账户（占 GDP 百分比）

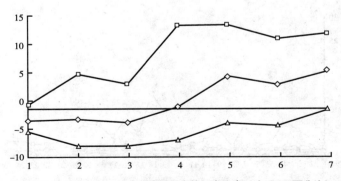

图 6 - 1 - 2 - 4b　危机驱动型转型国家的经常账户（占 GDP 百分比）

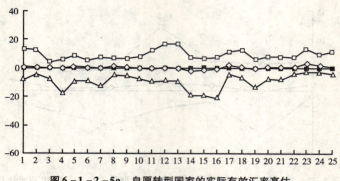

图6-1-2-5a　自愿转型国家的实际有效汇率高估

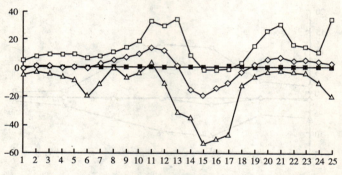

图6-1-2-5b　危机驱动型转型国家的实际有效汇率高估

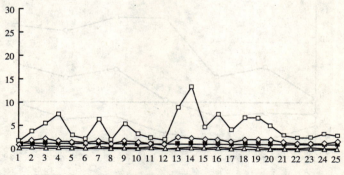

图6-1-2-6a　自愿转型国家的名义有效汇率波动

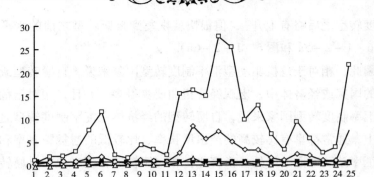

图 6-1-2-6b　危机驱动型转型国家的名义有效汇率波动

图 6-1-2　不同类型汇率制度转型国家或经济体的宏观经济表现

注：1. 图中所有实体横线表示受控组（control group）国家的宏观经济表现。受控组国家的汇率制度安排和实行汇率制度转型国家的原有制度安排是一样的，并且三年内没有发生汇率制度转型（Hakura，2004）。图中所有带有正方形符号和正三角形符号的实体曲线分别表示某一指标的最大值和最小值；而带有菱形符号的实体曲线则表示相应指标的平均值。

2. 图 6-1-2-1a—图 6-1-2-4b 中，横坐标表示时间。其中，4 表示转型发生的那一年，1、2、3 分别表示转型前 1 年、前 2 年和前 3 年；5、6、6 则分别表示转型之后的第 1 年、第 2 年和第 3 年；各图中纵轴坐标的单位是%。

3. 图 6-1-2-5a —图 6-1-2-6b 中，横坐标 13 表示汇率制度转型开始的月份，时间间隔是 3 个月，如 12 就表示转型前 3 个月，14 则表示转型后 3 个月，其余依此类推。

4. 图 6-1-2-5a 和图 6-1-2-5b 中，纵轴表示汇率偏离趋势值的百分比（percent deviation from trend）。实际汇率高估是用实际有效汇率（REER）和实际有效汇率的 H-P 滤波的百分比偏差来计算的。

5. 图 6-1-2-6a 和图 6-1-2-6b 中，汇率波动性是指过去三个月中，转型国家汇率的月度增长率的平均标准差（standard deviation）。

资料来源：IMF，2004，*World Economic Outlook*，International Monetary Fund，Chapter 2.

第三，一般来说，自愿转型的经济体在汇率制度转型前后基本上不存在汇率水平的高估或低估（over-or undervalued of exchange rates）。而危机驱动型国家大部分时间都显著存在汇率水平的高估或低估现象。在转型之前，其汇率水平是高估的，转型之后迅速逆转为低估，然后又慢慢转变为高估（参见图 6-1-2-5a 和图 6-1-2-5b）。显然，自愿转型的经济体的名义和实际有效汇率水平在转型之后都没有立即变化。这种汇率的基本稳定无疑是一国所十分希望的。

第四，实行自愿转型的经济体的名义有效汇率和实际有效汇率在汇率制度转型之后略有上升①，但很快就恢复到自愿转型之前的水平（参见图 6 - 1 - 2 - 5a 和图 6 - 1 - 2 - 6a）。

因此，相对于危机驱动型汇率制度转型国家来说，自愿转型或平稳转型的国家或经济体中，宏观经济扭曲要少得多。并且，相对于危机驱动型汇率制度转型国家来说，自愿转型的经济体在汇率制度转型之后的时期中，通常都享有比较高的产出增长率、比较低的通货膨胀率和比较低的汇率波动方面的好处。换言之，相对于被动转型来说，自愿转型所导致的一国的社会福利损失要小得多。因此，国际经验表明，实行汇率制度自愿平稳转型对一国来说是更为合意的或更优的。

二、人民币汇率制度安排：如何退出，又将如何转型

（一）自愿转型还是危机驱动型转型

国际经验表明，正如自愿转型或平稳转型的名字本身所暗示的那样，自愿转型相对于危机驱动型转型来说，一国能够更好地实现宏观经济的基本稳定，从而最大限度地减少整体的社会福利损失（参见图 6 - 1 - 2）。这对我国目前来说是具有非常重要的理论意义和现实意义的。人民币汇率制度的退出和转型是人民币汇率制度改革和进一步完善的一个主要内容②。没有人民币汇率制度的退出和转型，根本谈不上人民币汇率制度的进一步完善。因为，人民币汇率制度安排的进一步完善不仅要求相关配套措施的辅助，更多的是制度安排本身要向更具弹性的汇率制度方向转型，最终实现人民币资本项目的可自由兑换③。然而，正如本书前面所分析的，人民币汇率制度选择和进一步的完善应该为我国宏观经济的基本稳定或最大限度地实现我国整体的社会福利创造条件，因

---

① 图 6 - 1 - 2 没有给出不同类型汇率制度转型国家的实际有效汇率波动性指标，可以参见 Hakura（2004）的图 2.11。

② 实际上，自 2005 年 7 月 21 日以来，我国为完善人民币汇率制度安排做了非常多的战略和策略部署（国家外汇管理局国际收支分析小组，2005、2006；温彬，2006；中国人民银行办公厅，2005）。

③ 本书认为，人民币汇率制度的进一步完善实际上就是人民币汇率制度转型的过程，是一个多种政策措施和各方面改革措施围绕汇率制度安排进一步完善而协调并进的过程。

此，从国际经验来看，人民币汇率制度退出和转型也应该为这个目的服务。因为，汇率制度退出是手段，而汇率制度转型才是目的，而转型则又是构成人民币汇率制度选择和进一步完善的重要一环。从这个意义上来说，我国应该选择自愿转型或平稳转型。

然而，正如本节前面对国际汇率制度转型的经验分析所表明了的，要积极实行自愿转型或平稳转型，一国是否具有良好的宏观经济条件、能否科学地把握好转型时机，对实现汇率制度的平稳转型尤为重要。而对转型时机的判断，主要看外部基本均衡情况和对冲的调节机制是否足以稳定汇率（汪茂昌，2005b）。前者涉及对宏观经济的基本判断，后者则涉及一国的外汇市场的发展是否具有足够的流动性（liquidity）和足够的深度（depth）。

从新的人民币汇率形成机制改革所取得的基本成效来看，尽管新的人民币汇率形成机制改革是发生在 2005 年我国外部均衡不是十分有利的情况下，但是由于近年来我国总体宏观经济形势比较稳定，产出增长在高位平稳运行（本书图 3 - 3 - 3；陈佳贵，2006），而价格总水平也基本稳定（参见图 5 - 1 - 4）。这就为新的汇率形成机制的平稳过渡提供了基本条件。目前看来新的汇率制度改革已经实现了比较成功的自愿平稳退出。新的汇率制度改革两年多来，我国 GDP 仍然保持了比较良好的增长态势。中央银行先后 14 次调整法定存款准备金率、多次调整存贷款利率，比较成功地平抑了汇率形成机制改革以来宏观经济的过热局面。在未来一段时间内，可以预期我国的宏观经济形势基本不会出现不利的状况，这是有利于以后人民币汇率制度转型的进一步推进的。

同时，我国政府名义上宣称的汇率制度弹性也在不断增加。2005 年 7 月 21 日发布的《中国人民银行关于完善人民币汇率形成机制改革的公告》规定："每日银行间外汇市场美元对人民币的交易价仍在中国人民银行公布的美元交易中间价上下 0.3% 的幅度内浮动，非美元货币对人民币的交易价在中国人民银行公布的该货币交易中间价上下 1.5% 的幅度内浮动。""外汇指定银行对客户挂牌的美元对人民币现汇买卖价不得超过中国人民银行公布的美元交易中间价上下 0.2%，现钞买卖价不得超过现汇买卖中间价上下1%。"① 同年9月23日，非美元货币对人民币的交易价的浮动幅度扩大到3%，对银行对客户美元挂牌汇价实行价差幅度管理，美元现汇卖出价和买入价之差不得超过交易中间价的1%，现钞卖出价和买入价之差不得超过交易中间价的4%，并且，取消非美元货币对人民币现汇和现钞挂牌买卖价差幅度限制（中国人民银行办公厅，2005）。

为进一步完善人民币汇率形成机制，我国货币当局不断出台了相关的配套政策措施以进一步增加人民币汇率形成机制的弹性。从实际的外汇市场运行来看，这些政策措施的效果已经初步显现。这里，我们利用2005年8月1日—2007年12月18日期间人民币兑美元、日元、欧元、港币以及由前三者加权平均得到的模拟的篮子货币的日交易平均价数据，从事后的角度来考察这一问题。我们首先计算出每个月人民币兑各货币汇率的标准差，然后利用H-P滤波的方法，得到人民币兑各货币汇率的波动趋势。从人民币兑各主要货币的汇率水平来看，2005年8月以来，人民币兑美元、港币和篮子货币汇率的月波动幅度总体来说是在不断增加的，但是，人民币兑日元和欧元的波动性或弹性的增加并不显著，基本上呈现出持平的态势（图6-1-3；图6-1-4）②。

由图6-1-3和图6-1-4中显然可以看出，人民币汇率形成机制的弹性并没有显著改善。人民币兑美元和港币的汇率都呈现出单边上升

---

① 中国人民银行办公厅：《人民币汇率政策宣传手册》，中国金融出版社2005年版。

② 新的汇率形成机制下，人民币是参考一篮子货币进行调节的，因此考察人民币汇率弹性的恰当方法应是计算人民币兑一篮子货币（主要由美元、欧元、日元以及韩元等构成（中国人民银行办公厅，2005，第124—126页））的弹性，即，计算人民币有效汇率弹性。但是，一方面，我国没有公布人民币参考一篮子货币的篮子货币构成，另一方面，相关的数据采集也非常困难。因此，本书只计算了人民币兑美元等4个主要货币的汇率波动，并利用已有的实证研究结论（黄薇，2005），构造了一个由美元、欧元和日元所构成的货币篮子（美元和欧元是我国参考的货币篮子中的主要构成货币），近似模拟人民币兑一篮子货币的波动。

需要指出的是，我国目前市场注意力基本上还是集中在人民币兑美元汇率上，并且人民币兑欧元、日元及其他主要货币的3%的"个别"浮动区间也没有"整合"成一个"单独"的兑一篮子货币的浮动区间。

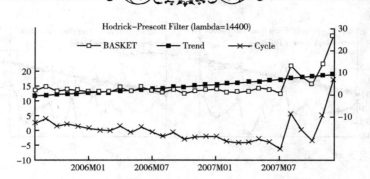

图6-1-3 人民币兑篮子货币汇率的月波动性及其趋势（2005.08—2007.12）

注：篮子货币由美元、欧元和日元构成，各自的权重分别为0.7582、0.2418和0.0361，权重数据来自黄薇（2005），且假设在样本期内是不变的。

资料来源：中国人民银行网站（www.pbc.gov.cn）。

的趋势，汇率双边浮动的力度并不大。这和人民币兑日元以及欧元的情况恰恰形成比较鲜明的对比，而后者才是人民币汇率形成机制更富弹性的应有之意：人民币汇率应该在一定范围内围绕均衡水平上下波动。因此，人民币汇率形成机制仍需要进一步的完善。

另外，新的汇率形成机制改革以来，我国国际储备增长势头仍在持续，2005年7月，外汇储备达到7327亿美元，2006年10月首次突破万亿，成为举世关注的又一个焦点问题，2006年底达到10663.44亿美元。并且，2006年国际收支继续保持了"双顺差"格局。这些现象的背后很大程度上说明，新的汇率制度改革还不到位，还需要进一步的调整和完善，人民币汇率制度安排的转型和完善还将是一个比较长的过程。

因此，无论是从国际经验还是我国具体的政策实践来看，自愿转型或平稳转型都是我国未来人民币汇率制度安排和进一步完善所应采取的基本策略。

（二）激进转型还是渐进转型？

从我国人民币汇率制度改革的实践来看，新的汇率形成机制还是基本上完成了自愿的或平稳的制度转型，在未来仍应坚持平稳转型战略。然而，未来的人民币汇率制度转型究竟是采取一步到位的激进转型还是采取渐进平稳转型方式呢？确实，一国在激进转型还是渐进地向浮动汇

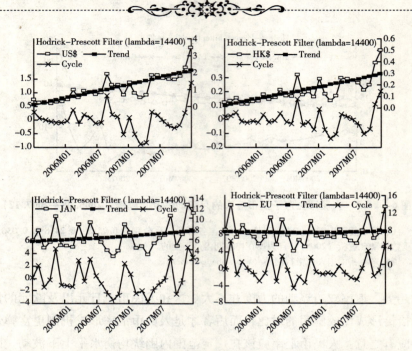

图 6 - 1 - 4　人民币兑各主要货币汇率的月波动性及其趋势（2005.08—2007.12）

注：1. 月波动性指月度内每营业日银行间外汇市场交易中间价的标准差。

2. 图中的趋势线是利用 H-P 滤波方法得到的（对 H-P 滤波的详细介绍，请参考 EViews5. 0 帮助手册），参数 λ = 14400。

3. 数据截至 2007 年 12 月 28 日。

资料来源：中国人民银行网站（www. pbc. gov. cn）。

率制度转型之间常常面临着一定的权衡和抉择（Duttagupta 等，2004；2005），而无论采取哪一种转型方案都取决于一国的基本目标和相应的经济结构及制度条件等（参见表 6 - 1 - 2）。但以下的基本考虑决定了我国人民币汇率制度改革应该采取渐进模式。

首先，无论是平稳退出还是危机驱动型退出或转型，它们的成功与否都取决于一国在制度和操作层面上的管理有效与否。国际上的汇率制度退出经验表明，要成功地实现向浮动汇率制度或更具弹性的汇率制度安排的转型，那么一国必须具备四个条件（Duttagupta 等，2004；2005）。即：第一，一个有深度和流动性的外汇市场（Hakura，2004）；第二，一套连贯的有关中央银行外汇市场干预的政策措施；第三，一个恰当的名义锚，以代替固定汇率制度下的汇率锚（Hakura，2004）；第四，监测和管理公共部门和私人部门外汇风险暴露（exposure）的有效机制。显而易见的是，尽管新的汇率形成机制改革以来，我国频繁出台了许多相关配套措施以推进人民币汇率制度的进一步完善，但是，"我国外汇市场的发展尚不充分，突出表现在我国外汇市场的深度和广度有限，市场主体较为单一"①。因此，上述基本条件我国目前并不具备，而且在未来一段时期内，也很难具备，这需要一个比较长的时间来发展完善。

表 6-1-2 激进转型与渐进转型比较

	支 持 理 由	反 对 理 由
激进转型	1. 可防止额外的储备损失 2. 与过去"一刀两断"，对预期影响强，可提高新制度的公信力 3. 可追求更高的货币政策独立性 4. 更适合资本账户开放的国家或经济体	1. 在面临持续的投机压力和中央银行干预能力薄弱的条件下进行激进转型，会导致预期不稳定 2. 可能导致汇率不稳定
渐进转型	1. 为新制度所需的制度和技术安排做准备、为巩固和加强金融部门赢得时间，这对发展中国家尤其重要 2. 对中央银行干预能力有限的经济体而言，能防止转型之后货币政策目标的不稳定效应 3. 如果转型是有序、持续进行，那么对预期和公信力会产生较强的影响 4. 可应付不可持续的公共债务问题（unsustainable public debt dynamics） 5. 可防止大量的储备损失	1. 渐进转型的时间表可能不可信 2. 可能导致持续的贬值预期、资本外流和储备损失 3. 若转型之后汇率面临升值压力，那么渐进地扩大汇率波动幅度可能并不可行

资料来源：Agénor，Pierre-Richard，2004，"Orderly exits from adjustable pegs and exchange rate bands：policy issues and role of capital flows"，Global Development Finance 2004 Report，The World Bank，Working Paper；Duttagupta，Rupa，Fernandez，Gilda，and Karacadag，Cem，2004，"From fixed to float：operational aspects of moving toward exchange rate flexibility"，IMF，Working Paper，04/126；Duttagupta，Rupa，Fernandez，Gilda，and Karacadag，Cem，2005，"Moving to a flexible exchange rate：How，when，and how fast"？IMF，*Economic Issue*，38.

① 中国人民银行金融市场司：《2005 中国金融市场发展报告》，中国金融出版社 2006 年版，第 72 页。

其次，历史地看，人民币汇率制度改革基本上也是采取渐进改革方式的（参见表 3 - 3 - 4）。对中国经济来说，一步到位的激进转型所需要的前提条件（如一个有深度和流动性的外汇市场、恰当的货币政策名义锚以及强而有效的金融监管等）并不具备①，而且激进转型所可能导致的汇率动荡和宏观经济的恶化以及预期的不稳定，也是我国转型经济所承受不了的，它会导致社会福利的大量损失。

再次，建立和发展一个可替代性的名义锚也需要相当长的时间，因此，许多国家都是渐进地削弱汇率作为名义锚的作用的（Agénor，2004）。这对中国来说也不例外。一方面，尽管我国的货币政策框架已经建立并发展了，但还不成熟，还不完善；另一方面，货币政策名义锚渐进设立和汇率制度的渐进转型也取决于国内相应的制度建设和宏观经济条件。如中央银行独立性；中央银行的最终目标是否为保持价格稳定；中央银行在执行和评价货币政策方面的透明度；设计比较可信的预测通货膨胀的技术方法；中央银行声誉以及外汇市场建设和完善等。这些都需要一个比较长的时间。因此，这些问题的存在就决定了我国不能一下子放弃汇率名义锚的作用，也不能激进地或一步到位地实行人民币汇率制度向更具弹性的制度安排转型。必要的中间步骤，如中间汇率制度安排是必不可少的，这也是和本书第四章第三节和第四节的基本结论是一致的。

再次之，如果采取激进的汇率制度转型策略，那么在我国目前人民币存在巨大升值压力的条件下，激进转型的策略一旦实施，很可能会导致人民币短期内大幅度的升值。而本书第四章第二节的理论模型表明，在我国目前 FDI 资金占主导地位的情况下，人民币大幅度的升值策略会导致我国价格水平和产出水平的急剧收缩，从而带来巨大的社会福利损失。可以肯定的是，未来一段时期内，FDI 资金主导我国国际资本流动的情况很难改变。因此，激进转型的策略很可能会导致我国社会福利的巨大损失。

最后，平稳的渐进转型策略也是和我国整体的经济转型战略相吻合

---

① Hakura（2004）也指出，在1991—2003 年期间，并没有任何一个新兴市场经济体是直接从钉住汇率制度一步转型为浮动汇率制度的。

的（冯用富，2001），采取渐进、平稳的汇率制度转型能够得到整体经济转型战略的支持。

因此，随着经济形势的变化和新的人民币汇率形成机制改革的不断推进，我国应根据宏观经济形势的发展把握时机，适时增加汇率制度弹性，实行人民币汇率制度自愿平稳的渐进转型战略①。

三、人民币汇率制度渐进平稳转型：我国当前应有何作为？

我国现实的国情和制度架构决定了我国人民币汇率制度改革和进一步的完善要采取自愿转型策略，并以渐进的方式或策略稳步推进这一进程。由于相应的制度环境的缺失以及为建立和完善这一基本环境需要很长的时间，因此，人民币汇率制度改革从一开始就应该设计一个可靠且可信的时间表，这对渐进转型的成功起着重要的决定性作用（Agénor，2004），相关的制度设计应该由决策层进行通盘的考虑，目前看来，我国管理层在人民币汇率制度改革和进一步完善问题上的基本思路已经确定②，但是具体的时间表和进程仍然需要进一步明确，并及时与公众沟通交流，以增加渐进转型成功的可能性。就目前来说，我国首先应该完成两个阶段的任务，然后再徐图人民币汇率制度向更具有弹性的制度安排转型。

首先，随着人民币近两年来的缓慢升值，目前人民币已经突破8.28兑1美元的固定钉住汇率，基本完成了人民币汇率制度退出和转型的第一个阶段任务。之后，人民币汇率制度将向更具弹性的制度安排转型。在目前第一阶段的改革进程中，一方面，尽管我国决策层陆续而

---

①　这实际上是和我国人民币汇率制度改革的三性原则相吻合的。所谓三性原则，即，人民币汇率改革必须坚持主动性、可控性和渐进性的原则。主动性，就是根据我国自身改革和发展的需要，决定汇率改革的方式、内容和时机。汇率改革要充分考虑对宏观经济稳定、经济增长和就业的影响，考虑金融体系状况和金融监管水平，考虑企业的承受能力和对外贸易等因素，还要考虑对周边国家、地区以及世界经济金融的影响；可控性，就是人民币汇率的变化要在宏观管理上能够控制得住，既要推进改革，又不能失去控制，避免出现金融市场动荡和经济大的波动；渐进性，就是有步骤地推进改革，不仅要考虑当前的需要，而且要考虑长远的发展，不能急于求成（中国人民银行办公厅：《人民币汇率政策宣传手册》，中国金融出版社2005年版）。因此，本书的基本思路和人民币汇率制度改革的基本原则是一致的。

②　参见中国人民银行办公厅（2005）相关文件。

频繁地出台了许多人民币汇率制度配套改革措施，加快了基础设施和制度基础的建设。但是，这还远远不够，仍要进一步加强；另一方面，在这一阶段的改革中，人民币仍然要维持渐进升值的步伐，即使是兑美元的浮动区间也必须缓慢放开[①]，以确保汇率的基本稳定和人民币汇率制度转型的平稳推进。如果在这个阶段试图加速增加人民币汇率制度弹性，那么在当前巨大的升值压力下，人民币大幅度升值的可能性极高。但在当前国际资本流动以 FDI 资金为主导的条件下，升值一方面会直接导致我国产出增长的萎缩；另一方面，升值也会导致我国一般价格水平的下跌，从而使我国面临通货紧缩的危险（第四章第二节）。并且，目前面临的升值压力很可能导致渐进的扩大汇率的波动幅度并不可行（参见表 6 – 1 – 2）。因此，加速转型的进程所带来的影响更为剧烈，可能导致巨大的社会福利损失，最终会加大渐进转型策略失败的可能性。

第二个阶段的人民币汇率改革和完善的重点应该是化解人民币升值压力，调整人民币汇率波动区间，做到"两手抓"：一手抓人民币兑美元汇率，另一手抓人民币兑参考的一篮子货币汇率。趁目前国内外各方的注意力仍然集中在人民币兑美元汇率的时候，宣布将人民币兑欧元、日元及其他主要货币的3%的"个别"浮动区间，整合为一个"单一"的兑一篮子货币的3%（或更大）的浮动区间。由于一篮子货币是各主要货币的加权平均，将各货币的3%浮动区间整合为兑一篮子货币的3%浮动区间，其实是扩大了兑各主要货币的实际上的波动区间。例如，欧元或日元的大幅升值将使人民币兑欧元或日元汇率超过3%的浮动区间，但由于其他货币和美元可能不升反跌，因此，人民币兑一篮子货币的汇率仍可能在维持在3%的浮动区间内。因此，这个措施使我国在当前人民币汇率制度安排下既具有一定的稳定性，同时又具有一定的灵活性，比较好地实现了汇率稳定性和灵活性之间的权衡。

其次，在完成了人民币"单一的钉住美元——参考一篮子货币——整合参考一篮子货币的浮动区间"转变的基本任务之后（前两步是已

---

① 2007 年 5 月 19 日，中国人民银行宣布人民币兑美元汇率的浮动区间上调至 5‰。

经完成了的历史任务），我国应该综合考虑基本的经济现实和制度与基础设施建设的情况，着手增加人民币汇率制度弹性。具体而言，在整合参考一篮子货币的浮动区间之后，逐步放宽这个浮动区间，从而逐渐淡化美元在篮子货币中的作用，强化欧元和日元的作用。从不断扩大浮动区间、增加人民币汇率制度弹性的过程向最终的浮动汇率制度转型，可能还有很多步要走。譬如，在不断扩大兑参考一篮子货币的浮动区间之后，逐渐向汇率目标区转型，然后再逐渐增加目标区波幅等步骤①。

最后，在汇率制度增加弹性的过程中，应该加强相关的配套设施建设②。并且，更为重要的是，我国还应避免人民币汇率单边升值的趋势，也应避免出现对人民币单边升值的预期，防止投机资金利用这个特点谋取利益。另外，我国货币当局也应该着手提前考虑更具弹性的制度安排或未来的浮动汇率制度安排下，我国货币政策的名义锚选择和货币政策框架的重新设计等问题了。

第二节 人民币汇率制度转型的风险分析

根据本书的研究，人民币汇率制度选择或安排应该朝着更加具有弹性的方向，渐进平稳地进行人民币汇率制度转型③。然而，这个转型过程，正如一国整体的经济转型战略一样，也是充满风险和机遇的。充分

---

① 从参考一篮子货币进行调节、有管理的浮动汇率制度向目标区之类的制度转变，似乎说明中国在走回头路。但是，一方面，新的汇率形成机制仍然没有脱离钉住美元的嫌疑；另一方面，如果未来的国情确实需要我国向目标区制度之类的制度转变，那也是实际需要使然。并且，新的汇率形成机制下，我国政府并没有公开任何的政策承诺，如果出现这里所假设的言行不一致情况，也并不会影响我国的宏观经济绩效。已有的经验研究反而表明，这种情况可能更有利于一国宏观经济的稳定和发展（Dubas 等，2005）。

② 具体的制度和操作层面的建设和完善工作，可参见 Agénor（2004）、Duttagupta 等（2004；2005）和 Mishkin（1999）。

③ 要指出的是，本书以最大化我国的社会福利作为标准，建议我国提高人民币汇率制度的灵活性或弹性，这个建议本身是为了实现更具有灵活性或更具弹性的汇率制度安排，而不是建议把当前的汇率重新定值在一个更为合理的或均衡的汇率水平（Prasad 等，2005）。

注意并理解汇率制度转型过程可能涉及的风险，对制定和实施人民币汇率制度转型策略或进一步完善人民币汇率形成机制无疑是很有帮助的。出于这个考虑，本节综合已有研究的基本观点，从以下五个方面初步勾勒出或描述了人民币汇率制度转型过程中可能存在的风险或值得决策层重视的一些重大影响因素。

一、转型时机的选择

对任何经济体的汇率制度转型来说，首要的问题是如何选择转型时机。科学地把握好汇率制度转型的时机，对一国成功的汇率制度平稳转型来说是至关重要的（汪茂昌，2005b）。如果时机把握不准确，那么极有可能导致汇率制度转型策略的失败。而对转型时机的选择，不同学者的看法却并不相同。有的学者认为，对转型时机的判断，主要看一国外部基本均衡情况和对冲的调节机制是否足以稳定汇率（汪茂昌，2005b）；有的主张在一国出现持续的资本流入时进行转型（Eichengreen，1999）；也有的学者认为一国的初始条件对一国转型来说至为关键。除了这种理论分歧之外，一国要准确地判断汇率制度转型的时机也非常困难。很多情况下，时机是稍纵即逝的。这就直接导致了转型策略的不确定性。因此，究竟是以什么标准来判断最佳的转型时机，我国又该如何选择人民币汇率制度转型时机，这不仅是人民币汇率制度转型本身所应该密切关注的重大问题，而且也将构成理论研究的一个重要领域。

二、微观经济的激励

成功的汇率制度转型本身就是一整套制度措施协调配合的结果。从微观层面来说，转型还会面临微观主体的激励问题。一国的微观主体是否具备足够的外汇风险意识和风险管理能力，能否及时地培育起微观主体的这方面能力也构成了汇率制度转型过程中一个重大的不确定性因素。

建国以来，我国一直实行的是以汇率稳定为导向的基本政策，基本目的是维持人民币汇率稳定以保证出口创汇或国际收支的平衡，从而促进经济的持续增长（邓立立，2006；贺力平，2005；尚明，2000；许少强、朱真丽，2002）。在这种政策导向之下，我国长期以来实行了名义上或事实上的固定汇率制度（参见表3－3－4）和严格的外汇管制。政府向进口企业和其他微观主体按固定的价格和规定的条件提供外汇；对出口企业则按照固定的价格强制结汇（1994年后实行强制结售汇制度）①。通过这种制度安排，我国政府得以将外汇集中起来使用，但与此同时，政府也将微观层面的外汇风险集中起来，并由政府承担起来了。这个制度安排加上长期以来我国外汇市场的发展缓慢，直接导致了我国企业实体缺乏外汇风险意识，外汇风险管理和风险控制手段、技术及管理体系十分薄弱的现状。

在这种情况下，如果企业部门以外币计价的资产负债规模或期限不匹配，企业就会暴露在巨大的外汇风险之中。在人民币汇率形成机制增加弹性之后，企业将面临巨大的不能有效管理的外汇风险，这可能会导致信用风险，最终可能蔓延至银行体系而引发危机。表6－2－1表明，近年来我国企业部门出现了大规模的负的净外币资产，并且出现了逐年增长的势头。这对我国人民币汇率制度转型策略将会产生重大影响。因此，从微观层面上建立起良好的激励机制，使企业培育起风险意识和风险管理手段，对我国来说刻不容缓。

三、金融系统的稳定性

理论上来说，一国如果实行更具弹性的或浮动的汇率制度安排，那么不仅微观的企业应具有管理外汇风险的技术、手段以面对汇率风险，而且，一国的金融系统也将会由于汇率的浮动而面临巨大的市场风险（如利率风险、商品价格风险等）和信用风险或违约风险。因此，金融体系能否具备足够的风险吸收和消化能力、是否具备足够的风险管理手段和技术，金融体系本身是否足够稳定以顺利应对更具弹性的汇率制度下所可能面临的风险至关重要。

---

① 2005年7月21日的汇率形成机制改革之后，这个方面的要求开始放松了。参见《国际外汇管理局关于放宽境内机构保留经常项目外汇收入有关问题的通知》（中国人民银行办公厅：《人民币汇率政策宣传手册》，中国金融出版社2005年版，第57页）。

表6－2－1　中国企业部门外币资产负债情况

单位：亿美元

	2001	2002	2003	2004	2005
企业部门的外币风险暴露净额	－1030	－1210	－1527.49	－1735.48	－2092.04
企业外币资产[a]	450	520	519.26	576.04	694.77
企业外币负债[b]	1490	1720	2046.75	2311.52	2786.81

　　资料来源：侯杰：《国家资本结构与新兴市场国家金融危机》，中国人民大学经济学博士学位论文，2006年。

　　注：1. a：基于企业在国内银行的外汇存款；b：企业外债和企业部门国内外币贷款之和。

　　2. 2001—2002年数据来自Prasad等（2005），四舍五入后存在一定的误差。

　　但是，目前的中国金融体系，尤其是银行系统的稳定性体现出比较大的波动性。从我国银行体系稳定性的 $BSSI_2$ 指标（bank sector stability，邹薇，2007）来看[①]，中国的银行系统并没有体现出一种持续的稳定状态（参见图6－2－1）。在1980—2004年间，中国银行体系共有12年是不稳定的，其中，1980、1996和2002年为中度不稳定，1981—1982年、1985年、1987年、1997—2000年以及2004年都是严重不稳定的。尽管近年来我国加大了国有商业银行体系的改革力度，但是，银行系统的稳定性很难在短期出现实质性的改观。我国银行系统能否保持持续的稳定性对我国人民币汇率制度转型的成功与否是至关重要的。

四、货币错配

　　由于本身的制度（如长期所实行的僵硬的汇率制度安排）和不合理的宏观经济政策（戈登斯坦和特纳，2004），以及国际资本市场的不完善等原因[②]，发展中国家或新兴市场经济体一般难以从国际资本市场

----

　　① 该指标的内涵及优、缺点，请参见邹薇：《基于BSSI指数的中国银行体系稳定性研究》，载《经济理论与经济管理》2007年第2期，第47—53页。该指标在（－0.5，0）时，银行体系是中度不稳定的；如果该指标在（－∞，－0.5），则该国银行体系是严重不稳定的。

　　② 原罪论认为，发展中国家之所以难以从国际资本市场以本币融资，是由于国际资本市场不完善所导致的。而戈登斯坦和特纳（2004）却并不赞同这种观点，他们认为是由发展中国家本身的制度原因或不合理的政策所引起的。

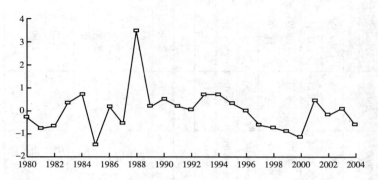

图 6 - 2 - 1　中国银行系统 BSSI$_2$ 指标（1980—2004）

资料来源：邹薇：《基于 BSSI 指数的中国银行体系稳定性研究》，载《经济理论与经济管理》2007 年第 2 期，第 47—53 页。

以本币进行资金的融通，因此常常面临货币错配问题的困扰。由于大多数发展中国家外汇市场发展有限，并且企业通常并不具备外汇风险意识和外汇风险管理技术，因此，许多名义上宣称实行浮动汇率制度的发展中国家或新兴市场经济体的汇率水平都表现出很大程度的稳定性，其主要考虑之一就是保证这些企业免受汇率风险的冲击，从而导致这些经济体实际的汇率制度安排呈现出事实上的缺乏弹性的制度安排（Calvo 和 Reinhart（2002）称之为害怕浮动）。因此，货币错配是发展中国家或新兴市场经济体在改革汇率制度时所要考虑的一个重要因素。研究表明，发生金融危机的经济体都曾在一定程度上出现了大规模的货币错配（表 6 - 2 - 2）。

从中国情况来看，这个问题也是人民币汇率制度转型所应着重考虑的。尽管从相对规模来说，我国的货币错配问题并不十分严重（参见表 6 - 2 - 2），但国内部分学者却并不如此认为（参见本书表 6 - 2 - 3；侯杰，2006；李扬、余维彬，2005；2006）。2003—2005 年期间，我国总体的外币资产净额从 1945 亿美元骤升至 5378 亿美元，占 GDP 比重也从 11.85% 迅速上升至 24.06%。这个现实使我国短期内难以承受汇率的剧烈波动，这也是本书认为我国不宜采取激进转型的一个基本考虑。更为重要的是，这个基本现实的存在可能使我国决策层在决定是否进行汇率制度转型问题上踯躅不前：一方面我国的企业还不具备

表 6-2-2 修正后的 AECM 估计数 (1994—2002)

国家/地区	1994	1995	1996	1997	1998	1999	2000	2001	2002
拉丁美洲									
阿根廷	-69.74	-79.97	-89.64	-108.73	-143.77	-186.56	-189.33	-282.38	-309.58
巴 西	1.79	2.38	-0.90	-10.73	-15.72	-23.05	-21.44	-26.15	-32.84
智 利	7.05	7.08	6.74	2.61	-0.54	2.18	0.74	-5.45	-10.39
哥伦比亚	8.65	2.16	-4.27	-7.44	-12.81	-11.20	-6.60	-8.36	-11.50
墨西哥	-32.48	-34.32	-33.54	-18.91	-19.22	-14.56	-8.74	-4.50	-4.77
秘 鲁	80.62	56.25	69.84	51.62	47.72	56.11	64.06	66.07	65.51
委内瑞拉	31.74	26.62	54.29	50.20	45.08	52.68	43.03	27.33	43.39
亚洲大经济体									
中 国	4.88	5.52	7.55	10.87	10.61	9.03	7.65	8.71	8.08
印 度	2.56	1.77	2.21	2.49	2.71	2.69	2.61	2.93	3.84
韩 国	-0.57	-1.59	-6.16	-12.36	-3.50	2.29	4.37	5.35	4.07
中国台湾省	4.66	3.71	3.56	3.37	3.77	3.82	2.75	5.14	8.00
其他亚洲国家									
印度尼西亚	-17.08	-15.49	-14.56	-30.92	-15.31	-13.61	-4.24	2.54	9.13
马来西亚	3.62	2.34	1.59	-0.98	2.39	3.65	2.29	2.45	1.60
菲律宾	1.64	0.78	-1.98	-7.68	-6.95	-6.89	-8.80	-12.09	-13.42
泰 国	-3.73	-9.06	-13.65	-20.31	-8.95	-0.25	3.21	6.53	8.14

续表 6 - 2 - 2

国家/地区	1994	1995	1996	1997	1998	1999	2000	2001	2002
中欧国家									
捷克共和国	5.32	7.68	6.36	6.17	8.39	10.03	9.30	10.86	11.30
匈牙利	-37.77	-15.86	-13.85	-12.81	-10.31	-7.82	-6.80	-2.68	-4.13
波 兰	6.60	11.05	9.89	9.84	9.37	9.58	9.83	9.44	7.30
其他									
俄罗斯	7.81	3.98	1.13	-4.06	-19.61	-11.07	0.84	5.38	7.38
以色列	2.28	2.23	3.13	5.03	6.25	6.15	5.74	6.00	6.01
土耳其	-26.52	-17.33	-16.21	-17.73	-21.05	-24.38	41.70	-38.38	-41.32
南 非	-3.01	-3.05	-4.53	-3.53	-4.25	-1.93	-1.89	-1.31	1.49

资料来源：莫里斯·戈登斯坦、菲利浦·特纳：《货币错配——新兴市场国家的困境与对策》，社会科学文献出版社 2005 年版，第 78—79 页。

注：1. 假定国内债务中，外币债务所占比重不为 0。

2. AEMC 是衡量一国货币币种配程度的指标，参见戈登斯坦和特纳（2004）第四章。

管理外汇风险的基本技能，如果人民币汇率制度进一步增加弹性，那么企业实体必须具备良好的风险管理技能，必须发展具有一定深度和弹性的外汇市场以提供风险管理的基本工具，而这在短期内是不可能一蹴而就的；另一方面，如果不进行转型，那么企业将对既有的体制产生刚性依赖。同时，本应由企业等私人部门承担的汇率风险也完全集中于国家或金融当局，长期下来，这种累积的体制性矛盾就会更加严重。

表6-2-3　中国外币资产负债净头寸情况估算

单位：亿美元

	2003 年	2004 年	2005 年
企业部门外币资产净额	-1527	-1735	-2092
住户部门外币资产净额	1655	1602	1544
金融机构部门外币资产净额	394	481	1153
经济总体外币资产净额	1945	3624	5378
总体外币资产净额/GDP*	11.85%	18.76%	24.06%

注：*指根据当年人民币兑美元汇率将我国总体外币资产净额换算成人民币计价后除以该年的 GDP。

资料来源：侯杰：《国家资本结构与新兴市场国家金融危机》，中国人民大学经济学博士学位论文，2006 年。

五、新的名义锚在哪里？

汇率制度转型的国际经验表明，一国从固定钉住汇率制度退出，进行汇率制度转型之后，应给一国货币政策指定一个名义锚[①]，并围绕这个名义锚重新设计一国的货币政策框架（Duttagupta 等，2004；2005；

---

① 货币政策名义锚是指对本国货币价值的一种约束（constraint），在某种形式上，它是一国成功的货币政策制度的一个必要组成部分。从广义上来说，名义锚可以视为对相机抉择政策的一种约束，它有助于缓解动态不一致性问题，从而在长期中，一国更容易实现其价格稳定目标（Mishkin, Frederic S., 1999, "International experiences with different monetary policy regimes", *Journal of Monetary Economics*, No. 43, 579—605）。

货币政策名义锚主要包括汇率名义锚、货币总量名义锚（monetary aggregate）、通货膨胀钉标制（inflation-targeting）、基金支持的或其他货币方案以及 Just Do It 方案（Mishkin, 1999）。

Eichengreen，1999)①，这也是新兴市场经济体汇率制度转型的一个基本经验（Duttagupta 等，2004、2005；Hakura，2004)。20世纪90年代初，新兴市场经济体主要选择了实行钉住汇率制度，原因就在于这些国家的通货膨胀率比较高，为了降低通货膨胀率而纷纷选择低通货膨胀国家的货币作为货币政策的名义锚，希望以此来锚定本国的通货膨胀率，从而给宏观经济发展创造一个比较稳定的环境。在新兴市场经济体进行大规模的汇率制度转型后，原来的钉住汇率制度下所特有的名义锚作用就消失了，从而面临高通货膨胀压力。因此，为了降低经济主体的通货膨胀预期，中央银行尤其有必要改革本国原来的货币政策框架，代之以一种新的货币政策框架。

本书的分析指出，我国长期以来所实行的实际目标法和中央银行所宣称的价格稳定目标，或汇率名义锚和价格稳定之间已经出现了冲突。随着人民币汇率制度弹性的逐渐增加和制度转型的逐渐深入，为我国货币政策指定一个适当的名义锚，并围绕这个名义锚重新设计我国开放条件下的货币政策框架就成为我国所应解决的一个基本问题。但是，一方面，对货币供给量能否作为我国货币政策的名义锚还存在很大的争议（李春琦、王文龙，2007；麦金农，2007；夏斌、廖强，2001)；而且由于我国的利率没有完全市场化，货币政策对利率的弹性比较低（参见表5-2-5）等原因，因此，利率作为名义锚也难以适用于我国；另一方面，对我国能否实行通货膨胀钉标制度也没有形成统一的看法。因此，实施人民币汇率制度转型还会面临货币政策名义锚选择的不确定性和未来货币政策框架设计的不确定性等因素的影响。经验研究表明，未雨绸缪地研究新的货币政策名义锚、重新设计货币政策框架对成功的汇率制度平稳渐进转型来说是至关重要的。

---

① 采取浮动汇率制度并不必然要求一定要有一定的货币政策名义锚。但是，不设置名义锚需要一国货币当局享有非常高的公信力，像美国、瑞士和新加坡这些国家就没有设立名义锚（有些学者认为，类似美国这样的国家，尽管没有一个明确的名义锚，但实际上，这些国家的货币政策还是存在一种隐性的或隐含的名义锚的（Mishkin，Frederic S.，1999，"International experiences with different monetary policy regimes"，*Journal of Monetary Economics*，No.43，579-605)。但是，对发展中国家来说，需要非常长的时间才能建立比较可靠的公信力和比较高的政策声誉。因此，发展中国家或新兴市场经济体在汇率制度转型之后，通常会设立一个新的名义锚。

第三节　政策建议

本书从已有理论回顾入手，分析了汇率制度选择的理论框架和制度选择标准的发展演变，并结合我国的具体国情讨论了人民币汇率制度选择的理论架构和制度选择标准的选择。在此基础上，从我国开放经济运行的现实出发，本书考察了当前及未来一段时期内我国人民币汇率制度如何选择、如何安排和如何转型等基本问题。结合本书的分析和研究结论，本书认为，从理论层面和实际的操作层面提出以下建议或许是比较合理的。

一、理论层面建议

1. 加强对我国经济运行基本参数的经验估计工作。对我国开放经济宏观经济问题的研究应该加强对我国经济运行基本参数的系统性的经验估计工作，这至少可以有三个方面的理由或利益。一是，这可以直接为估计不同时期人民币汇率制度弹性提供必要的经济结构参数，为制定人民币汇率制度政策提供理论指导；二是，这些基本经济参数的估计对我国开放经济中其他政策的制定来说也是必不可少的；三是，单纯地从理论研究来说，这些基本参数的经验估计可以为开放经济宏观经济的研究奠定基础性的工作，如参数赋值等问题。

目前，对我国货币需求及其稳定性的经验研究已经非常多了，基本上取得了比较一致的经验结论（参见表 5 - 2 - 5）[①]。但是，对总供给曲线的经验估计，目前看来不仅比较少，而且在结论上还存在非常大的分

[①]　但是，部分学者也得出了不同的结论，以夏斌、廖强（2001）为代表的学者甚至提出了货币供给量不再适合作为我国货币政策中介目标，认为应该调整我国货币框架的基本观点（夏斌、廖强：《货币供应量已不宜作为当前我国货币政策的中介目标》，载《经济研究》2001 年第 8 期，第 33—43 页）。另外，已有的研究也存在一些不足，如数据处理和经验估计中的一些缺陷等，也没有充分注意经济的开放性对我国货币需求所造成的影响（易行健（2006）例外）。

歧（汪红驹，2002；2003）。这种分歧对我国货币政策决策而言绝非幸事。对这个曲线基本特征（如曲线形状和稳定性等）的经验估计以及由于经验估计所导致的测量上的确定性或不确定性，会直接影响到我国货币政策目标的单一性和多重性的争论（何运信、曾令华，2004），也直接影响到货币政策和人民币汇率制度选择目标的确定。因此，理论上还应结合人民币汇率制度选择来研究我国总供给曲线的特征，对开放经济中我国宏观经济运行的基本参数和主要冲击进行经验估计，为我国的货币政策决策提供指导。

2. 加强从利益冲突角度，利用新政治经济学方法来研究人民币汇率制度选择和汇率水平的决定问题。本书对这个问题给予了一定的关注，但是，为了集中精力从本书所选择的角度来研究人民币汇率制度选择问题，因此，本书在具体研究中把这个因素抽象掉了。而实际上，一国的汇率水平决定和汇率制度的选择却是关系到各个不同利益阶层的切身利益的（Frieden，1994），如出口部门和进口部门等。这些不同利益集团追求自身目标最大化的自利行为无疑会影响到人民币汇率制度的选择。从这个角度来研究我国人民币汇率制度进一步完善过程中所将面临的一些基本问题，应该是具有重大的理论和现实意义的。

3. 加强对货币政策框架设计的研究。随着人民币汇率制度改革的进一步深入，随着人民币汇率弹性的逐渐增加，我国1994年以来货币政策操作中所隐含的货币政策名义锚——汇率锚的基本作用应将逐渐淡化。在新的经济形势下，由于我国中央银行目前还不具备足够的声誉和公信力，而且在未来一段时间内也难以迅速培养起来。因此，在汇率制度渐进转型的过程中，我国应该未雨绸缪，尽早地加强对未来货币政策名义锚问题的研究，并围绕这个选择的名义锚，重新构思和设计我国的货币政策框架。一言以蔽之，在人民币汇率制度弹性逐渐增加的过程中直至最终实行浮动汇率制度为止，我国应该加强对未来货币政策名义锚和货币政策框架的研究，并且，这个方面的研究越早开展，受益就会越大。

二、实践层面建议

1. 加强我国中央银行的独立性和公信力，提高中央银行的政策声誉。从 1997 年亚洲金融危机期间我国承诺人民币不贬值并维持币值稳定开始，中国就赢得了世界的好评。但目前看来，我国中央银行的独立性和公信力以及政策声誉都还是不够的。在未来人民币汇率制度弹性进一步增加的渐进转型过程中，提高中央银行独立性、公信力和政策声誉等是一项必不可少的基本工作，这有利于未来货币政策的顺利实施。

2. 中央银行应该尽量言行一致，切不可违背公开的承诺。国际上对汇率制度分类和不同汇率制度下宏观经济绩效的研究都表明，一国政府最好不要违背其最初的承诺，否则可能会导致非常不利的宏观经济后果，如产出的衰退和通货膨胀的上升等。对我国这样的转型经济而言，宏观经济的基本稳定是至关重要的（这也是本书研究的基本假设），因违背承诺而可能导致宏观经济的动荡和社会福利的损失，是我国这样的转型经济体所不愿意看到的。并且，中央银行保持言行一致，也有利于其政策声誉的培养和公信力的提高。

3. 放松利率管制，稳步加快利率市场化进程。目前，我国货币市场利率已经基本放开，基本完成了利率市场化改革。但金融体系中其他方面的利率市场化改革还在继续，也有待于进一步地推进。

4. 稳步增加人民币汇率制度弹性，同时渐进地而不是激进地放开人民币资本项目管制，为人民币完全浮动创造条件。第四章第二至四节的研究表明，在我国目前的资本管制条件下，如果以价格水平稳定为目标，那么人民币汇率制度安排是可以采取中间制度安排的，而且货币政策也能够保持其有效性。尽管经验的估计结果要求人民币汇率制度的弹性达到40.02%，但是国情使得我国目前还不能一步到位地实现这一估计值。因此，渐进升值、稳步增加弹性或实行人民币汇率制度的渐进转型这种次优策略是适合我国目前的基本经济现实的。

5. 进一步发展外汇市场。随着人民币汇率制度弹性的逐渐增加和汇率制度转型的进一步深化，弹性汇率制度安排必然要求一个具有一定深度和灵活性的外汇市场以发挥其价格发现功能，从而为经济主体提供风险管理功能，使浮动汇率制度更好地发挥其有利的经济功能。从我国目前来看，一个有弹性和深度的外汇市场还远未建成，也远未完善。因此，在利率市场化改革的同时，适当、稳步地推进外汇现货市场和衍生产品市场的发展，使本外币之间通过资产市场的直接联系更加密切，为企业规避外汇风险和加强外汇市场价格发现功能提供条件，从而加强外汇市场深度和灵活性，最终为浮动汇率制度奠定基本条件。

本 章 小 结

作为第四章和第五章的逻辑延伸，本章根据汇率制度转型的国际经验，结合我国开放经济的具体现实，分析了人民币汇率制度改革和进一步完善过程中，汇率制度退出和转型的策略选择以及人民币汇率制度转型所可能面临的风险问题。本书认为，人民币汇率制度改革和进一步完善的工作应该具体化为一个自愿平稳的渐进转型过程。在此过程中，我国应该充分注意并理解汇率制度转型本身所可能蕴涵的不确定性，如转型时机选择、微观层面的激励因素、银行体系不稳定、货币错配以及新的货币政策名义锚选择等问题所带来的不确定的影响。

参 考 文 献

一、英文文献

［1］Ghosh, Atish, R. , Gulde, Anne-Marie, and Wolf, Holger, C. 2002, *Exchange Rate Regimes: Choices and Consequences*, MIT Press, Cambridge, Massachusetts.

［2］Moosa, Imad A. , 2005, *Exchange Rate Regimes: Fixed, Flexible or Something in Between?*, Palgrave Macmillan, New York.

［3］Setzer, Ralph, 2006, *The Politics of Exchange Rates in Developing Countries: Political Cycles and Domestic Institutions*, Physica-Verlag, A Springer Company.

［4］Visser, Hans. 2004, *A Guide to International Monetary Economics: Exchange Rate Theories, Systems and Policies*, Edward Elgar Publishing, Inc. Northampton, Massachusetts.

［5］Walsh, Carl E, 2003, *Monetary Theory and Policy* (2nd Edition), MIT Press, Cambridge, Massachusetts.

［6］Agénor, Pierre-Richard, 2004, "Orderly exits from adjustable pegs and exchange rate bands: policy issues and role of capital flows", *Global Development Finance* 2004 *Report*, World Bank Working Paper.

［7］Aizenman, Joshua, 1994, "Monetary and real shocks, productive capacity and exchange rate regimes", *Economica*, *New Series*, Vol. 61, No. 244, 407 – 434.

［8］Aizenman, Joshua, and Hausmann, Ricardo, 2001, "Exchange rate regimes and financial-market imperfections", *UCSC Dept. of Economics*,

Working Paper, No. 493.

[9] Aizenman, Joshua, and J. A. Frenkel, 1985, "Optimal wage indexation, foreign exchange intervention, and monetary policy", *American Economic Review*, Vol. 75, No. 3, 402 – 423.

[10] Alesina, Alberto, and Wagner, Alexander, 2003, "Choosing (and reneging on) exchange rate regimes", NBER Working Paper, No. 9809.

[11] Aliber, Robert Z., 2000, "Rules and authorities in international monetary arrangements: the role of the central bank", *American Economic Review*, Vol. 90, No. 2, 43 – 47.

[12] Asiçi, Ahmet, A., Ivanova, Nadezhda, and Wyplosz, Charles, 2005, "How to exit from fixed exchange rate regimes"? HEI Working Paper, No. 03/2005.

[13] Bailliu, Jeannine, Lafrance, Robert, and Perrault, Jean-François, 2002, "Does exchange rate policy matter for growth?" Bank of Canada Working Paper, No. 2002 – 17.

[14] Barro, Robert J., and Gordon, David B., 1983, "A positive theory of monetary policy in a natural-rate model", *Journal of Political Economy*, Vol. 91, No. 4, 589 – 610.

[15] Bastourre, Diego, and Carrera, Jorge, 2004, "Could the exchange rate regime reduce macroeconomic volatility?", Econometric Society 2004 Latin American Meetings.

[16] Bénassy-Quéré, Agnsès, and Cœiré, Benoît, 2002, "The survival of intermediate exchange rate regimes", CEPII Working Paper, No. 2002 – 07, July.

[17] Berger, Helge, Jensen, Henrik, and Schjelderup, Guttorm, 2001, "To peg or not to peg? A simple model of exchange rate regime choice in small economies", CESifo Working Paper, No. 468.

[18] Bleaney, Michael, and Francisco, Manuela, 2005, "The choice of exchange rate regime: how valid is the binary model"? CREDIT

Research Paper, No. 05/02.

［19］ Bleaney, Michael, and Francisco, Manuela, 2007, "Classifying exchange rate regimes: a statistical analysis of alternative methods", University of Nottingham, CREDIT Research Paper, No. 07/05.

［20］ Bordo, Michael D., 2003, "Exchange rate regime choice in historical perspective", NBER Working Paper, No. 9654.

［21］ Boyer, Russell S. 1978, "Optimal foreign exchange market intervention", *Journal of Political Economy*, Vol. 86, No. 6, 1045 – 1055.

［22］ Bubula, Andrea, and Ötker-Robe, İnci, 2002, "The evolution of exchange rate regimes since 1990: evidence from De Facto policies", IMF Working Paper, No. 02/155.

［23］ Calvo, Guiliermo A., and Reinhart, Carmen M., 2002, "Fear of floating", *Quarterly Journal of Economics*, Vol. CXVII, Issue 2, 379 – 408.

［24］ Caramazza, Francesco, and Aziz, Jahangir, 1998, "Fixed or flexible? Getting the exchange rate right in the 1990s", IMF, Economic Issues, No. 13.

［25］ Carrera, Jorge and Vuletin, Guillermo, 2003, "The effects of exchange rate regimes on real exchange rate volatility: a dynamic panel data approach", Paper presented at the 31st Brazilian economics meeting.

［26］ Chin, Daniel M., and Miller, Preston J., 1998, "Fixed vs. floating exchange rates: a dynamic general equilibrium analysis", European Economic Review, Vol. 42, 1221 – 1249.

［27］ Crockett, Andrew, 2003, "Exchange rate regimes in theory and practice", in *Monetary History*, *Exchange Rates and Financial Markets* (Mizen, Paul, ed.), Volume two. Massachusetts, Edward Elgar Publishing, Inc.

［28］ Devereux, Michael B., 2000, "Fix, float, or single currency? The choice of exchange rate regime", CAHIER 04 – 2000.

［29］ Devereux, Michael B., and Engel, Charles, 1998, "Fixed

参考文献

vs. floating exchange rates: how price setting affects the optimal choice of exchange-rate regime", NBER Working Paper, No. 6867.

[30] Devereux, Michael B. , and Engel, Charles, 1999, "The optimal choice of exchange-rate regimes: price-setting rules and internationalized production", NBER Working Paper, No. 6992.

[31] Dornbusch, Rudiger, 1976, "Expectations and exchange rate dynamics", *Journal of Political Economy*, Vol. 84, No. 6, 1161 – 1176.

[32] Dubas, Justin M. , Lee, Byung-Joo and Mark, Nelson C. , 2005, "Effective exchange rate classification and growth", NBER Working Paper, No. 11272.

[33] Duttagupta, Rupa, Fernandez, Gilda, and Karacadag, Cem, 2004, "From fixed to float: operational aspects of moving toward exchange rate flexibility", IMF Working Paper, 04/126.

[34] Duttagupta, Rupa, Fernandez, Gilda, and Karacadag, Cem, 2005, "Moving to a flexible exchange rate: How, when, and how fast"? *IMF Economic Issue*, 38.

[35] Edwards, Sebastian, 1996, "The determinants of the choice between fixed and flexible exchange-rate regimes", NBER Working Paper, No. 5756.

[36] Eichengreen, Barry. 1999, "Kicking the habit: moving from pegged rates to greater exchange rate flexibility", *Economic Journal*, Vol. 109, No. 454, 1 – 14.

[37] Fendel, Ralf, 2002, "Open economy macroeconomics in the post Mundell-Fleming era", Jahrbuc, 53, 1, *ABI/INFORM Global*.

[38] Fischer, Stanley, 2001, "Exchange rate regimes: is the bipolar view correct"? *Journal of Economic Perspectives*, Vol. 50, No. 2, 3 – 24.

[39] Fleming, Marcus, 1962, "Domestic financial policy under fixed and under floating exchange rates", IMF Staff Papers.

[40] Flood, Robert P. , 1979, "Capital mobility and the choice of

exchange rate regime", *International Economic Review*, Vol. 20, No. 2, 405 – 416.

[41] Flood, Robert P. , and Marion, Nancy Peregrim, 1982, "The transmission of disturbances under alternative exchange rate regimes with optimal indexing", *Quarterly Journal of Economics*, Vol. 97, No. 1, 43 – 66.

[42] Flood, Robert, P. , Bhandari, Jagdeep, S. , and Horne Jocelyn, P. 1988, "Evolution of exchange rate regimes", IMF Working Paper, 0440.

[43] Frankel, Jeffrey A. , 1999, "No single currency regime is right for all countries or at all times", NBER Working Paper, No. 7338.

[44] Frankel, Jeffrey A. , 2003, "Experiences of and lessons from exchange rate regimes in emerging economies", NBER Working Paper, No. 10032.

[45] Frieden, Jeffry, A. 1994, "Exchange rate politics: contemporary lessons from American history", *Review of International Political Economy*, 81 – 103.

[46] Genberg, Hans, and Swoboda, Alexander, K. 2005, "Exchange rate regimes: does what countries say matter"? IMF Staff Papers, Vol. 52, Special Issue.

[47] Ghosh, Atish. R. , Gulde, Anne-Marie, Ostry, Jonathan. D. , and Wolf, Holger, C. , 1997, "Does the Nominal Exchange Rate Matter"? NBER Working Paper, No. 5874.

[48] Ghosh, Atish. R. , Gulde, Anne-Marie, Ostry, Jonathan. D. , and Wolf, Holger, C. , 1996, "Does the exchange rate regime matter for inflation and growth"? *IMF Economic Issue* 2.

[49] Goldstein, Morris, 2003, "China's exchange rate regime", Report to Subcommittee on Domestic and International Monetary Policy, Trade, and Technology, Committee on Financial Services, and U. S. House

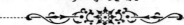
of Representatives.

[50] Goldstein, Morris, and Lardy, Nicholas, 2003, "Two-stage currency reform for China', *The Wall Street Journal Online*, September 12.

[51] Hakura, Dalia, 2004, "Learning to float: the experience of emerging market countries since early 1990s", in International Monetary Fund (IMF), *World Economic Outlook*, September, Chapter 2.

[52] Hausmann, Ricardo, 1999, "Should there be five Currencies or one hundred and five?", *Foreign Policy*, Vol. 116, 65 – 79.

[53] Hausmann, Ricardo, Panizza, Ugo, and Stein, Ernesto, 2000, "Why do countries float the way they float"? Inter-American Development Bank, Research Department, Working Paper, No. 418.

[54] Helpman, Elhanan, 1981, "An exploration in the theory of exchange rate regimes", *Journal of Political Economy*, Vol. 89, No. 5, 865 – 890.

[55] Helpman, Elhanan, and Razin, Assaf, 1979, "Towards a consistent comparison of alternative exchange rate regime", *The Canadian Journal of Economics*, Vol. 12, No. 3, 394 – 409.

[56] Helpman, Elhanan, and Razin, Assaf, 1982, "A comparison of exchange rate regimes", *International Economic Review*, Vol. 23, No. 2, 365 – 388.

[57] International Monetary Fund (IMF), 1995—2005, *World Economic Outlook*, www. imf. org.

[58] International Monetary Fund (IMF), 2006, "De facto classification of exchange rate regimes and monetary policy framework", www. imf. org.

[59] Koivu, Tuuli, 2005, "The challenge of choosing an optimal exchange rate regime for China", *BOFIT Online*, 2005, No. 1.

[60] Krugman, Paul, R., 1999, "The eternal triangle: explaining international financial perplexity", http://web. mit. edu/krugman/www/triangle. html.

［61］Lane, Philip R., 2001, "The new open economy macroeconomics: a survey", *Journal of International Economics*, Vol. 54, 235 – 266.

［62］Levy-Yeyati, Eduardo, and Sturzenegger, Federico, 2003, "To float or to fix: evidence on the impact of exchange rate regimes on growth", *American Economics Review*, Vol. 93, 1173 – 1193.

［63］Levy-Yeyati, Eduardo, and Sturzenegger, Federico, 2005, "Classifying Exchange Rate Regimes: Deeds vs. Words", *European Economic Review*, Vol. 49, 1603 – 1635.

［64］Lucas, Robert E., JR., 1973, "Some international evidence on output-inflation tradeoffs", *American Economic Review*, Vol. 63, No. 3, 326 – 334.

［65］Masson, Paul, 2000, "Exchange rate regime transition", IMF Working Paper, No. 00/134.

［66］McCallum, Benneett T., 1981, "On non-uniqueness in rational expectations models: an attempt at perspective", NBER Working Paper, No. 684.

［67］McCallum, Bennett T., and Nelson, Edward, 1999, "An optimizing IS – LM specification for monetary policy and business cycle analysis", *Journal of Money, Credit and Banking*, Vol. 31, No. 3, 296 – 316.

［68］Mishkin, Frederic S., 1999, "International experiences with different monetary policy regimes", *Journal of Monetary Economics*, No. 43, 579 – 605.

［69］Mundell, Robert A., 1961, "A theory of optimum currency areas", *American Economic Review*, Vol. 51, No. 4, 657 – 665.

［70］Mundell, Robert A., 1963, "Capital mobility and stabilization policy under fixed and flexible exchange rates", *Canadian Journal of Economics and Political Science*, Vol. 29, No. 4, 475 – 485.

［71］Mundell, Robert A., 1964, "A reply: capital mobility and size", *Canadian Journal of Economics and Political Science*, Vol. 30,

No. 3, 421 – 431.

[72] Nitithanprapas, Isriya, and Willet, Thomas. D. , 2002, "Classifying exchange rate regimes", The Annual Meetings of the Western Economic Association.

[73] Obstfeld, Maurice, 2001, "International macroeconomics: beyond the Mundell-Fleming model", IMF Staff Papers, Vol. 47, Special Issue.

[74] Obstfeld, Maurice, and Rogoff, Kenneth, 1995a, "Exchange rate dynamics redux", *Journal of Political Economy*, Vol. 103, No. 3, 624 – 660.

[75] Obstfeld, Maurice, and Rogoff, Kenneth, 1995b, "The mirage of fixed exchange rates", *Journal of Economic Perspectives*, Vol. 9, No. 4, 73 – 96.

[76] Obstfeld, Maurice, and Rogoff, Kenneth, 2000, "New directions for stochastic open economy models", *Journal of International Economics*, 50, 117 – 153.

[77] Obstfeld, Maurice, and Rogoff, Kenneth, 2001, "Risk and exchange rates", NBER Working Paper.

[78] Obstfeld, Maurice, and Stockman, Alan C, 1985, "Exchange rate dynamics", in *Handbook of International Economics*, Vol. 2.

[79] Poirson, Hélène, 2001, "How do countries choose their exchange rate regime?" IMF Working Paper, No. WP0/1/46.

[80] Poole, William, 1970, "Optimal choice of monetary policy instrument in a simple stochastic macro model", *Quarterly Journal of Economics*, Vol. 84, No. 2, 197 – 216.

[81] Reinhart, Carmen M. , 2000, "The mirage of floating exchange rates", *American Economic Review*, Vol. 90, No. 2. 65 – 70.

[82] Reinhart, Carmen M. , and Rogoff, Kenneth, 2004, "The modern history of exchange rate arrangement: a reinterpretation", *Quarterly*

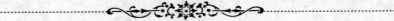

Journal of Economics, Vol. 119, 1 – 48.

［83］Roberts, Ivan, and Tyers, Rod, 2001, "China's exchange rate policy: the case for greater flexibility", College of Business and Economics, Australian National University, Working Paper, No. 389.

［84］Rogoff, Kenneth, Husain, Aasim M., Mody, Ashoka, Brooks, Robin, and Oomes, Nienke, 2003, "Evolution and performance of exchange rate regimes", IMF Working Paper, 03/243.

［85］Roper, Don E., and Turnovsky, Stephen J., 1980, "Optimal exchange market intervention in a simple stochastic macro model", *The Canadian Journal of Economics*, Vol. 13, No. 2, 296 – 309.

［86］Schuler, Kurt, 2005, "Classifying exchange rates", www. dollarization. org.

［87］Turnovsky, Stephen J., 1976, "The relative stability of alternative exchange rate systems in the presence of random disturbances", *Journal of Money, Credit and Banking*, Vol. 8, No. 1, 29 – 50.

［88］Tyers, Rod, 2000, "China after the crisis: the elemental macroeconomics", Asia Pacific School of Economics and Management, Working Paper, D100 – 2.

［89］Weber, Warren, E., 1981, "Output variability under monetary policy and exchange rate rules", *Journal of Political Economy*, Vol. 89, No. 4, 733 – 751.

［90］Weymark, Dlanan, 1997, "Measuring the degree of exchange market intervention in a small open economy", *Journal of International Money and Finance*, Vol. 16, No. 1, 55 – 79.

［91］Willett, Thomas, D., 2002, "Fear of floating needn't imply fixed rates: feasible options for intermediate exchange rate regimes", Fordham/CEPR Conference on Euro and Dollarization.

［92］Williamson, John, 2005, "The choice of exchange rate regime: the relevance of international experience to China's decision", *China &*

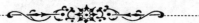

World Economy，Vol. 13. No. 3，17 - 33.

［93］Zhang, Hanjiang, 2000，"Fixed versus flexible exchange rate in China"，Available via http：//www. google. com.

二、中文文献

［94］N·格里高利·曼昆：《宏观经济学》，中国人民大学出版社2005 年版。

［95］阿维纳什·K. 迪克西特：《经济理论中的最优化方法》，上海三联书店、上海人民出版社 2006 年版。

［96］阿维纳什·K. 迪克西特：《经济政策的制定：交易成本政治学的视角》，中国人民大学出版社 2004 年版。

［97］埃德温·J. 埃尔顿、马丁·J. 格鲁伯、斯蒂芬·J. 布朗和威廉·N. 戈茨曼：《现代投资组合理论和投资分析》，中国人民大学出版社 2006 年版。

［98］保罗·克鲁格曼：《汇率的不稳定性》，北京大学出版社、中国人民大学出版社 2000 年版。

［99］贝内特·T. 麦克勒姆：《国际货币经济学》，中国金融出版社2001 年版。

［100］布赖恩·斯诺登、霍华德·R. 文：《现代宏观经济学发展的反思》，商务印书馆 2000 年版。

［101］陈佳贵：《中国经济研究报告（2005—2006）》，经济管理出版社 2006 年版。

［102］陈学斌：《宏观金融博弈分析》，上海财经大学出版社 1998年版。

［103］达摩达尔·N. 古扎拉蒂：《计量经济学》，中国人民大学出版社 2000 年版。

［104］戴根有：《中国货币政策传导机制研究》，经济科学出版社2001 年版。

［105］邓立立：《汇率制度的选择与发展趋势研究》，东北财经大

学出版社 2006 年版。

[106] 范从来：《通货紧缩时期货币政策研究》，南京大学出版社 2001 年版。

[107] 范从来等：《通货紧缩国际传导机制研究》，人民出版社 2003 年版。

[108] 格哈德·伊宁：《货币政策理论——博弈论方法导论》，社会科学文献出版社 2002 年版。

[109] 何泽荣、许斌：《中国外汇市场》，西南财经大学出版社 1997 年版。

[110] 贾恩卡洛·甘道尔夫：《国际金融与开放经济的宏观经济学》，上海财经大学出版社 2006 年版。

[111] 姜波克、徐涵江、胡颖尧：《人民币自由兑换和资本管制》，复旦大学出版社 1999 年版。

[112] 姜波克、杨长江：《国际金融学（第二版）》，高等教育出版社，2004 年版。

[113] 蒋中一：《数理经济学的基本方法》，商务印书馆 1999 年版。

[114] 杰格迪什·汉达：《货币经济学》，中国人民大学出版社 2005 年版。

[115] 卡尔·E. 瓦什：《货币理论与政策》，中国人民大学出版社 2001 年版。

[116] 李建：《论中国经济发展与经济稳定化政策》，复旦大学出版社 2003 年版。

[117] 李婧：《中国资本账户自由化与汇率制度选择》，中国经济出版社 2006 年版。

[118] 林毅夫、蔡昉、李周：《中国的奇迹：发展战略与经济改革》，上海三联书店、上海人民出版社 1999 年版。

[119] 刘海虹：《人民币汇率制度安排的产权经济学分析》，中国经济出版社 2001 年版。

[120] 吕江林：《中国转轨时期的货币政策》，中国财政经济出版

社 1999 年版。

［121］罗纳德·肖恩：《动态经济学》，中国人民大学出版社 2003 年版。

［122］迈克尔·穆萨、保罗·马森、亚历山大·斯沃博塔、伊斯特班·扎德瑞西克、巴劳·莫洛、安得鲁·伯格：《世界经济日益一体化进程中的汇率制度》，中国金融出版社、国际货币基金组织 2003 年版。

［123］蒙代尔：《蒙代尔经济学文集》（第三卷、第五卷），中国金融出版社 2003 年版。

［124］莫里斯·戈登斯坦、菲利浦·特纳：《货币错配——新兴市场国家的困境与对策》，社会科学文献出版社 2005 年版。

［125］莫瑞斯·奥博斯特弗尔德、肯尼斯·若戈夫：《高级国际金融学教程》，中国金融出版社 2002 年版。

［126］尼古拉·阿克塞拉：《经济政策原理：价值与技术》，中国人民大学出版社 2001 年版。

［127］尚明：《中国金融五十年》，中国财政经济出版社 2000 年版。

［128］沈国兵：《汇率制度的选择：兼论对人民币汇率制度的启示》，经济科学出版社 2003 年版。

［129］施兵超：《新中国金融思想史》，上海财经大学出版社 2000 年版。

［130］斯蒂格利茨：《经济学》，中国人民大学出版社 1997 年版。

［131］宋海：《金融全球化下的汇率制度选择》，中国金融出版社 2003 年版。

［132］宋海林、刘澄：《中国货币信贷政策理论与实证》，中国金融出版社 2003 年版。

［133］孙立坚：《开放经济中的外部冲击效应和汇率安排》，上海人民出版社 2005 年版。

［134］汪红驹：《中国货币政策有效性研究》，中国人民大学出版社 2003 年版。

［135］许少强、马丹：《实际汇率与中国宏观国际竞争力管理研

究》，复旦大学出版社 2006 年版。

[136] 许少强、朱真丽：《1949—2000 年的人民币汇率史》，上海财经大学出版社 2002 年版。

[137] 杨英杰：《金融发展中的中国货币需求活动研究》，中共中央党校出版社 2004 年版。

[138] 张纯威：《人民币名义汇率超稳定研究》，经济管理出版社 2005 年版。

[139] 中国人民银行办公厅：《人民币汇率政策宣传手册》，中国金融出版社 2005 年版。

[140] 中国人民银行金融市场司：《2005 中国金融市场发展报告》，中国金融出版社 2006 年版。

[141] Prasad，Eswar、Rumbaugh，Thomas、王庆：《中国的资本账户开放与灵活汇率制度，会不会本末倒置?》，载《国际经济评论》2005 年第 7—8 期，第 29—35 页。

[142] 曹凤歧：《人民币汇率形成机制研究》，载《金融研究》2005 年第 1 期，第 43—51 页。

[143] 陈红：《蒙代尔—弗莱明模型的中国适用性》，载《财经科学》1998 年第 5 期，第 36—38 页。

[144] 陈三毛：《汇率制度分类理论述评》，载《世界经济》2007 年第 1 期，第 89—96 页。

[145] 陈雨露、侯杰：《新开放经济宏观经济学：研究文献综述》，载《南开经济研究》2006 年第 2 期，第 3—17 页。

[146] 陈雨露：《开放条件下的中国货币制度安排》，载《银行家》2004 年第 11 期，第 19—21 页。

[147] 丁剑平：《关于现行的人民币汇率机制的可持续性研究》，载《国际金融研究》2003 年第 5 期，第 48—55 页。

[148] 杜金沛、刑祖礼：《实证经济学与规范经济学：科学标准的辨析》，载《新华文摘》2006 年第 5 期，第 52—55 页。

[149] 范从来、刘晓辉：《开放经济下货币政策分析框架的选择》，

载《经济理论与经济管理》2008 年第 3 期，第 5—11 页。

[150] 范从来、刘晓辉：《政策目标、目标冲突与人民币最优汇率制度弹性》，"2007 年第 5 届中国金融学国际年会"入选论文"2007 年中国经济学年会"入选论文。

[151] 范恒森、李连三：《论汇率制度优选的理论依据——兼评我国汇率制度的选择》，载《财贸经济》2001 年第 9 期，第 50—59 页。

[152] 冯用富：《汇率目标区：中国金融进一步开放中汇率制度的选择》，载《财贸经济》2001 年第 2 期，第 49—54 页。

[153] 冯用富：《稳定人民币汇率与制度改革》，载《经济学动态》2005 年第 4 期，第 50—55 页。

[154] 冯用富：《中国金融进一步开放中汇率制度选择的方向》，载《金融研究》2000 年第 7 期，第 52—61 页。

[155] 高云峰：《金融发展中的货币需求稳定性研究——基于1994—2005 年的协整分析》，载《数量经济技术经济研究》2006 年第 5 期，第 31—40 页。

[156] 龚刚：《实际商业周期：理论、检验与争议》，载《经济学（季刊）》2004 年第 7 期，第 786—802 页。

[157] 郭建泉、周茂荣：《弹性汇率制度下资本控制的经济效应——一个基于修正的 Dornbusch "超调"模型的动态学分析》，载《经济研究》2003 年第 5 期，第 48—55 页。

[158] 郭建泉：《汇率制度的演变趋势和我国的选择》，载《管理世界》2001 年第 3 期，第 121—126 页。

[159] 郭庆旺、贾俊雪：《中国潜在产出与产出缺口的估算》，载《经济研究》2004 年第 5 期，第 31—39 页。

[160] 国家计委外经所课题组：《美元欧元日元地位变化趋势及其对人民币汇率机制的启示》，载《管理世界》2001 年第 6 期，第 106—115 页。

[161] 何帆：《全球国际收支失衡与人民币汇率政策调整》，载《山东财政学院学报》2005 年第 3 期，第 3—9 页。

［162］何慧刚：《现行人民币汇率制度与宏观经济政策效应——兼论人民币汇率制度改革》，载《广东商学院学报》2004 年第 5 期，第71—75 页。

［163］何蓉：《外汇超额供给的原因及对人民币升值压力的解释》，载《经济评论》2006 年第 1 期，第 76—82 页。

［164］何运信、曾令华：《单目标制还是双目标制——基于总供给曲线特征的实证分析》，载《数量经济技术经济研究》2004 年第 5 期，第 113—119 页。

［165］贺力平：《人民币汇率体制的历史演变及其启示》，载《国际经济评论》2005 年第 7—8 期，第 36—39 页。

［166］侯杰：《国家资本结构与新兴市场国家金融危机》，中国人民大学经济学博士学位论文，2006 年。

［167］侯杰：《汇率制度理论述》，中国人民大学内部研究文稿，2005 年。

［168］胡乃武、孙稳存：《中国总供给曲线性质的实证分析》，载《数量经济技术经济研究》2003 年第 12 期，第 113—116 页。

［169］胡援成、曾超：《中国汇率制度的现实选择及调控》，载《金融研究》2004 年第 12 期，第 59—74 页。

［170］胡祖六：《宏观调控的五个反思》，载《经济形势瞭望》2005 年第 7 期，第 36—37 页。

［171］胡祖六：《人民币：重归有管理的浮动》，载《国际经济评论》2000 年第 3—4 期，第 5—9 页。

［172］胡祖六：《伤害市场机制的调控措施不可取》，载《财经》2006 年第 18 期，第 26—27 页。

［173］黄薇：《人民币汇率制度：现状、近期选择与改革操作》，载《当代经济科学》2005 年第 5 期，第 9—13 页。

［174］黄运成、李畅、马卫锋：《中国石油价格风险管理的困境与选择》，载《世界经济研究》2005 年第 10 期，第 22—26 页。

［175］吉野直行：《汇率制度与宏观经济稳定》，载《黄达—蒙代

尔讲座》（第一辑），中国人民大学出版社 2003 年版，第 202—223 页。

[176] 江春：《人民币升值之争的理论反思：新制度金融学的解释》，载《中南财经政法大学学报》2004 年第 6 期，第 41—48 页。

[177] 姜波克：《汇率制度的选择及政策含义》，载《世界经济文汇》2001 年第 5 期，第 25—29 页。

[178] 姜凌、韩璐：《汇率目标区理论与人民币汇率机制的改革思路》，载《经济评论》2003 年第 2 期，第 110—113 页。

[179] 姜凌、马先仙：《正确认识人民币汇率稳定的若干问题》，载《金融研究》2005 年第 8 期，第 53—62 页。

[180] 蒋瑛琨、赵振全、刘艳武：《中国货币需求函数的实证分析——基于两阶段（1978—1993、1994—2004）的动态检验》，载《中国软科学》2005 年第 2 期，第 24—33 页。

[181] 凯恩斯：《货币政策的可选目标》，载《预言与劝说》（凯恩斯著，1923）第三部分第二篇，3G 电子书网。

[182] 李安方：《新兴经济强国的汇率制度选择：国际经验与中国的应对》，载《世界经济研究》2004 年第 7 期，第 26—30 页。

[183] 李春琦、王文龙：《货币供给量作为货币政策中介目标适应性研究》，载《财经研究》2007 年第 2 期，第 47—57 页。

[184] 李冠军：《我国货币需求函数的实证分析》，载《经济与社会发展》2006 年第 7 期，第 34—37 页。

[185] 李婧：《解析人民币钉住美元制》，载《管理世界》2002 年第 9 期，第 37—46 页。

[186] 李婧：《人民币汇率制度的改革取向及退出战略》，载《国际经济评论》2003 年第 1—2 期，第 21—26 页。

[187] 李婧：《人民币汇率制度选择：文献综述》，载《世界经济》2002 年第 3 期，第 62—65 页。

[188] 李连三：《论汇率制度选择的影响因素——兼论我国汇率制度的选择》，载《财经研究》2001 年第 7 期，第 28—37 页。

[189] 李扬、余维彬：《人民币汇率制度改革：回归有管理的浮

动》，载《经济研究》2005 年第 8 期，第 24—31 页。

［190］李扬、余维彬：《稳步推进人民币汇率制度改革——结合国际经验的探讨》，载《财贸经济》2006 年第 1 期，第 10—16 页。

［191］林黎、任若恩：《中国最优化动态 IS - LM 模型构建与应用》，载《数量经济技术经济研究》2007 年第 2 期，第 27—36 页。

［192］刘斌：《基于优化的 IS - LM - PC 模型在我国的应用》，载《金融研究》2003 年第 7 期，第 37—49 页。

［193］刘红忠、张卫东：《蒙代尔—弗莱明模型之后的新开放经济宏观经济学模型》，载《国际金融研究》2001 年第 1 期，第 39—44 页。

［194］刘金全、张文刚、于冬：《中国短期和长期货币需求函数稳定性的实证分析》，载《管理科学》2006 年第 4 期，第 62—67 页。

［195］刘力臻、谢朝阳：《东亚货币合作与人民币汇率制度选择》，载《管理世界》2003 年第 3 期，第 34—44 页。

［196］刘晓辉、范从来：《汇率制度选择标准：从社会福利到微观福利》，载《财贸经济》2008 年第 4 期，第 18—23 页。

［197］刘晓辉、范从来：《汇率制度选择及其标准演变》，载《世界经济》2007 年第 3 期，第 86—96 页。

［198］刘晓辉、张璟：《FDI 资金流动下的政策有效性与人民币汇率政策》，载《当代经济科学》2006 年第 6 期，第 27—35 页。

［199］刘晓辉：《言行不一、人民币实际汇率制度弹性与宏观经济绩效》，西南财经大学中国金融研究中心工作论文，2008 年。

［200］刘兴华：《人民币汇率制度的选择：基于"三元悖论"视角的理论分析》，载《财贸经济》2003 年第 2 期，第 36—40 页。

［201］柳永明：《通货膨胀目标制的理论与实践：十年回顾》，载《世界经济》2002 年第 1 期，第 23—30 页。

［202］卢向前、戴国强：《人民币实际汇率波动对我国进出口的影响：1994—2003》，载《经济研究》2005 年第 5 期，第 31—39 页。

［203］鲁迪格·多恩布什、阿尔贝尔·吉奥瓦尼尼（1986）：《开放经济中的货币政策》，载《货币经济学手册》（第 2 卷，本杰明·M.

弗里德曼、弗兰克·H. 哈恩主编），经济科学出版社 2002 年版，第 1204—1272 页。

[204] 陆金海、陈浪南：《中国货币需求函数长期均衡实证分析》，载《厦门大学学报（哲学社会科学版）》2000 年第 1 期，第 63—68 页。

[205] 陆磊. 蒙代尔三角：《一个假设还是真实的威胁》，载《南方金融》2004 年第 6 期，第 4 页。

[206] 罗纳德·麦金农：《为什么中国的汇率要钉住美元：基于日元的历史分析》，载《财贸经济》2007 年第 1 期，第 34—42 页。

[207] 马君潞、李泽广：《汇率制度选择的经济与非经济原则分析》，载《上海财经大学学报》2004 年第 3 期，第 18—25 页。

[208] 蒙代尔：《人民币升值是"双输"》，载《中国经济时报》2004 年 6 月 2 日。

[209] 蒙代尔：《人民币升值有 12 大危害》，载《经济参考报》2005 年 5 月 27 日。

[210] 米尔顿·弗里德曼（1953）：《弹性汇率论》，载《弗里德曼文萃》，首都经济贸易大学出版社 2001 年版，第 533—585 页。

[211] 祁京梅：《我国消费领域存在的主要问题》，载《经济要参》2006 年第 11 期，第 16—23 页。

[212] 齐琦部：《论中国汇率制度的选择》，载《金融研究》2004 年第 2 期，第 30—43 页。

[213] 钱宥妮：《菲利普斯曲线在中国经济中的实证研究——基于产出缺口的分析》，载《财经研究》2005 年第 6 期，第 60—67 页。

[214] 秦宛顺、靳云汇、卜永祥：《资本流动、定价行为与汇率制度的福利分析》，载《金融研究》2003 年第 1 期，第 1—17 页。

[215] 曲凤杰：《中国短期资本流动状况及统计实证分析》，载《经济研究参考》2006 年第 40 期，第 14—21 页。

[216] 沈国兵：《汇率制度的选择：理论综述及一个假说》，载《世界经济文汇》2002 年第 3 期，第 63—80 页。

[217] 沈国兵：《汇率制度的选择：文献综述》，载《世界经济》

2003 年第 12 期，第 15—24 页。

　[218] 苏平贵：《汇率制度选择与货币政策效应分析——蒙代尔—弗莱明模型在我国的适用性、改进及应用》，载《国际金融研究》2003年第 5 期，第 4—9 页。

　[219] 汪红驹：《用误差修正模型估计中国货币需求函数》，载《世界经济》2002 年第 5 期，第 55—61 页。

　[220] 汪茂昌：《汇率制度选择的政治经济学分析：文献综述》，载《经济社会体制比较》2005 年第 3 期，第 137—141 页。

　[221] 汪茂昌：《汇率制度转型的国际经验及对中国的启示》，载《世界经济研究》2005 年第 4 期，第 21—27 页。

　[222] 王健、吴振球：《新凯恩斯主义开放经济理论新进展》，载《理论经济学》2005 年第 3 期，第 9—16 页。

　[223] 王莉：《中国货币需求函数的误差修正模型估计：1995—2004》，载《上海金融》2005 年第 10 期，第 24—26 页。

　[224] 王水林、黄海洲：《人民币汇率形成机制的改革及对相关政策的影响》，载《国际经济评论》第 9—10 期，第 15—18 页。

　[225] 王晓天、张淑娟：《开放条件下货币政策目标规则的比较——一个简单的理论框架与中国货币政策名义锚的选择》，载《金融研究》2007 年第 4 期，第 14—29 页。

　[226] 王信、林艳红：《90 年代以来我国短期资本流动的变化》，载《国际金融研究》2005 年第 12 期，第 62—67 页。

　[227] 王煜：《中国的产出缺口与通货膨胀》，载《数量经济技术经济研究》2005 年第 1 期，第 58—64 页。

　[228] 王允贵：《外商直接投资、外汇收支顺差与人民币升值压力》，载《管理世界》2003 年第 11 期，第 37—41、63 页。

　[229] 王志强、孙刚、邓黎阳：《中国的 MA 模型与一体化政策效果》，载《世界经济》2002 年第 7 期，第 19—27 页。

　[230] 王志强、王雪标、王振山：《蒙代尔—弗莱明模型的非结构化经验分析：来自中国的证据》，载《预测》2004 年第 5 期，第 23—26 页。

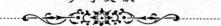

［231］温彬：《人民币汇率改革的效应和趋势分析》，载《国际金融研究》2006 年第 3 期，第 50—56 页。

［232］吴骏、周永务、王俊峰：《对蒙代尔—弗莱明模型的修正——中国经济增长对人民币汇率作用机制》，载《数量经济技术经济研究》2006 年第 6 期，第 116—123 页。

［233］吴念鲁、陈全庚、鄂志寰：《有管理的浮动汇率将成主导》，载《银行家》2004 年第 11 期，第 22—24 页。

［234］吴念鲁：《对人民币汇率机制改革的思考》，载《现代商业银行》2003 年第 10 期，第 6—7 页。

［235］吴念鲁：《论人民币汇率机制改革的方针与步骤》，载《经济学动态》2005 年第 4 期，第 66—68 页。

［236］吴卫华：《中国货币需求函数的协整分析》，载《上海财经大学学报》2002 年第 2 期，第 24—30 页。

［237］吴运迪：《论人民币汇率的中长期决定和制度安排》，载《国际金融研究》2000 年第 5 期，第 9—13 页。

［238］奚君羊：《资本流动对人民币汇率的影响》，载《国际金融研究》2002 年第 2 期，第 46—49 页。

［239］夏斌、廖强：《货币供应量已不宜作为当前我国货币政策的中介目标》，载《经济研究》2001 年第 8 期，第 33—43 页。

［240］向东：《汇率变动的支出转换效应——新开放经济宏观经济学的观点综述》，载《国际金融研究》2004 年第 1 期，第 50—55 页。

［241］小罗伯特·E. 卢卡斯（1973）：《经济计量政策评价：一种批评》，载《经济周期理论研究》（小罗伯特·E. 卢卡斯（1981）著），商务印书馆 2000 年版，第 121—151 页。

［242］谢安：《对我国消费价格指数编制方法的一点看法》，载《统计研究》1998 年第 3 期，第 72—74 页。

［243］谢安：《浅析我国消费价格指数中的"环比"与"同比"》，载《数量经济技术经济研究》1998 年第 8 期，第 19—22 页。

［244］谢平：《中国货币政策分析：1998—2002》，载《金融研究》

2004 年第 8 期，第 1—20 页。

[245] 徐高：《高级宏观经济学入门导引》，载 http：//bbs. cenet. org. cn/dispbbs. asp？boardid = 30&ID = 79294&replyID = 79294. 2005.

[246] 徐剑刚、邵华、唐国兴：《人民币参考一篮子货币机制的实证分析》，载《上海财经大学学报》2007 年第 2 期，第 66—72 页。

[247] 徐明棋：《人民币汇率：相关问题与理论探索》，载《世界经济研究》2004 年第 7 期，第 15—19 页。

[248] 许文彬：《三元悖论下我国汇率制度改革探析》，载《财经问题研究》2003 年第 7 期，第 43—47 页。

[249] 许召元：《中国的潜在产出、产出缺口及产量通货膨胀交替关系》，载《数量经济技术经济研究》2005 年第 12 期，第 3—15 页。

[250] 颜双波、张连城：《潜在产出与产出缺口的界定与测算方法》，载《首都经济贸易大学学报》2007 年第 1 期，第 42—48 页。

[251] 杨涤：《汇率分析范式转换与人民币汇率问题研究》，载《世界经济研究》2004 年第 7 期，第 20—25 页。

[252] 杨晓光、杨海珍、汪寿阳：《发展中国家对外贸易战略与汇率制度选择》，载中国科学院数学与系统科《研究简报》2004 年第 9 期。

[253] 杨扬：《当前固定汇率制与货币总量目标制的内在冲突》，载《世界经济研究》2005 年第 5 期，第 27—31 页。

[254] 易纲、汤弦：《汇率制度"角点解假设"的一个理论基础》，载《金融研究》2001 年第 8 期，第 5—17 页。

[255] 易纲：《汇率制度的选择》，载《金融研究》2000 年第 9 期，第 46—52 页。

[256] 易行健：《经济开放条件下的货币需求函数：中国的经验》，载《世界经济》2006 年第 4 期，第 49—59 页。

[257] 余永定、覃东海：《中国的双顺差：性质、根源和解决方法》，载《世界经济》2006 年第 3 期，第 31—41 页。

[258] 余永定：《人民币汇率制度改革的历史性一步》，载《世界

经济与政治》2005 年第 10 期，第 7—13 页。

［259］余永定：《中国应从亚洲金融危机中吸取的教训》，载《金融研究》2000 年第 12 期，第 1—13 页。

［260］曾先锋：《估算汇率弹性的模型和对人民币汇率的实证分析》，载《数量经济技术经济研究》2006 年第 2 期，第 42—50 页。

［261］张斌、何帆：《如何调整人民币汇率政策：目标、方案和时机》，载《国际经济评论》2005 年第 3—4 期，第 17—22 页。

［262］张斌：《人民币汇率制度选择：钉住美元还是一揽子货币》，载《国际经济评论》2003 年第 1—2 期，第 27—30 页。

［263］张斌：《人民币汇率重估与汇率制度改革——基于均衡汇率理论的视角》，载《管理世界》2004 年第 3 期，第 58—66 页。

［264］张纯威：《弹性汇率制度下的国际资本流动调控策略》，载《世界经济研究》2006 年第 2 期，第 36—40 页。

［265］张静、汪寿阳：《汇率制度选择》，载《CFEF 研究报告》2003 年。

［266］张礼卿：《人民币汇率制度：现状、改革方向和近期选择》，载《国际金融研究》2004 年第 10 期，第 12—16 页。

［267］张琦：《人民币汇率形成机制与升值压力下的政策建议》，载《南开经济研究》2003 年第 6 期，第 50—53 页。

［268］张曙光：《人民币汇率问题：升值及其成本—收益分析》，载《经济研究》2005 年第 5 期，第 17—30 页。

［269］张勇、范从来：《货币需求函数结构稳定性的实证分析——来自政策变动、经济稳定预期不稳定的证据》，载《管理世界》2006 年第 2 期，第 10—17 页。

［270］张志超：《汇率政策新共识与"中间制度消失论"》，载《世界经济》2002 年第 12 期，第 14—21 页。

［271］张志超：《汇率制度理论的新发展：文献综述》，载《世界经济》2002 年第 1 期，第 13—22 页。

［272］张志超：《略论人民币汇率制度的选择》，载《华东师范大

学学报（哲学社会科学版）2003 年第 1 期，第 9—13 页。

　　[273] 赵蓓文：《从"蒙代尔三角"看人民币汇率制度的选择》，载《世界经济研究》2004 年第 7 期，第 31—35 页。

　　[274] 朱耀春：《当今各国汇率制度的比较研究及对中国汇率制度改革的启示》，载《改革》2003 年第 4 期，第 112—116、127 页。

　　[275] 邹薇：《基于 BSSI 指数的中国银行体系稳定性研究》，载《经济理论与经济管理》2007 年第 2 期，第 47—53 页。

后　记

　　本书是在我的博士论文的基础上，在导师范从来教授的悉心指导下，根据论文预答辩和正式答辩过程中各位老师所提出的宝贵建议，以及申请西南财经大学学术专著出版基金资助的过程中，三位匿名评审人的宝贵建议基础上，进一步修改而成的（当然，书中的一切谬误，都完全由我负责）。商妥出版事宜，恰逢我30岁。三十而立，我适逢其会，也算是对自己长期的读书生活的阶段总结和少许认可了。

　　与汇率问题结缘，是在大学三年级的时候，当时国际金融学课上老师对汇率理论的精彩讲授吸引了我，让我对金融学产生了比较浓厚的兴趣。后来随着对金融学科了解的增加，我很快又对金融工程产生了兴趣，对汇率的兴趣却日渐淡薄了。2000—2003年在南京大学金融学系学习期间，我对汇率理论已经生疏了，只是2003—2004年期间，在南京航空航天大学担任国际金融学的教学和科研工作时，才又重温了一遍久已荒疏的功课。而让我万万没有想到的是，博士的研究方向居然又回到了当年感兴趣的问题上（这要归功于导师的深邃洞见和亲切指导）。在学术研究的道路上远远地兜了一个大圈子，终于又回到了起点。

　　本书（当然也包括我的博士论文）选题、立意、构思、谋篇、布局及至撰写、修改，都是在导师范从来教授的悉心指导下进行的。读书期间，老师在我身上倾注了大量的心血。除了对我学术研究的关心和指导之外，老师对我的日常生活也嘘寒问暖、关怀备至。老师也在各方面为我们树立了学习的榜样。非常感谢恩师三年多来的关怀和教导。

　　谢谢我的父亲、母亲。多年来的求学生活不仅使我不能从经济上给他们以补助，而且更少了陪伴他们的时间。这些他们都默默地理解和包容了。甚至在我博士论文答辩的时候，父亲因病住院，他们也极力隐瞒着我，唯恐耽误了我的学习。多年的读书生涯，我日益成长了，而我的父母却日见沧桑。也许照例这本书应该赠献给他们，然而这毕竟"只是语言幻成的空花泡影，……。大不了一本书，还不值得这样精巧地不老实"，因此也就作罢了。

感谢南京市人民中学英文老师王安慈老师和陆明老师；感谢中文老师刘忠老师和马小文老师；感谢我的数学老师，南京市人民中学陈宝玉老师和副校长许宏老师；感谢我中学时的物理老师张艺老师。你们多年来为学生所付出的汗水和十多年来对我的教诲，我一直铭记在心，也让我受用一生。

感谢我的硕士导师，南京大学金融与保险学系王长江教授和师母汪洋女士多年来对我生活上和学术上的关爱；感谢南京大学党委书记、经济学系洪银兴教授，南京大学经济学院院长刘志彪教授、副院长沈坤荣教授以及经济学系梁东黎教授、刘东教授、郑江淮教授、杨德才教授与葛扬教授对我的言传身教；感谢南京大学经济学院副院长裴平教授、南京大学金融与保险学系主任于润教授、杜亚斌教授和张涤新教授，是他们把我领入了金融学的研究领域。

感谢论文开题时沈坤荣教授、梁东黎教授、刘小川教授以及葛扬教授提出的宝贵建议；感谢南京大学经济学系史先诚老师和路瑶老师在我的论文预答辩和正式答辩过程中所付出的辛勤工作；感谢论文预答辩中沈坤荣教授、刘东教授和于润教授给我提出的建设性意见，他们的敏锐洞察力使我的论文质量得到了很大的提高；感谢博士论文答辩委员会主席，江苏省社会科学院钟永一研究员的宝贵建议；感谢答辩委员会委员，河海大学商学院许长新教授、南京大学经济学院刘东教授、梁东黎教授以及于润教授提出的宝贵意见。

感谢中国银行江苏省分行侯杰博士和国家开发银行江苏省分行李经振先生多年来的帮助；感谢我读硕士时的师兄刘煜晟和师弟莫学斌多年来兄弟般的情感和帮助；感谢师姐张慕濒博士、师姐杨凤春，师兄张勇博士及方阳娥博士，同门索彦峰博士、朱恩涛博士、徐筱雯和于波对我的关照及学术上的探讨；感谢我曾经教过的和以后将要教授的所有学生，是你们让我有了不断前进和学习的动力。

感谢西南财经大学中国金融研究中心主任刘锡良教授，他对我的论文出版事宜尤其关注，并提供了大量的指导。感谢中国金融研究中心名誉主任曾康霖教授，中心副主任曹廷贵教授、倪克勤教授和张桥云教授以及中心陈野华教授和邓乐平教授对我的生活、教学和学术上的关心、帮助与指引。感谢中国金融研究中心程均丽教授、潘席龙副教授、周凯博士和洪正博士对我的帮助。感谢中国金融研究中心周艺老师、秦娟老师、毛剑飞老师和王艳娇老师对我工作上的无私帮助。

人民出版社经济编辑室陈登先生为本书的书稿做了十分艰辛、细致而严谨的编校工作。因种种原因，本书曾数次推迟交稿，给他的正常工作带来了非常大的不便。没有他对学术的热心和对我研究工作的鼎力支持，本书是难以顺利出版的。在此，我非常感谢陈登先生的辛勤工作和对我的支持。

我真不愿以一个暗淡的音符来结束这本专著，但却又不得不如此：对汇率制度选择的研究不仅是一个牵涉众多学术领域的深奥课题，而且这个领域本身的争论和分歧也非常多。在汇率制度选择问题上，学界至今似乎还没有达成或形成实质性的基本共识，未来恐怕也不会形成什么实质性的共识。太多的经济学家在这个领域里皓首穷经，但竟没有共识！这不能不说是令人遗憾的。也许，让我们能稍稍欣慰的是，迄今为止，我们所能达成的唯一共识就是，没有任何一种汇率制度安排是适合所有国家的，也没有任何一种汇率制度安排能够适合于一国的所有时期。但对一国在特定时期来说，也许存在最优的汇率制度安排。

"没有共识"也许构成了我在这本专著中出现错讹和谬误的一个冠冕堂皇的借口，另一个原因只有归咎于自身有限的学术能力和因躲避学习的痛苦而表现出来的懒惰了。

刘晓辉

西南财经大学

中国金融研究中心

2008 年 3 月 3 日